내 인생을 바꾸는 자기계발서

이제는 W.Q. 시대다

김 태 수 지음

교육과학사

머리말

최근 우리 주변에는 자주 언급되는 다양한 문제들이 있다. 예를 들자면 경제적 양극화, 가정해체의 현상, 스트레스로 인한 건강의 상실, 황금만능주의 풍조, 성 도덕의 타락, 우울증 환자의 증가, 그리고 국민들의 지탄을 받는 정치지도자를 비롯한 사회지도층 인사들의 도덕불감증 등등이다. 이런 문제들은 정치적, 경제적, 사회적으로 쉽게 간과해 버리기 어려운 중요한 주제들이다. 특히, 불확실한 미래에 대한 불안으로 인하여 정서적 장애에 시달리는 국민들이 약 40%에 육박하고 있다는 보도 자료도 있다. 그리고 다양한 원인들로 인하여 우울증 환자들이 증가추세에 있다. 우울증에 시달리는 사람들은 자살 충동을 느끼게 되고 이 충동이 행동으로 옮겨지면 자살행동이 되어 비극적 종말을 맞이할 수 있다.

우리 주변에는 심인성(心因性) 질환을 앓는 사람들이 많으며, 다양한 원인들에 의하여 죽음의 벼랑으로 내몰리고 사람들이 증가 추세에 있다. 이런 열악한 개인적, 사회적 상황 속에서 이 책은 위기에 직면한 사람들의 생명을 살려내고, 그들의 생명을 충만하게 하며, 그들에게 삶에 대한 의지를 강화시켜야 한다는 절박한 위기감 속에서 기록되었다.

이 책의 구성을 소개하면 다음과 같다. 먼저, 제1장은 'W.Q.란 무엇인가?'에 대한 설명을 상세히 하고 있다. 인간은 어떤 존재인가에 대한 질문에 대하여 보통은 지성과 감정 그리고 의지를 가진 존재라고 대답한다. 여기서 지성은 I.Q.로 감정은 E.Q.로 표현되는데, 의지에 대한 연구는 아직 미진한 부분이 있어서 필자는 인간의 의지와 관련하여 W.Q.라는 용어로 연구해 보았다.

제2장은 '사고방식: 생각에도 길이 있다'라는 제목으로 생각의 영역을 다룬다.

제3장은 '언어습관: 말하는 대로 된다'로 인간이 사용하는 언어의 문제를 언급한다.

제4장은 '긍정적 감정: 긍정적 감정을 지키라'로 긍정적 감정의 주제에 대해 다룬다.

제5장은 '부정적 감정: 부정적 감정을 다스리라'로 부정적 감정의 문제점을 언급한다.

제6장은 '행동양식: 뿌린 대로 거둔다'라는 주제로 행동의 영역과 중요성을 다룬다.

제7장은 'W.Q. 계발 프로그램'의 영역으로 첫째, 의지(력) 강화 5단계와 둘째, 의지(력) 강화 10계명을 다루면서 의지력 계발을 강조하고 있다.

이 책의 공헌점은 인간의 지성과 감성 그리고 의지 가운데 의지의 중요성을 부각시켰다는 것과, 인간의 의지에 대한 심오한 연구의 필요성을 강조했다는 것이다. 반면에, 아쉬운 점은 인간의 지성과 감성과 의지의 상관관계를 명확하게 구분하여 설명하는 부분이 아직 미흡하다는 것이다. 그 이유는 인간의 지성과 감성과 의지는 육안으로 보이는 것이 아니어서 관찰하기 난해하고 선행연구 자료도 부족하기 때문이다.

앞으로의 과제는 인간의 지능을 측정하는 자료(IQ 테스트)가 연구에 의해 상당히 축적되어 있는 것처럼, 인간의 의지를 측정할 수 있는 W.Q. 측정용 자료를 계발해서 제시할 필요가 있다는 점이다.

"항상 기뻐하라. 쉬지 말고 기도하라. 범사에 감사하라. 이는 그리스도 예수 안에서 너희를 향하신 하나님의 뜻이니라." (데살로니가전서 5:16-18)

필자가 청소년기를 보냈던 곳은 지금도 반딧불 축제가 열리는 무공해 청정지역인 무주구천동 부근이었다. 그 당시엔 간식거리가 풍부하지 않아 머루와 다래 그리고 산포도를 찾아 이 산 저 산을 누볐던 기억이 아직도 추억으로 남아 있다. 이제 성인이 되어 회상해 보건데 자연 속에서 마음껏 뛰어놀며 어린 시절을 보낸 것도 하나님의 은혜였음을 고백한다.

아쉬움을 남기는 저술이지만 독자 여러분들과 의지력 강화에 관심이 있는 모든 분들에게 작은 도움이 된다면 필자로서는 더없는 기쁨이 될 것이다. 이 책을 구상하고 지면을 채워 나가는 동안, 인내심과 지혜를 주신 하나님께 특별히 감사를 드린다. 또한, 이 책을 기쁜 마음으로 추천해 주신 연세대 의과대학 김현원 교수님, 한사랑 가정의학 염형택 원장님, 신라대학교 김종칠 학장님에게도 감사를 드린다. 특히, 아가페 사랑의 마음으로 목회하시는 '이수중앙교회'의 박원근 목사님과 황이남 장로님을 비롯한 장로님들과 성도님들 꾸준한 기도로 지원해 준 천안 '세계로 열린 교회'의 양병훈 목사님과 성도님들 그리고 치아를 잘 관리해 주시는 '차신정 치과' 원장님께 감사의 말씀을 드린다.

학문적으로 형제처럼 지내며 서로 긍정적 자극이 되는 강남대학교의 이상복 교수님과 '한국 복음주의 기독교상담학회'의 전요섭 교수님을 비롯한 전국 각 대학의 교수님들께도 부회장으로서 감사를 드린다. 또한, 마지막 교정 작업을 위하여 원고를 정독해 준 심성희, 정기성, 강혜승, 유혜인, 박하니에게도 고마움을 느낀다. 필자가 가르치는 다양한 과목들 가운데 특히, 학습심리 과목의 수강생들, 방배동의 심리학개론 수강생들과 대학원 가정사역 과목 수강생들의 진지한 태도와 열의에 대하여 고마움을 표시하고 싶다.

끝으로 예수님만 바라보고 기도하는 어머니의 역할에 충실하신 모친 孫順任 님과 착한 아내 강민정, 귀염둥이 아들 김하승 그리고 사랑스러운 딸 김하영과도 출판의 기쁨을 공유하고 싶습니다. 또한 교육과학사의 김동규 사장님, 정경식 영업부장님 그리고 이정호 편집실장님께 특별히 감사를 드립니다. 그 외에 일일이 이름을 기록하지 못했지만 감사를 표현해야 할 모든 분들께 머리 숙여 감사를 표합니다.

2009년 10월

깊어가는 가을 안서동 교정에서

차례

머리말 / 3

감사의 글 / 5

제1장 W.Q.란 무엇인가? / 11

1. 양 손가락이 모두 4개인 의지의 피아니스트 ······13
2. 암을 극복하고 세계대회에서 우승한 기적의 선수 ······15
3. 가난을 딛고 세계를 제패한 의지의 소녀 ······16
4. 초인적인 불굴의 의지를 보여준 아빠 ······17
5. 죽음 앞에서 초연한 의지를 보이며 500만 명 이상을 울린 사람 ···18
6. 인간은 무엇으로 구성되어 있는가? ······19
7. 의지에 대한 학자들의 다양한 의견 ······21
8. '인간의 의지'에 대한 개념 ······23
9. '인간의 의지'에 대한 연구 ······26
10. 빠삐용과 삶의 의지 ······38
11. 자살자와 죽음의 의지 ······39
12. 예수 그리스도의 의지 ······40
13. 의지를 통제하는 4가지 방법 ······42

차례

제1부 지성계발(知性啓發)

제2장 사고방식: 생각에도 길이 있다 / 47

1. 긍정적 사고방식 47
2. 부정적 사고방식 54
3. 인간관계에서 다양한 유형의 사고방식 60
4. 긍정적 사고방식을 갖기 위한 방법 64
5. 생각을 훈련하는 방법 66

제3장 언어습관: 말하는 대로 된다 / 69

1. 긍정적 말의 힘 69
2. 부정적 말 72
3. 부정적 말을 극복하는 법 74
4. 나의 언어습관 80
5. 천사의 말과 악마의 말 81

제2부 감성계발(感性啓發)

제4장 긍정적 감정: 긍정적 감정을 지키라 / 87

1. 희망: 희망은 긍정적 감정이며 정신적 보약이다 87
2. 기쁨: 기쁨을 빼앗기지 마라 99
3. 자존감: 자아-존중의 감정을 지키라 103
4. 행복(감): 행복의 감정을 누리며 살아라 110
5. 사랑: 사랑의 감정을 유지하라 120

제5장 부정적 감정: 부정적 감정을 다스리라 / 129

1. 열등감: 열등감은 비교의식에서 시작된다 ······129
2. 분노(심): 분노의 에너지를 긍정적으로 활용하라 ······135
3. 죄책감: 죄책감에 시달리지 말고 벗어나는 법을 배워라 ······143
4. 불안(감): 불안은 인간의 보편적 감정이다 ······149
5. 우울감: 우울감을 주는 환경에 적극 대처하라 ······155

제3부 의지계발(意志啓發)

제6장 행동양식: 뿌린 대로 거둔다 / 175

1. 책임적 삶: 시간 관리, 돈 관리, 인맥관리에 최선을 다하라 ······175
2. 감사: 감사를 생활화하라 ······197
3. 용서: 용서의 씨를 지속적으로 뿌려라 ······208
4. 정직: 정직을 선택하라 ······216
5. 생명: 생명을 살려내고 풍성케 하라 ······225

제7장 W.Q. 계발 프로그램 / 235

1. 의지(력) 강화 5단계 ······235
2. 의지(력) 강화 10계명 ······260

참고문헌 / 273

W.Q.란 무엇인가?

돈만이 재산이 아니다. 지식도 재산이다. 건강도 재산이다. 재능도 재산이다. 그리고 의지는 다른 어떤 재산보다도 훌륭한 재산이다. 누구든지 의지를 가지고 있으면 자기 마음대로 사용할 수 있기 때문이다. -슈와프

우리 주변에는 의지의 한국인들이 많다. 최근 미국 LPGA 세계 여자 골프대회(2009년 9월)에서 우승한 최나연 선수가 그 중의 한 사람이다. 이 선수는 우승에 도전하기 시작한 이래 55번째가 되어서야 비로소 자신의 목표를 성취할 수 있었다. '칠전팔기'라는 표현이 있다. 일곱 번 넘어져도 여덟 번째 일어난다는 의미이다. 그런데 최나연 선수는 54회나 실패했어도 55회에 다시 도전하여 우승하였다. 그녀는 개인적으로 세계 대회에서 우승의 영예를 차지함으로써, 불굴의 의지를 가지고 최선을 다하면 대단한 업적을 성취할 수 있다는 것을 보여준 단적인 사례이다.

'인간은 어떤 존재인가?'라는 질문에 일반적으로 인간은 지·정·의를 가진 존재라고 대답한다. 즉, 인간은 지성(知性)과 감성(感性) 그리고 의지(意志)를 가진 존재라는 것이다. 지성과 관련해서는 I.Q.에 대한 연구가 세계적인 학자들을 중심으로 이루어져 자료도 상당히 축적되어 있다. 감성에 대한 연구도 E.Q.라는 표현으로 알려져 있다. 그런데 의지에 대한 연구는 '의지 심리학'이라는 분야가 있기는 하지만, 그 중요성에 비하여 연구 자료들이 충분치 못하다. 인간

의 의지에 대해서는 신학과 철학 분야에서 '자유의지론과 결정론'이라는 주제로 역사적 논쟁들이 첨예하게 이루어져 왔다. 그렇지만 인간의 의지에 대한 순수한 연구는 의지의 중요성이라는 관점에서 볼 때에 더욱 심화될 필요성이 제기된다. 지난 9월 10일은 '자살 예방의 날'이었다. 남한의 경우에 국한하더라도 하루에 약 35~40명 정도가 자살로 죽어가고 있으며, 세계를 기준으로 한다면 하루에 약 3,000명 그리고 1년에 약 100만 명이 자살로만 죽어간다는 것이다. 정말 심각한 사회문제가 아닐 수 없다.

필자는 한 사람이 자살을 할 때, 어느 날 갑자기 사는 것이 싫어져서 '한번 죽어볼까?'라고 생각하여 자살한다고 생각하지 않는다. 또한, 감정이 상했다고 선뜻 죽음을 선택한다고 느끼지도 않는다. 한 사람이 죽음을 생각하고 자살하려면, 일반적으로 자살을 생각하고(자살 생각), 자살의 충동을 느끼며(자살 충동) 자살을 시도하는(자살 시도) 단계를 거쳐 자살 행동에 이른다. 이런 일련의 연속적 과정에서 마지막 단계인 자살 행동은 그 사람의 의지가 개입되지 않고는 이루어지기 어려운 일이라고 필자는 확신한다. 이런 측면에서 볼 때, 인간의 의지는 생명과 사망을 좌우하는 중요한 요소라고 할 수 있다. 이렇게 생사를 좌우하는 의지의 중요성에 비하여, 의지에 대한 순수한 연구가 충분치 않다는 깨달음에서 필자는 인간의 의지에 대하여 독자적으로 깊이 묵상하고 연구해 보기로 마음을 먹었다. I.Q.와 E.Q.라는 영어표현이 있기 때문에 의지지수를 필자가 영어로 표현해 보았는데 그것은 W.Q.(Will Quotient)이다.[1)]

본 장에서는 먼저 불굴의 의지를 발휘하여 이제는 세계적으로 알려진 인물들의 사례를 소개하고자 한다. 그 이유는 의지에 대하여 처음부터 이론적으로만 접근한다면 독자들에게 지루한 느낌을 주어서, 의지에 대하여 생각하고 싶지 않은 느낌을 줄 수 있기 때문이다. 또한, 인간의 의지에 대한 이론도 소개한다. 특히, 이 책의 후반부에는 의지를 강화하기 위한 5단계 전략 및 프로그램과 의지 강화를 위한 10계명도 소개할 것이다. 이 내용들을 잘 수용하고 실천해 봄으로써, 독자들의 의지가 강화되고 자신의 분야에서 두각을 나타내기를 소망한다.

1 양 손가락이 모두 4개인 의지의 피아니스트

선천성 장애아로 태어나 3살의 어린 나이에 다리마저 잘라내야 했던 어린이가 있었다. 그렇지만 지금은 세계적으로 장애인들에게 희망의 등불로서 우뚝 선 존재가 되었는데, 그녀가 바로 '이희아'이다. 그녀의 어머니는 희아가 6살 때부터 피아노 연습을 시켰다고 한다. 처음부터 피아니스트로 키우기 위한 것이 아니라, 단지 연필을 쥘 수 있게 손가락에 힘을 길러주기 위함이었다. 또한 지능이 낮다는 것이 발견되어 지능을 높여주려고 피아노 건반을 두드리게 했다. 처음에는 건반을 누를 때 소리조차 나지 않았지만 희아가 재미있어 하기도 하여, 그녀의 어머니는 하루 13시간씩 1년 정도 혹독한 연습을 시켰다. 이런 피나는 연습 끝에 "나비야 나비야"를 한 번도 틀리지 않고 연주했을 때, 그녀의 아버지와 어머니는 뜨거운 눈물을 흘렸다고 한다.

희아는 고백했다. "피아노를 연습할 때 가장 힘들었어요. 손가락이 4개밖에 없기 때문에 음을 이어서 치는 부분이 가장 힘들었구요. 그런데 지금 그 고비를 넘어서니까 중국에 와서도 많은 사람들에게 사랑을 전해주게 되는 존재가 됐어요."

그녀의 어머니는 어떤 힘이 희아나 어머니를 강하게 만들었는지 질문을 받았을 때, 이렇게 대답하였다. "사람이 무엇인가를 하려고 하는 의지력은 근본적으로 어린 시절에 결정된다고 생각해요. 주변의 환경이 굉장히 중요하더군요. 한 가지 일을 줄기차게 하려면 우선 어린이가 강한 의지력을 가질 수 있도록 부모님들이 일관된 모습을 보여줘야 됩니다. 그러면 어린이는 부모님의 그런 의지적 모습을 닮아간다고 생각합니다."

이제 그녀는 세계적인 피아니스트로 성장하였다. 그리고 국내외의 많은 곳에서 초청을 받고 공연을 하며 수많은 사람들에게 희망을 전하고 있다. 특히, 국내외의 장애인들은 그녀의 피아노 연주를 들으며 강한 도전을 받고 있으며, 그녀의 피아노 연주 능력에 감동을 받고 눈시울이 뜨거워지는 사람들도 많다고 한다. 그녀가 선천성 사지기형의 장애를 극복하고 인간승리의 모습을 보여줄 수 있는 것은 어머니의 일관된 교육과, 6살의 어린 나이에 13시간씩 연습한 그녀의 피눈물 나는 의지적 노력의 결과임은 분명하다. 그녀는 수많은 사람들에게 도전과 용기와 희망을 제공하는 자랑스러운 의지의 한국인임이 확실하다.

2 암을 극복하고 세계대회에서 우승한 기적의 선수

"암은 내 육신을 바꾸어 놓은 것이 아니다. 다만 내 정신을 바꿔 놓았을 뿐이다."

"1%의 희망만 있다면 나는 달린다." "오늘은 남은 인생을 시작하는 첫날이다." "고통은 순간이지만 포기의 여파는 평생이다." 위의 말들을 자신 있게 언급한 사람이 누구인지 아는가? 그 사람은 바로 미국의 세계적인 사이클 선수인 '랜스 암스트롱(Lance Amstrong)'이다.

그는 1971년 미국 텍사스주 플레이노에서 태어났다. 고교졸업 후 본격적으로 사이클 선수로 활동하면서 명성을 쌓아가던 1996년 고환암 진단을 받고 암세포가 뇌와 폐까지 전이되어 생명이 위태롭게 되었다. 이로 인하여 그는 고환 한쪽을 떼어내고, 뇌의 일부를 도려내는 대수술을 받았다. 그런데 3년 후 아무도 믿지 못할 대단한 일이 일어났다. 불치병으로 여겨지는 암을 극복하고 1999년 세계적 사이클 대회인 '뚜르 드 프랑스'에서 우승을 차지한 것이다. 그 이후에도 그는 2005년까지 같은 대회에서 연속으로 우승하며 첫 대회 7연패라는 대기록을 세우게 되었다. 그의 놀라운 정신력과 의지력이 일궈낸 믿기 어려운 성과라고 할 수 있다.

그는 7연패 후 사이클에서 은퇴하여 '암스트롱 암 퇴치' 재단을 설립하여 사회적으로 왕성한 활동을 하였다. 그 후 암스트롱은 보스턴 마라톤대회에 출전하면서 마라토너로 변신하기도 했다. 한국에는 "암과 싸우는 한국인들에게 희망을 주고 싶다."며 2007년 방문하였다. 2008년 사이클 선수로 복귀한 그는 2009년 대회에서 다시 한

번 휴먼드라마를 썼다. 운동선수로서는 38세의 고령으로 3,460Km의 레이스에서 당당히 3위를 차지하였다. 그는 최선을 다했고 내년에는 더 잘할 것으로 생각한다고 인터뷰에서 대답하였다. 그는 체력과 용기와 의지력을 가진 사람임에 틀림없다.

3 가난을 딛고 세계를 제패한 의지의 소녀

이 사람은 1988년 가난한 개척교회 목사의 장녀로 태어나 초등학교 5학년 때 골프에 입문했다. 그리고 2008년 8월 4일 영국 브리티시 여자 오픈 골프대회에서 최연소로 우승하였다. 과연 이 사람은 누구인가? 바로 한국 골프의 희망 신지애 선수이다.

그녀가 골프를 시작하게 된 것은 우연이었다. 아버지가 지인의 골프연습장에 초등학교 5학년인 그녀를 데리고 갔는데 공을 너무나 잘 쳤기 때문에 연습권을 끊어 주었다고 한다. 6개월을 연습한 후에 연습 삼아 참가한 주니어골프대회에서 준우승을 차지함으로써 골프인생이 시작되었다. 지금은 세계 언론의 찬사를 받으면서 2009년 LPGA에서 가장 강력한 신인왕 후보로 떠오르고 있다. 그녀는 이미 박세리가 세운 최연소 기록마저 갈아 치우고, 한국인으로서는 6번째 LPGA 우승자가 되었다.

이제는 세계적인 골프선수로 성장한 신지애도 소녀 시절에는 감당하기 어려운 힘든 시절을 보내야만 했다. 중학교 3학년 시절 어머니가 교통사고로 돌아가시고, 2명의 동생들이 크게 다쳐서 병원에 입원하고 있을 때 가장 힘들었다고 한다. 병원 간이침대에서 동생들을 돌보며 새벽 5시면 어김없이 일어나 골프채를 휘둘렀다. 어머니를 먼저 하늘나라로 떠나보낸 후, 사춘기 시절의 그녀는 가난의 굴레를 벗어나려고 하루 10시간씩 골프연습에 몰두하였다.

신체조건으로 본다면 156cm의 키는 골프선수로서 외국선수들에 비하여 유리한 조건이 아니다. 그렇지만 어떤 역경 속에서도 자신을 다스릴 수 있는 강한 정신력과 의지력은 그녀에게 큰 장점이 되었다. 그녀의 별명 가운데 하나는 '파이널 퀸(final queen)'이라고 하는데, 역전 우승이 많기 때문이라고 한다. 그만큼 정신력과 의지력이 다른 선수들보다 강하다는 것이다. 그녀는 가난하게 자라온 시절을 생각하며 매년 1억 원씩 소년소녀 가장이나 독거노인과 같은 어려운 이웃들을 돕고 있다고 한다. 이런 기부활동도 선한 의지가 있기 때문에 가능한 것이리라 생각된다.

4 초인적인 불굴의 의지를 보여준 아빠

이 세상에는 사람들에게 감동을 선물하는 좋은 책들이 많다. 그 중에 한 권을 선택하라면 필자는 장 도미니크 보비(Jean Dominique Bauby)의 '잠수복과 나비'를 추천할 것이다. 왜냐하면 이 책은 자유롭게 글을 쓰던 프랑스 편집장 출신의 저자가 어느 날 심장 순환기 계통의 갑작스런 문제로 '뇌일혈'이라는 진단을 받고, 목숨을 다하여 기록한 것이기 때문이다. 그런데 더욱 놀라운 것은 그 책의 저자는 왼쪽 눈 하나를 깜박거리는 것 이외의 다른 방법으로는 의사소통을 할 수 없는 상태에서, '클로드 망디빌'이라는 대필자의 도움을 받아 감동적인 책 한 권을 완성하고 세상을 떠났다. 그는 자신의 몸이 마치 잠수복을 입은 것처럼 너무나 단단히 조여 오고, 얼마나 상태가 열악한가를 "지금 현재로서는 끊임없이 입 속에 과다하게 고이다 못해 입 밖으로 흘러내리는 침을 정상적으로 삼킬 수만 있다면, 세상에서 가장 행복한 사람이 된 기분일 것 같다"고 절규한다.[2)] 이 책의 집필 동기는 어린 아들 '테오필'과 어린 딸 '셀레스트'에게 용기를 주고 싶었기 때문이었다. 그는 죽음을 각오하는 의지력을 발휘하여 약 15개월에 걸쳐 왼쪽 눈만 깜박거리는 방법으로 의사소통을 하여 이 책을 완성하고, 얼마 지나지 않아 세상을 떠났다. 그는 인간이 발휘할 수 있는 최고의 의지를 발휘하여 많은 사람들의 마음속에 감동을 안겨주었던 의지의 사람이었다.

5 죽음 앞에서 초연한 의지를 보이며 500만 명 이상을 울린 사람

2007년 9월 18일 랜디 포쉬(Landy Pausch) 교수는 말기의 췌장암에 걸려 시한부 인생을 선고받았다. 그는 자신의 직장이었던 미국 카네기 멜런대학교의 피츠버그 캠퍼스에서 학생들과 동료 교수들 약 400명이 지켜보는 가운데, 감동적인 마지막 강의를 하였다. 그는 강의 초반부터 웃음과 박수를 유도하면서 자신은 절대 지금 죽음을 부정하는 것이 아니라는 점과 자신이 강의를 하는 이유들에 대하여 차분하게 설명했다. 그리고 아내의 생일을 축하하는 노래를 청중들과 같이 불렀으며 익살스러우면서도 담담한 느낌을 전달하려고 노력하였다. 말기의 암 환자라고는 믿기 어려운 눈빛과 표정으로 전한 그의 마지막 강의 주제는 "자신의 어릴 때 꿈을 성취하기(Really achieving your childhood dreams)"였다. 랜디 교수는 평생 동안 자신이 한 일은 결국 자신의 어릴 때 꿈을 실현하기 위해서였다고 말하면서, 사람들은 대부분 자신의 잠재력을 낭비하고 있다고 지적했다.

마지막 강의에서 그가 강조한 내용은 다음과 같다. 첫째, 감사하는 마음을 보여주세요. 감사할수록 삶은 위대해집니다. 둘째, 준비하세요. 행운은 준비가 기회를 만날 때 온답니다. 셋째, 가장 좋은 금은 쓰레기통의 밑바닥에 있습니다. 그러니 찾아내세요. 넷째, 절대 포기하지 마세요. 벽은 깨라고 있는 것입니다. 다섯째, 꿈을 꿀 수 있다면 성취할 수도 있습니다. 여섯째, 당신이 무엇인가를 잘못했다면 사과하세요. 사과는 끝이 아니라 다시 할 수 있는 시작입니다. 일곱째, 완전히 악한 사람은 없어요. 모든 사람들에게서 좋은 면을 발견하세요. 여덟째, 가장 어려운 일은 경청입니다. 사람들이 당신에게 전해주는 말을 소중히 여기세요. 거기에 해답이 있답니다. 아홉째, 매일같이 내일을 두려워하며 살지 마세요. 오늘 바로 지금 이 순간을 즐기세요. 열째, 누군가 당신을 위해 했던 일을 당신도 다른 이들을 위해 하세요. 마지막으로 당신 스스로 당신의 꿈을 허락하세요. 당신 아이들의 꿈에도 불을 지피세요.

6 인간은 무엇으로 구성되어 있는가?

'인간을 구성하고 있는 것이 무엇인가?'에 대한 질문에는 크게

3가지의 대답이 가능하다.

첫째는 일원론(一元論)이다. 일원론은 인간의 육체와 정신은 하나라는 주장이다.

둘째는 이원론(二元論)이다. 이 이론은 인간이란 육체와 정신으로 구성되어 있다는 주장이다.

셋째는 삼원론(三元論)이다. 이 이론에 의하면 인간은 육(肉, body)과 영(靈, spirit)과 혼(魂, soul)으로 구성되어 있다. 삼원론의 성경적 근거는 데살로니가전서 5장 23절에 잘 표현되어 있다. 그 내용은 "평강의 하나님이 친히 너희로 온전히 거룩하게 하시고 또 너희 온 영과 혼과 몸이 우리 주 예수 그리스도 강림하실 때에 흠 없게 보전되기를 원하노라."이다. 이 본문에는 분명히 몸과 영과 혼이 언급되어 있다.

필자는 위의 3가지 주장들 가운데 삼원론을 지지한다. 왜냐하면 육과 영과 혼은 본질과 역할이 다르기 때문이다. 인간의 육체는 생존하는 동안 영과 혼을 담고 살아가는 소중한 그릇과 같은 역할을 한다. 그렇지만, 인간의 육체적 생명이 죽게 되면 더 이상 인간의 영과 혼은 육체에 머무를 수 없다. 왜냐하면 육체는 땅에 묻혀서 썩어 나중에는 형체도 없이 흙의 일부분으로 분해되고 말기 때문이다. 그런데 인간의 영과 혼은 썩는 성분으로 된 것이 아니기 때문에 죽음과 더불어 육체에서 이탈할 수밖에 없다.

이 장에서는 인간의 의지를 중점적으로 다루기 때문에 인간의 육과 영과 혼에 대해서는 깊이 다루지 않겠다. 관심 있는 독자들은 전문가들이 기록한 서적들을 검색하여 찾아보기 바란다.

7 의지에 대한 학자들의 다양한 의견

의지는 인간에게 있어서 대단히 중요한 요소이다. 인간이 어떤 존재인가에 대한 수많은 설명들 가운데 설득력 있게 인용되는 표현이 있다. 그것은 바로 인간은 지성과 감성 그리고 의지를 가진 존재라는 것이다.

의지에 대한 철학자들의 언급은 깊은 사색과 통찰을 던져준다.

너의 의지만을 위한 주관적인 행동 규칙이 언제든지 동시에 일반적인 법칙을 세우기 위한 원리로서 통용되도록 행위하라. (I. 칸트)

우주의 근저가 의지인 이상 인생을 지배하는 것 또한 의지가 아니면 안 된다. (A. 쇼펜하우어)

사람에게는 두 가지의 의지가 있다. 하나는 위로 올라가는 의지이고, 다른 하나는 아래로 내려가는 의지이다. 이 의지들은 우리 내부에서 서로 싸우고 있다. 한편에서는 모든 향락을 쫓으라고 소리치고, 한편에서는 마음껏 향락을 즐기라고 유혹하고 있다. 오른쪽엔 숲이 있고 왼쪽에는 아름다운 새가 노래하고 있다. 그리고 아름다운 꿈과 미녀의 웃음과 휘황한 불빛이 당신의 주위를 둘러싸고 있다. 당신은 위로 향하는 의지를 좇을 것인가 아래로 떨어지는 의지에 몸을 맡길 것인가? 그것을 결심하는 것은 당신 자신이다. (H. 베르그송)

신학자의 의지에 대한 언급

인간의 의지는 말하자면 하느님과 악마 사이에 있는 짐승과 같다. (M. 루터)

문학가나 사회학자의 의지에 대한 언급

모든 타락 가운데 가장 경멸해야 할 것은 자기의 의지에 의존하지 않고 타인에게 의존해 사는 것이다. (F. 도스토예프스키)

인간은 일할 수 있는 동물이다. 이런 작은 사람이라도 일하려고 생각하면 무한한 힘이 끓어올라 온다. 믿어야 한다. 이런 작은 사람이라도 해 보려는 의지만 있으면 어떤 일이든지 할 수 있다는 것을. (M. 고리키)

의지가 있는 곳에 길은 통한다. (H. 허드슨)

사람을 가장 아름답게 인도하는 힘은 의지력에 달려 있다. 기둥이 약하면 집이 흔들리듯 의지가 약하면 생활도 흔들린다. (R. 에머슨)

의지의 억압 중에서 가장 큰 어려움은 아마 성(sex)에 관한 것일 것이다. (E. 프롬)

인생에 있어서 기회가 적은 것은 아니다. 그것을 볼 줄 아는 눈과 붙잡을 수 있는 의지를 가진 사람이 나타나기까지 기회는 잠자코 있는 것이다. (R. 굴드)

잘 되고 못 되고, 죄를 범하고 안 범하고는 모두 그대 자신에게 달린 일이다. 다만 신은 길을 가리킬 뿐이다. 그 길을 향해서 가고 못 가고는 오직 그 사람의 의지에 달린 일이다. 뜻이 굳으면 죄악의 좁은 길을 벗어나 넓은 길로 나서게 된다. 뜻이 굳지 못하면 사람을 그

길을 잃는다. (슈와프)

방탕한 길에서 몸을 망치는 것은 육체가 아니라 의지다. (푸블릴리우스 시루스)

의지가 있는 자에겐 힘이 있다. (메난드로스)

8 '인간의 의지'에 대한 개념

첫째, '인간의 의지는 무엇인가?'에 대해 국어사전적 개념을 살펴본다. 『국어대사전』(이희승 편저, 1976)의 설명에 따르면, 인간의 의지는 "사려하고 선택하고 결심하여 실행하는 능력. 지식이나 감정과 대립되는 정신작용"이다. 그리고 국어국문학회가 감수한 『새로 나온 국어대사전』(2000)에는 심리학적 개념과 윤리학적 개념이 서술되어 있다. 심리학적 의미에서 의지의 개념은 "경험에 의하여 어떤 목적을 자각하고 그것을 달성하기 위하여 적극적으로 노력하는 행동에서 표현되는 마음의 작용"이다. 윤리학적 개념은 "윤리적 가치 판단을 내리는 근본이 되는 것. 도덕적 행위의 주체이며 또 객체인 것. 지식이나 감정과 대립되는 것이라 하며, 그것과 함께 지·정·의라고 일컬음"이다.

위의 내용을 필자가 다시 표현한다면, 인간의 의지는 선택능력, 결단력 그리고 실행력이며 생각이나 감정과 구별되는 정신작용이다. 또한, 의지는 인간이 습득하는 지식(지성)이나 느끼는 감정(감성)과 구별되는 다른 하나의 중요한 영역(의지)이다.

둘째, 인간의 의지에 대한 심리학적 입장

독일 심리학자인 분트(Wilhelm M. Wundt)는 인간의 의지를 강조하여 '의지설'을 주장한 대표적인 학자이다. 그의 인간에 대한 연구는 시사해 주는 바가 크기 때문에 요점을 소개해 본다.[3] 분트는 인간이 경험하는 의식(consciousness)을 연구의 대상으로 삼았다. 그는 인간의 의식이란 환경적인 자극의 체제적인 기능으로 과학적으로 연구할 수 있다고 믿었다. 그의 실험목표 가운데 하나는 사고(思考)의 요소, 즉 인간의 모든 생각을 구성하고 있는 기본적인 요소를 발견해 내는 것이었다. 그는 1879년 라이프치히 대학에 심리학 역사상 최초의 실험실을 창설하였는데, 이 실험실의 주된 목적은 사람의 생각의 요소와 의식적 경험을 지배하고 있는 기본과정을 발견해 내는 것이었다. 그런데 실험심리학은 인간의 마음을 연구하는 데 그 유용성이 제한적이었다. 인간의 마음이 가지고 있는 가장 중요한 측면들은 종교, 도덕, 예술, 언어, 법률 및 사회적 관습 등과 같은 마음의 산출을 연구함으로써 간접적으로 연구할 수 있다고 그는 생각했다. 이러한 마음의 산출은 실험적으로 연구하기는 어렵고, 다만 자연적 관찰을 통하여 연구할 수 있다. 다시 말하자면, 마음의 산출들은 역사적으로 일어나는 것에서 또는 삶의 과정 속에서만 연구할 수 있다. 그는 생애의 마지막 20년을 10부작인 『집단문화 심리학』을 저술하는데, 그 저서들에서 인간의 문화적 행동에 관한 자신의 관찰을 서술하고 있다. 그는 독일 이성주의 전통에 따라, 주로 인간의 의지(human will)에 관심을 가졌다. 인간은 자신이 원하는 사고의 요소에 선택적으로 주의집중을 할 수 있다. 그는 이러한 선택적 주의집중을 통각(統覺)이라고 부른다. 그리고 이런 생각의 요소들은 인간의 의지에 따라 어떠한 숫자의 조합으로라도 배열할 수 있는데 이런 과정을 창의적 종합이라 부른다. 분트의 심리학파를 의지설(Voluntarism)이라고 부르는 이유는 그가 인간의 의지(will)를 강조하기 때문이다.

셋째, 인간의 의지에 대한 신학적 입장

어거스틴(Augustine)은 인간이 가지고 있는 자유의지의 성격에 대하여 다음과 같이 주장한다.[4] 그는 인간의 자유의지란 하나님의 세상 창조 때 인간에게 주어진 성품의 일부를 구성하는 것으로 이해한다. 의지나 지성이 결여되어 있는 피조물들은 도덕적 존재가 될 수 없다. 선과 악의 사이에서 도덕적 행동을 할 수 있기 위해서는 도덕적 선택을 할 수 있어야 한다. 예를 들어, 빗방울이 땅에 떨어질 때 우리는 이런 행위를 도덕적 행위로 간주하지 않는다. 나중에 라이프니츠와 같은 철학자들은 악을 형이상학적 악, 물리적 악 그리고 도덕적 악으로 구분하였다. 형이상학적 악은 유한성이나 하나님께 발견되는 것과 같은 순수한 존재의 결여를 가리킨다. 물리적 악은 홍수나 지진과 같은 자연 재해들이며, 도덕적 악은 의지적인 피조물들의 행위를 가리킨다. 어거스틴은 인간을 타락한 죄인으로 간주했지만, 타락으로 인해 인간이 도덕적 동인(動因)을 상실했다고까지 보지는 않았다. 어거스틴은 인간의 타락 이전과 타락 이후에도 자유의지를 지니고 있다고 분명하게 확언했다. 타락 후에도 선택할 수 있는 능력이나 의지의 역량이 아직 사람 안에 남아 있다. 어거스틴은 인간이 항상 자유의지를 지니고 있다고 주장한다. 그런데 그 의지의 방향은 선할 수도 있고 악할 수도 있다. 우리는 선한 자유의지나 악한 자유의지를 가질 수 있다. 이런 특성은 어거스틴 사상의 핵심에 해당된다.

참고적으로 인간의 본성과 자유의지에 관한 펠라기우스(Pelagius)의 견해는 다음과 같다.[5] 인간의 자유의지는 주로 선(善)이나 악(惡)을 선택할 수 있는 능력에 관한 것이다. 그에 의하면, 인간의 자유의지 능력 또는 가능성이 자유의지의 본질이다. 이 능력은 창조 당시 하나님에 의해 사람에게 주어졌고, 인간의 성품을 구성하는 본질적 측면이다. 펠라기우스 사상의 요점 중 의지와 관련된 내용이라면 아담은 자유의지와 자연적인 거룩성을 지닌 존재로 창조되었다. 아담은 자유의지를 통해 죄를 지었다. 범죄 습관이 의지를 약화시킨다.

9 '인간의 의지'에 대한 연구

1) 인간 의지의 내용: 선한 의지(善意), 악한 의지(惡意), 무의지(無意志) 그리고 회색의지(灰色意志)

인간의 의지를 내용의 측면에서, 필자는 4가지로 분류해 보았다. 첫 번째 의지는 선한 의지(good will)이다. 국어사전에 나오는 '선(善)의지'는 선을 행하고자 하는 순수한 동기에서 나온 의지라고 설명한다. 선한 의지는 의지의 내용이 선하고 아름답고 가치가 있어서 아름다운 열매가 예상되는 부류의 의지이다.

두 번째 의지는 악한 의지(ill will)이다. 이것은 선한 의지의 반대 개념이다. 어떤 사람들은 악하고 교활해서 자신의 이익을 위하여 상대방을 속이고 이용하며 철저히 악용하기도 한다. 그리고 간교해서 자신의 악한 모습을 위장한 채, 선한 모습을 부각시키면서 끝까지 선한 인간으로 위장한다. 필요에 따라서는 거액의 돈을 이용하여 언론을 매수하거나 권력을 행사할 수 있는 사람들을 매수하여 악한 모습을 끝까지 속이기도 한다. 그리고 최후에 악한 모습이 드러나면 법적 절차를 밟아서 진실을 드러낸 사람에게 심리적, 경제적, 그리고 사회적으로 피해를 줌으로써 상대방을 파괴시키는 악의 힘을 드러내기도 한다. 이런 사람들은 목적을 위해서 수단을 정당화하기 때문에, 이런 종류의 인간을 만나면 심신이 피곤해지기 쉽다. 이 세상에는 선한 사람들을 괴롭히는 악한 사람들이 있고, 그들이 악의를 가지고 살아가는 것도 분명한 현실이다.

세 번째 의지는 무의지(無意志)이다. 이런 의지는 내용면에서 의지 자체가 없는 것으로 분류할 수 있겠다. 예를 들어, 자신의 의지를 가지고 현명하고 신중하게 선택할 수 있는 판단력을 갖추지 못한 정신질환자나 귀신의 조종을 받아서 꼭두각시 역할만 하는 사람은 자신의 의지가 개입되지 못한다는 측면에서 무의지하다고 분류할 수 있다.

네 번째 의지는 회색의지(灰色意志)이다. 회색의지(gray will)는 필자가 만든 신조어(新造語)이다. 회색의지는 마치 나무가 불에 타버리면 변질된 회색(灰色)의 재로 변하는 것처럼, 선한 의지를 가지고 어떤 일을 시작했다가 중간에 변질되어 악한 의지를 드러내는 왜곡된 인간의 의지를 내포하는 포괄적 개념이다. 예를 들자면, 어떤 사람이 선한 의지를 가지고 선한 일을 계획하고 그것을 도모하다가 중간에 나쁜 방향으로 의지가 변질되어 결과적으로 악한 열매를 거두게 된다면 이것을 필자는 회색의지라고 분류한다.

앞에서 소개하는 내용이 너무 개념적이라고 생각할 독자들이 있을 것 같아서, 흥미 있는 이야기 하나를 소개해 보고자 한다.

어떤 청년이 우연히 소원 성취의 능력을 가진 요정이 들어있는 요술항아리를 발견했다. 그 청년이 요정을 불러내자 요정이 나와서 "주인님, 무슨 소원을 들어드릴까요?"라고 물었다. 그러자 미혼의 청년은 자신의 소원을 말했다. "나는 돈과 여자와 결혼을 원한다." 청년의 소원을 들은 요정은 곤란한 듯이 말했다. "주인님, 저는 세 가지 소원을 한꺼번에 들어드릴 수는 없습니다. 한 가지만 말씀하세요." 그렇지만 세 가지 모두를 갖고 싶었던 청년은 하나의 꾀를 내어 이렇게 재빨리 대답했다. "돈 여자 결혼!" 청년의 짧은 대답을 들은 요정은 "예, 주인님 알겠습니다."라고 말했다. 그리고 한 달쯤 지난 뒤 청년의 소원이 이뤄졌는데, 그 청년은 돈 여자(정신이 나간 여자)와 결혼하게 되었다.

위의 이야기는 인간의 탐심을 꼬집는 하나의 재미있는 이야기이다. 청년의 상황을 이해하지 못하는 바는 아니지만, 종종 인간의 지나친 욕심은 도리어 일을 그르친다. 이 청년이 욕심을 적절히 조절할 수 있는 선한 의지를 발휘했더라면 결과는 매우 달라질 수 있었을 것이다. 예를 들어, 청년이 돈만 선택한 후, 그 돈을 잘 사용하여 배우자가 될 여자와 데이트를 하고 적절한 시기에 결혼했더라면 좋았을 것이다.

2) 인간 의지의 색깔

만일 21세기에 흑백영화와 총천연색 컬러영화를 동시에 상영

한다면, 독자들은 어떤 영화를 선호하겠는가? 인간의 의지가 색깔로 드러나는 것은 아니다. 왜냐하면 인간의 의지는 육안으로 볼 수 있는 사물이 아니기 때문이다. 그렇지만 인간의 의지를 색깔로 구분해 본다면, 자연을 통하여 많은 색깔에 익숙한 독자들의 이해를 돕는 데 도움이 될 수도 있기 때문에 필자는 인간의 의지에도 색깔을 부여해 보고자 한다.

먼저, 선의는 선한 의도이기 때문에 하얀색으로 분류한다. 우리가 천사를 생각할 경우, 천사는 하얀 색깔의 날개를 달고 날아와서 대부분 기쁨과 생명과 복음의 소식을 전달해 준다. 반면에, 악의는 악한 의지이기 때문에 검은색이다. 우리가 귀신을 생각할 경우, 귀신은 어둠의 상징이고 어두운 색깔로 나타나서, 슬픔과 죽음과 나쁜 소식을 전달해 준다. 다음으로, 무의지는 의지가 없기 때문에 색깔이 없는 무색(無色)으로 분류하겠다. 끝으로, 회색의지는 표현에서 암시하는 것처럼 회색이다. 회색의지는 선한 의도로 시작했다가 중간에 악한 의도로 변질된 의지이기 때문에 회색으로 분류한다. 색을 혼합할 때 흰색과 검정색을 같은 비율로 혼합하면 회색이 나오는 것처럼, 의지도 선한 의지와 악한 의지를 잘못 혼합하여 판단을 내리면 변질될 수 있기 때문에 회색의지도 현실적으로 가능한 의지이다.

3) 의지의 강도(强度)

의지를 강함과 약함의 측면에서 설명한다면, 필자는 불굴의 의지, 강한 의지, 약한 의지 그리고 무의지로 분류하겠다.

첫째, 무의지는 의지 자체가 없기 때문에 당연히 힘도 없다. 어떤 일을 하고자 하는 의지 자체가 없다면, 추진력도 없을 수밖에 없다. 의지가 없는 사람은 삶의 목표에 대한 의지가 없기 때문에 삶의 열매도 기대할 수 없다.

둘째, 약한 의지는 표현에서 암시하는 것처럼 의지가 박약한 의지이다. 사자성어 중에 '작심삼일'이라는 말이 있다. 마음속으로 어떤 것을 결심해도 3일 동안 유효하다는 의미이다. 이런 사람에게 필자는 희망적인 실천적 대안을 제시하겠다. 그 대안이란 3일마다 새롭게 결심을 하라는 것이다. 어떤 사람이든 강한 마음을 먹고 자신의 이름을 걸고 노력한다면 3일 정도는 해낼 수 있다. 이렇게 3일 단위로 계속 노력하여 7회 반복하면 21일을 성공하는 것이요, 10회 반복한다면 30일을 성공하는 것이다. 이 정도의 시간이 지나면 어느덧 서서히 습관으로 자리잡아 우리 몸이 적응을 할 수 있기 때문에 소망을 가질 수 있다.

셋째, 강한 의지는 표현처럼 강력한 힘을 가진 의지이다. '강한 의지'라는 표현을 머릿속으로 생각할 때, 필자는 한국의 전통 운동인 씨름이 생각난다. 어려서부터 설날이나 추석과 같은 큰 명절이면 TV에서 전국 씨름대회를 볼 수 있었다. 그 씨름대회는 몸무게에 따라 경량급에서 중량급 그리고 무제한의 천하장사를 선발함으로써 시청자들에게 즐거움을 안겨주었다. 필자가 감동을 받았던 것은, 체중이 상대 선수보다 훨씬 덜 나가는 선수가 현란한 뒤집기 기술을 성공시켜 상대선수를 눈 깜짝할 순간에 뒤집어 넘기는 순간이었다. 그런 경우, 체중이 적게 나가는 선수의 눈빛에는 상대선수를 기어코 이기고 말겠다는 강한 의지가 서려있는 것을 간접적으로 느낄 수 있었다. 강한 의지와 정신력을 가진 선수는 비록 키가 작고 체중이 적게 나가더라도 대단한 결과를 기적처럼 만들어 낼 수 있다.

넷째, 불굴의 의지는 강한 의지의 차원을 넘어서는 의지이다. 불굴의 의지는 표현에서 느낄 수 있는 것처럼, 어떤 역경과 환경 속에서도 결코 굴복하지 않고 끝까지 최선을 다하여 기어이 목표에 도달하는 최고 수준의 의지이다. 이런 의지는 한 분야에서 세계 최고 수준의 역량을 가지고 있는 사람들에게서 찾아볼 수 있다.

이런 의지를 발휘한 인물을 생존한 사람들 가운데 필자가 찾아본다면, 정치적 인물로는 넬슨 만델라 대통령이다. 그는 흑인 인권 운동가라는 이유로 감옥에 약 28년 동안 투옥되었지만 불굴의 의지를 발휘하여 노년의 나이에 석방되었음에도 불구하고, 남아프리카 공화국의 초대 흑인 대통령이 되었고 노벨평화상도 수상한 의지의 인물이다. 운동선수로는 랜스 암스트롱이 있다. 그는 1996년 고환암 진단을 받고 암세포가 뇌와 폐까지 전이되어 생명이 위태롭게 되었다. 그는 고환 한쪽을 떼어내고, 뇌의 일부를 도려내는 대수술을 받았음에도 불구하고, 3년 후 아무도 믿지 못할 대단한 일을 성취해 냈다. 불치병으로 여겨지는 암을 극복하고 1999년 세계적 사이클 대회인 '뚜르 드 프랑스'에서 우승을 차지한 것이다. 그 이후에도 2005년까지 같은 대회에서 연속으로 우승하며 처음으로 한 선수가 7회 연속 우승하는 대기록을 세우게 되었다. 그의 놀라운 정신력과 불굴의 의지력이 일궈낸 믿기 어려운 결과라고 할 수 있다. 이들 이외에도 불굴의 의지를 발휘하여 남다른 결과를 도출해 낸 인물을 독자들이 찾아보기 바란다.

4) 의지의 종류

선택을 기준으로 했을 때, 필자는 의지를 자유의지와 강요된 의지를 분류하고자 한다. 먼저, 자유의지(free will)는 의지의 주체인 당사자가 자유롭게 자신의 의지에 따라 선택할 수 있는 의지이다.

반면에, '강요된 의지'는 의지의 주체인 당사자가 자유롭게 자신의 의지에 따라 선택할 수 있는 것이 아니라, 제3자가 시키거나 강요하는 대로 선택할 수밖에 없는 의지이다. 현실적으로도 어떤 특수한 조직이나 기관에서 비밀스럽거나 악한 목적을 위하여 사회적 지위와 돈을 보장받는 대신에, 누군가의 지시를 받으면서 꼭두각시 역할만 하는 사람들이 분명 존재할 수 있다. 그 사람은 자신의 양심과 의지에 따라 행동하는 것이 아니라, 밖으로 드러나지 않는 실세의 사람이 지시하는 대로 말하고 행동한다. 만일 그 사람이 밖으로 드러나지 않는 실세인 사람의 의도를 거역한다면, 조만간 다른 사람으로 교체된다. 왜냐하면 그 사람은 허수아비에 불과하기 때문이다.

5) 의지의 주체

의지를 발휘할 수 있는 주체를 분류한다면, 단수 개념으로는 나(I)와 너(you) 그리고 그 남자와 그 여자(He or She)가 있다. 복수 개념으로는 우리들(We)과 너희들(you) 그리고 그들(They)이 존재한다. 인간이 의지를 가지고 있는 존재라고 전제할 때, 의지의 주체는 단수의 사람일 수 있고, 복수의 사람들일 수도 있다.

그런데 필자가 의지의 주체와 관련하여 주목하고 싶은 내용은 육안으로 보이는 사람만이 의지를 발휘하는 것이 아니라, 눈에 보이지 않는 영적(靈的) 존재들도 사람들을 통하여 의지를 발휘할 수 있다는 점이다. 그 영적 주체들은 대표적으로 절대적 선(善)이신 하나님과 악(惡)한 마귀이다. 필자가 영적 주체들을 강조하는 이유는 이 영적 주체들이 사람들에게 커다란 영향력을 행사하고 있기 때문이다. 때로는 삶과 죽음을 결정하는 의지에도 개입하기 때문에 언급하지 않을 수 없다.

영적 주체들을 조금이라도 쉽게 이해시키기 위하여 필자는 현실적인 이야기를 통하여 설명해 보고자 한다. 우리 인간이 생명을 유지할 수 있는 것은 육체적으로 음식물을 섭취하기 때문이다. 그렇지만, 음식물은 약 40일을 먹지 않아도 죽지 않는 사람들이 많다. 그 증인들은 바로 40일 동안 금식기도를 하고도 생존해 있는 사람들이다. 다른 사례를 든다면, 1995년 삼풍백화점 붕괴사고의 생존자 박승현(당시 19세)양의 경우, 음식은 물론 한 방울의 물도 먹지 못한 상태에서 15일 17시간을 견뎌내고 비교적 건강하게 구조되었다. 무려 377시간 동안 칠흑 같은 어둠 속에서 다가오는 죽음의 공포와 싸워가며 생명을 지켜낸 것은 그녀의 끈질긴 생명력 때문이었다.

또한, 인간이 생명을 유지하려면 반드시 물을 섭취해야 한다. 아무리 유능한 사람이라도 물을 섭취하지 못하면 생명을 유지할 수 없다. 사람은 3일 정도 쉽게 굶을 수 있지만, 하루라도 물을 마시지 않으면 금방 고통을 느끼게 된다. 물을 먹지 못하는 경우, 사람은 3일 동안 의식을 유지하기 어렵다. 인체는 내부에 지방의 형태로 에너지를 저장할 수 있지만, 물은 저장할 수 없다. 산소도 저장할 수 없는 것은 마찬가지이다.

그런데 어떤 사람이 산소를 공급받지 못한다면, 얼마나 생존할 수 있는지 독자들은 생각해 보았는가? 인간이 생존하기 위해서는 음식물과 물이 필요하지만, 가장 필요한 것은 산소다. 어떤 사람이든 산소공급이 3분 이상 중단되면 뇌세포가 정상기능을 유지할 수 없고, 5분이 지나면 뇌세포가 원상회복이 불가능한 상태로 파괴되어 생명의 위협을 받게 된다. 개인에 따라 약간의 차이가 존재할 수는 있지만, 산소의 공급 없이 하루를 생존할 수 있는 사람은 없다는 것이 일반적인 상식이다. 그렇다면, 눈에 보이지 않는 산소는 인간의 생명 유지에 가장 중요한 필수적 요소이다. 분명히 공기 중의 산소는 사람의 눈에 보이지 않는 것이다. 만일 산소가 육안으로 보이지 않는 것이라는 이유로 존재하지 않는 것이라고 강력히 주장한다면, 그 사람은 일반 상식도 없는 무식한 사람이라고 취급될 것이다.

마찬가지 원리로, 하나님이나 귀신과 같은 영적 존재(spiritual being)들은 공기 중의 산소처럼 눈에 보이지 않는다. 그렇지만, 영안이 열린 사람들은 볼 수 있고 느낄 수 있는 존재들이기도 하다. 예를 들어, 무더운 여름 높은 산의 정상에 올랐을 때, 시원한 한 줄기 바람은 사람을 시원하게 만든다. 그런데 어떤 사람이 시력이 좋다고 바람을 눈으로 정확히 볼 수 있는가? 그런 시력을 가진 사람은 현실적으로 없다. 그렇다고 바람이 없는가? 그것은 아니다. 우리가 바람을 눈으로는 볼 수 없지만, 피부로는 느낄 수 있다.

필자가 영적 존재들에 대해서 강조하는 것은 절대적 선이신 하나님과 악한 마귀가 모두 사람의 속에 들어가서 강력한 영향을 미칠 수 있는 의지의 주체이기 때문이다. 하나님께서 사람 속에 들어가셔서 의지의 주체로 개입을 하시면, 아름답고 선한 열매가 맺어진다. 그렇지만, 악한 귀신이 사람 속에 들어가서 그 사람의 의지를 잡고 명령을 내리기 시작하면, 인생이 불행해지는 경우가 허다하다. 가끔 우리는 부모를 살인하는 패륜아들을 언론의 보도를 통하여 접하게 된다. 그런 경우, 보통 사람들은 부모를 죽이는 천하에 악한 놈이라고 손가락질을 하고 사형에 처해야 한다고 흥분할 수 있다. 그런데 교도소에서 오랫동안 교정공무원으로 봉직한 박효진 장로라는 분의 간증이나 책을 읽어 보면, 새로운 사실을 알 수 있다. 그 분은 다양한 종류의 범죄를 저지른 흉악범들을 만나보게 되었는데, 그 중에 부모를 살해한 흉악범이 살인을 저지를 때, 제정신이 아닌 경우들도 있다는 것이다. 그 살인범이 누군가를 죽였는데, 그 때 마음속에 정체를 알 수 없는 이상한 힘에 이끌려 자신의 의도와는 상관없이 살인을 저질렀다는 것이다. 또는 자신이 아주 싫어하는 동물의 형상으로 보여서 사정없이 죽이고 제정신이 들었을 때 보니까 그 대상이 부모였다고 고백하는 경우들을 직접 들었다고 한다. 이런 사건이 발생한 경우, 경찰관이나 검사 그리고 재판을 담당하는 판사는 드러난 증거물만 가지고 심문을 하기 때문에, 보이지 않는 사악한 주체가 그 사람의 의지를 강제적 힘으로 배후 조종했을 수도 있다는 점을 알지 못하고, 인정하지도 않는다. 그런데, 만일 경찰관이나 검사나 판사에게도 악한 귀신이 들어가서 그 사람을 피폐하게 만든다면, 그 때에 가서는 어느 정도 눈에 보이지 않는 세계와 영적 존재들이 있다는 것을 알게 된다.

영적 존재들을 간단히 표현하면, 절대적 선이신 하나님과 예수 그리스도, 하나님의 심부름꾼인 천사들이 존재한다. 그리고 악한 영적 존재들로는 마귀와 사탄 그리고 잡다한 귀신들이 존재한다.

이 부분에 대하여 심오하게 알고 싶은 독자들은 영적 능력이 있는 성직자들이나 무당들을 만나보기 바란다.

6) 의지의 수준

첫째, 인간의 의지 가운데 높은 수준의 상급은 초인적 수준이다. 이런 의지는 인간이 발휘할 수 있는 의지 가운데 최상급 수준이다. 예를 들자면, 누가 초인적 의지를 발휘하는가? 다양한 부류의 사람들이 존재하겠지만, 환자의 경우를 사례로 들어보겠다. 의학적으로 죽음을 선고받은 환자들(예: 암환자) 가운데 누가 초인적인 의지를 발휘하여 가장 오래 생존하는가를 살펴보면, 나이 어린 자녀들을 둔 어머니가 일반적으로 생존능력이 탁월하다고 한다. 그 이유는 모성애를 가진 어머니로서, 차마 어린 자녀들을 남겨두고 세상을 떠날 수가 없기 때문에 최선을 다하여 투병을 하며, 정신적으로도 생존에 대한 의지가 가장 강하다고 한다.

둘째, 인간의 의지 가운데 중간 정도는 인간적 수준이다. 여기에 속하는 의지는 중간 정도의 수준으로 보통 사람들이 인간으로서 자신의 건강과 정신력 그리고 인격을 가지고 발휘할 수 있는 정도의 것이다.

셋째, 인간의 의지 가운데 낮은 단계는 동물적 수준이다. 여기에 속하는 의지는 인간 수준 이하의 본능적 욕망을 추구한다. 자신의 육체적 쾌락을 누리기 위해서 동물적 근성을 발휘하여 인간으로서의 의지를 무시하고 상대방에게 피해를 준다. 대표적으로 식욕이나 성욕을 만족시키기 위하여 인간의 의지력을 발휘하지 못하고 본능에 따라 행동하는 인간들이 모두 여기에 속한다고 할 수 있다.

넷째, 인간의 의지 가운데 가장 낮은 단계는 사탄(Satan)적 수준이다. 어떤 부류의 인간들은 선한 선택을 할 수 있음에도 불구하고, 악한 선택을 한다. 이런 선택의 배경에는 많은 경우, 인간적 탐욕이 도사리고 있다. 그 탐욕이란 성욕을 만족시키기 위한 사악한 거래일 수도 있고, 돈을 조금이라도 더 모으기 위해 선을 가장한 교활한 음모일 수도 있다. 예수께서 마귀(사탄)에게 어떤 시험을 당하셨는지 살펴본다면, 인간이 취약해지기 쉬운 욕망이 무엇인지 살펴볼 수 있다. 마태복음 4장에 의하면 예수께서는 공생애 3년의 삶을 시작하시기 전에, 광야에서 마귀에게 유혹을 받으셨는데 크게 3가지로 볼 수 있다. 그 첫 번째 유혹은 음식에 대한 유혹이었다. 두 번째 유혹은 명예에 관한 것이었고, 세 번째 유혹은 권력에 대한 것이었다. 다시 말하자면, 식욕과 명예욕 그리고 권력욕이었다. 여기서 식욕에 대한 유혹은 돈에 대한 유혹이라고 포괄적으로 표현해도 좋을 것 같다. 왜냐하면 돈이 있어야 음식을 사서 식욕을 충족시킬 수 있기 때문이다. 오늘날 대부분의 유혹은 돈에 대한 유혹이라고 해도 과언이 아니다. 그래서 '뭐니 뭐니 해도 머니(money)가 최고'라는 말도 있지 않은가? 그 만큼 돈에 대한 유혹은 피해가기 어려운 시험이 될 수 있다. 돈은 선하게 사용될 수도 있지만, 사악하게 사용되어 인간의 생명을 죽음으로 몰아갈 수도 있는 것이다.

10 빠삐용과 삶의 의지

'빠삐용'은 '앙리 샤리에'라는 인물의 실화를 토대로 1969년 출간된 작품이며, 1974년경 스티브 매퀸과 더스틴 호프먼 주연의 영화로도 만들어진 명작이다. 1930년대 프랑스는 경제공황이 유럽대륙까지 휩쓸던 시기였다. 주인공 '빠삐용'은 악질 검사의 음모로 포주 살해라는 누명을 쓰고 종신형을 선고받고 투옥된다. 그는 11년 동안 8~9회 탈옥을 시도하였으나, 성공하지 못하고 결국은 죽음의 섬으로 보내진다. 그렇지만 그의 자유에 대한 삶의 의지는 대단한 것이어서 야자수 자루를 2개 묶은 자루를 바다에 던진 후, 파도의 흐름을 이용하여 드디어 죽음의 감옥에서 탈출하는 데 성공한다.

'빠삐용'은 프랑스어로 '나비'라는 뜻이다. 나비가 여기저기 자유롭게 날아다니는 것처럼, 인간은 누구나 억압받고 갇혀 살기보다는 자유를 향유하면서 살아가기를 원한다. 영화나 소설의 내용에서 알 수 있는 것처럼, 빠삐용은 자유와 삶에 대한 불굴의 의지를 가진 인물의 대명사가 되었다. 필자는 고등학교 시절 이 영화를 보게 되었는데, 지금까지 머릿속에 강하게 남아있는 화면은 빠삐용이 햇빛마저 차단된 독방에 갇혀 있을 때 고통받는 장면과 파도의 흐름을 이용하여 탈출에 성공하는 장면이다. 그의 자유와 삶에 대한 의지가 독자들에게는 어떤 의미로 다가오는지 깊이 묵상해 보는 것이 어떤가?

11 자살자와 죽음의 의지

최근 일간지를 통하여 경찰청이 국회의원(임두성)에게 제출한 지난 5년간의 자살에 관한 통계자료는 우리에게 커다란 충격을 던져준다.[6] 경찰청 자료에 따르면, 2007년에 자살한 한국인은 13,407명으로 하루 평균 36.7명이 한 많은 세상을 떠나갔다. 2006년에는 12,968명이 자살했고, 최근 2년 사이에 다시 자살률이 증가하고 있다는 것이다. 특히 여성과 60세 이상 노년층, 그리고 20~30대 청년층의 자살이 급증하는 추세라고 한다.

청소년들의 경우, 질병관리본부가 2006년 9월 전국의 만 13~18세 중고생들 71,000명을 대상으로 온라인 설문조사를 실시하였다. 그 결과에 따르면 중고생의 23.4%가 '심각하게' 자살을 생각해 본 적이 있다고 응답하였다. 그리고 46.5%나 되는 많은 중고생들이 '대단히 많이' 또는 '많이' 스트레스를 받는다고 대답했다는 것이다. 스트레스의 주요 원인은 학업성적, 진로, 부모와의 갈등, 그리고 외모 등이었다.

위에서 살펴본 것처럼 청소년들로부터 60세 이상의 노년층에 이르기까지 수많은 사람들이 심각한 스트레스를 받고 삶을 포기해 버리는 불행한 일이 벌어지고 있다. 필자가 참으로 안타깝고 가슴 아픈 것은 오늘 하루도 평균 약 35~40명의 사람들이 자살로 죽어가고 있다는 점이다. 이것은 대단히 시급한 문제이다.

12 예수 그리스도의 의지

역사적으로 많은 인물들이 이 세상에 살다가 생을 마무리하였다. 인류의 4대 성현 가운데 한 사람이라고 추앙받는 소크라테스는 '악법도 법'이라는 유명한 말을 남기고, 독배를 마시고 죽었다. 그는 제자들을 비롯한 주변 사람들의 도움으로 피신을 할 수 있었지만, 죽음의 길을 선택하였다. 중요한 선택을 할 때는 의지가 중요한 역할을 한다. 그는 죽음을 각오할 정도의 의지가 있었다고 보는 것이 타당할 것이다.

필자는 여기서 다른 사람들을 구하기 위하여 생명을 바친 젊은 청년 예수 그리스도의 의지에 대하여 살펴보고자 한다. 신약 마태복음 26장에는 '겟세마네' 동산에서 기도하시는 예수님의 기도하는 장면이 생생하게 묘사되어 있다. 당시 이스라엘의 수도였던 예루살렘에서 죽음을 맞이할 수 있다는 것을 누구보다도 예수께서는 잘 알고 계셨다. 그리하여 예수께서는 예루살렘에 입성하기 전에, 밤이 새도록 산에서 철야기도를 하며 십자가를 질 것인지 고민하셨다. 그 고민이 얼마나 처절했으면, "내 마음이 심히 고민하여 죽게 되었으니 너희는 여기 머물러 나와 함께 깨어 있으라.(마 26:38)"고 제자들에게 부탁하셨다. 예수께서는 십자가 형벌이 얼마나 잔인하고 고통스러우며 수치스러운 것인지 잘 알고 계셨다. 그것도 십자가에 형벌을 받을 죄를 지은 것도 아닌데, 정치 권력자들과 종교 지도자들이 합세하여 자신을 위험인물로 낙인찍어 죽음으로 몰고 가는 상황을 잘 알고 계셨다.

이런 상황에서 예수께서는 십자가를 지기로 결단을 내리신다.

그리고 하나님 아버지께 기도하셨다. "내 아버지여 만일 할 만하시거든 이 잔을 내게서 지나가게 하옵소서. 그러나 나의 원대로 마옵시고 아버지의 원대로 하옵소서.(마 26:39)" 이 본문을 영어성경(Yet not as I will, but as you will.)이나 독일어 성경(Aber es soll geschehen, was du willst, nicht ich will.)의 표현으로 살펴보면, 의지가 개입되어 있음을 알 수 있다.

사실상 예수 그리스도의 의지를 정확하게 묘사하기는 불가능에 가깝다. 그럼에도 불구하고 그 분의 전 생애와 가르침 그리고 성경의 자료들을 근거로 접근해 볼 수는 있다. 필자는 기도하면서 통찰을 얻게 되었는데, 예수 그리스도의 의지는 크게 2가지 특징이 있다는 것이다.

첫째, 예수 그리스도의 의지는 '생명 구원의 의지(will)'이다. 예수께서는 이 세상의 모든 사람들이 영혼의 구원을 받기 원하셨다. 요한복음 3장 16절에 그 내용이 명확하게 기록되어 있다. 예수께서는 공생애를 통하여 자신을 찾아오고 도움을 요청하는 사람들의 생명을 살려내고 생명을 풍성하게 하기 위하여 크게 3가지 사역을 하셨다. 그 사역은 가르침을 통한 교육사역과 건강을 회복시키는 치유사역과 복음전파를 위한 설교사역이었다. 이 모든 사역들은 사람들의 생명을 살리기 위한 것이었다.

둘째, 예수 그리스도의 의지는 '사랑 실천의 의지(意志)'이다. 여기서 언급하는 사랑은 '아가페' 사랑이다. 특히, 예수께서는 사회적으로 힘이 없고 가난하고 몸이 아픈 사람들에게 애정을 표현하셨다. 뿐만 아니라, 모든 사람들이 하나님의 사랑을 깨닫고 하나님의 뜻을 실천하면서 행복하게 살기를 원하셨다. 그렇지만 많은 사람들이 탐욕을 절제하지 못하고 정의로운 삶을 살지 않았다. 심지어 정치 권력자들과 종교 지도자들은 백성들이 예수라는 젊은 청년을 지도자로 추종하는 것을 시기하고 교묘하게 모함하였다. 예수께서는 십자가의 죽음을 스스로 선택함으로써 '사랑 실천의 의지'를 입증하셨다. 십자가는 수직적으로 하나님과 사람의 화평을, 수평적으로는 나와 이웃의 화평을 위한 희생이다. 십자가는 예수 그리스도의 생명 구원과 사랑 실천의 구체적인 상징이요, 의지적 표현이다.

만일 독자가 사형선고를 받을 흉악범이 아님에도 불구하고, 주변의 정치 권력자나 법조인 그리고 심지어 종교지도자가 합세하여 독자를 사지(死地)로 몰아간다면, 어떻게 대처하겠는가? 대의와 명분을 위하여 죽겠는가? 아니면 도망을 가겠는가? 어떤 행동을 선택하든지 독자는 의지적 결단을 내리고 행동할 것이다.

13 의지를 통제하는 4가지 방법

다음의 내용은 우리가 의지를 통제할 수 있는 방법[7]들이다. 이런 방법들이 의지를 통제하는 모든 수단은 아니지만, 우리에게 통찰을 제공할 수 있기 때문에 소개한다.

첫째, 우리는 우리의 의지가 죄로 오염되어 있음을 인정해야 한다. 우리는 꼭 해야 하는 일을 하지 않고, 하지 말아야 하는 일을 하는 경향이 있다. 성경의 로마서 7:15~19와 로마서 7:24~25를 묵상해 보라.

둘째, 우리의 고집을 피울 경우가 있음을 인정하는 것이다. 우리는 어떤 이유 때문에 자기 훈련이 되어 있지 않은지에 대해서 변명하기를 중지해야 한다. 자신의 의지를 통제해 나가려면 자신에게 정직해야 할 필요가 있다.

셋째, 당신의 의지를 하나님께 책임져 달라고 요청함으로써 당신의 의지를 고칠 수 있다. 먼저 우리는 우리의 의지를 하나님께 아뢰어야 한다. 그런 다음 하나님의 뜻을 우리에게 보여 달라고 함으로써 하나님의 뜻을 분별해야 한다. 만일에 하나님의 뜻과 우리의 뜻 사이에 갈등이 있다면, 우리는 우리의 의지를 하나님의 뜻에 복종시켜야 한다.

넷째, 자신에게 "아니오."라고 말하라. 의지는 그것에 반대되는 행동을 함으로써 고칠 수 있다. 자신을 부인하고 의지력을 발휘하라. 당신이 원하든지 원하지 않든지 당신이 해야만 하는 것을 실행하라.

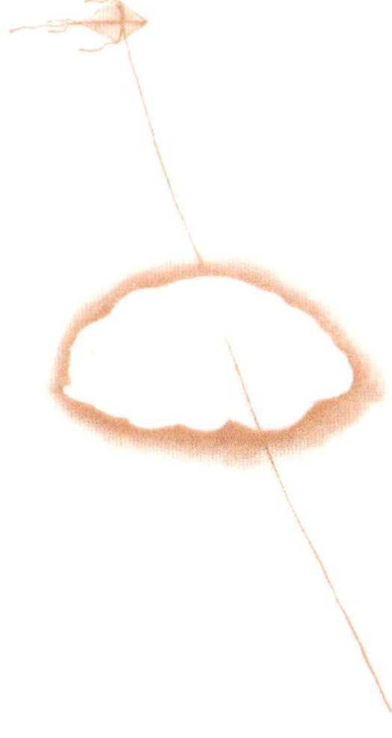

1

지성계발(知性啓發)

제2장

사고방식: 생각에도 길이 있다

1 긍정적 사고방식

명언: 항상 긍정적이고 행복하고 기쁜 생각을 하면 주위에 행복하고 기쁘고 긍정적인 사람이 모여든다. –조엘 오스틴, Joel Osteen

1) 희망 한 단에 얼마예요?

돌아오는 길

김강태

춥지만, 우리
이제
절망을 희망으로 색칠하기

한참을 돌아오는 길에는
채소 파는 아줌마에게
이렇게 물어보기

희망 한 단에 얼마예요?

세상에는 많은 길들이 있다. 사람이 보행하는 인도(人道)가 있고 차들이 다니는 차도가 있으며, 배가 다니는 항로가 있다. 사람들이 살아가는 이 세상에 길이 있는 것처럼, 우리 인생에도 길이 있다. 생명의 길과 사망의 길이 있다. 생명의 길과 사망의 길을 결정하는 것이 바로 생각이다. 각 사람에게 있어서 생각은 마치 운전사와 같은 역할을 한다. 유능한 운전사가 길을 따라 조심스럽게 운전함으로써 목적지에 도달하는 것처럼, 자신의 생각을 잘 관리하고 통제할 수 있는 사람만이 생명의 길, 희망의 길을 갈 수 있다. 우리가 살아가는 이 세상은 갈수록 진정한 희망을 찾기가 힘들다. 그렇지만 긍정적인 생각의 씨앗을 부지런히 뿌려서 희망의 열매를 거두며 살아야 한다.

2) 깜깜한 세상에서도 빛을 보는 사람

중학생 시절 체육시간에 갑자기 날아온 축구공에 시신경이 파괴(망막 박리)되어 실명한 학생이 있었다. 그 학생의 어머니는 너무나 충격을 받아 괴로워하다가 돌아가시고, 누나마저 세상을 떠나게 되었다. 자신을 돌보아줄 대상이 갑자기 사라진 열악한 환경 속에서도 그는 꿈을 잃지 않고 학업에 전념하여 연세대학교에 합격하였다. 대학 졸업 후 시각장애인으로서는 최초로 미국 유학길에 올라 일리노이 대학에서 석사와 박사 학위를 최단시간에 마친다.

한국에 귀국하여 대학 강단에 서고 싶었지만 받아주는 학교가 없어서, 미국에 잔류할 수밖에 없었다. 다행히 미국 일리노이 대학에 교수로 채용되어 학문의 길을 걷다가, 그의 인간적 노력과 불굴의 정신을 높이 평가한 부시(Bush) 대통령에 의하여 발탁되었다. 그리고 아들 부시 대통령에 이르러 백악관 국가장애위원회 정책차관보로 근무하면서, 전 세계 시각장애인의 귀감이 되고 있는 한국인이 있다. 이 의지의 한국인은 누구인가? 그가 바로 한국 최초의 시각장애인 박사이며, 한국인으로서는 미국에서 최고위직에 오른 강영우 박사이다.

환경적 측면에서 살펴본다면, 그는 실명이라는 커다란 삶의 장애물을 만났고, 어린 나이에 가족들을 잃어버리는 감당하기 어려운 아픔을 겪어야 했다. 그렇지만 그는 열악한 삶의 환경에도 불구하고 긍정적 사고방식으로 환경을 창조해 나갔다. 만일 독자에게 강박사와 같은 암울한 상황이 전개된다면, 과연 어떤 생각을 하면서 삶을 헤치고 나가겠는가? 대답이 결코 쉽지 않을 것이다. 성공적 인생을 살고 싶은 독자라면, 강박사의 아동기부터 현재까지의 삶을 조명해 보고 깊이 생각해 보면 어떨까?

3) 다윗과 골리앗의 차이점

소년 다윗과 거인 골리앗의 싸움은 많이 알려져 있는 이야기이다. 어린 소년 다윗은 돌 5개와 물매로 무장을 한 어린 소년이었고 골리앗은 예리한 칼과 창 그리고 단창으로 무장을 한 거인이었다. 외형적으로 판단한다면 싸움의 결과는 당연히 골리앗의 승리로 끝나야 한다. 그러나 다윗이 골리앗의 목숨을 취한 것으로 끝난다. 그렇다면 어떻게 이런 일이 가능할 수 있었는가? 다윗과 골리앗은 사고방식부터 상당한 차이가 있었다. 그들의 자아의식은 너무나 달랐다. 골리앗은 다윗을 보고 "네가 나(골리앗)를 개로 여기고 막대기를 가지고 나왔느냐?"(사무엘상 17:43)고 분노에 차서 저주를 퍼부었다. 골리앗은 자신을 하등동물인 개(dog)로 생각하였으며, 분노를 터트림으로써 마음의 평정심도 잃어버렸다. 반면에 다윗은 전능하신 하나님을 모욕하는 골리앗에 대하여 하나님의 이름으로 싸운다고 선포하였다(사무엘상 17:45). 골리앗의 자화상은 하등동물인 개의 수준이었지만, 다윗의 자화상은 전능하신 하나님의 명예를 건 하나님의 자녀의 모습이었다.

또한 다윗과 골리앗의 이야기에서 얻을 수 있는 통찰은 생각하기에 따라서 약점이 장점이 될 수도 있다는 것이다. 다윗은 먼저 물맷돌을 이용하여 골리앗의 이마를 정확히 공격함으로써 그를 쓰러트렸다. 골리앗은 체격이 작은 다윗을 단칼에 죽일 수 있을 것이라고 생각했겠지만, 그 생각은 육박전과 같이 근접했을 때 가능한 것이다. 그런데 다윗은 골리앗의 체격이 거인이어서 공격할 표적의 넓이도 그만큼 넓다는 생각을 했다. 또한 원거리 싸움으로 승패를 결정할 수 있다는 정확한 생각과 판단을 내렸으며 그의 생각은 적중하였다. 이처럼 다윗과 골리앗은 자아의식에서 대조적이었으며, 싸움의 승리에 대한 전략과 생각도 달랐다.

다윗과 골리앗의 싸움을 통하여 깨달을 수 있는 것처럼, 환경과 조건이 열악해도 어떤 자아의식을 가지고 있느냐는 중요하다. 또한 어떤 전략과 생각을 가지고 당면한 문제에 철저히 임하느냐에 따라 결과는 판이하게 달라질 수도 있다.

4) '뛰는 놈과 나는 놈'에 대한 다양한 생각

다음의 내용은 사람들의 생각이 직업과 가치관에 따라 얼마나 다양하게 표현될 수 있는지를 알려주는 것이다.[8)]

낙관주의자: 뛰는 놈도 언젠가는 날 수 있다.

비관주의자: 뛰는 놈은 아무리 뛰어도 날 수가 없다.

절대주의자: 뛰는 놈 위에는 반드시 나는 놈 있다.

상대주의자: 뛰는 놈이 있기에 나는 놈이 있다.

신비주의자: 뛰는 놈의 영혼은 곧 날고 있는 것이다.

현실주의자: 뛰는 놈이 나는 놈을 따라잡으려면, 더욱 실력을 갈고 닦아야 한다.

고대 수학자: 나는 놈의 날개를 2로 나누면 떨어진다.

근대 수학자: 나는 놈의 날갯짓은 나눗셈에 대해 닫혀 있다.

현대 수학자: 뛰는 놈은 2차원에 속한 것이고, 나는 놈은 3차원에 속한 것이다.

생물학자: 뛰는 놈은 다리가 있고, 나는 놈은 날개가 있다.

화학자: 뛰는 놈보다 나는 놈이 옥시토신을 더 많이 분비한다.

뉴턴: 뛰는 놈과 나는 놈은 서로 끌어당긴다.

다윈: 뛰는 놈이 진화하면 나는 놈이 된다.

헤겔: 변증법적으로 볼 때, 뛰는 놈과 나는 놈 다음엔 희한한 놈이 나온다.

칼 융: 뛰는 놈은 주행 콤플렉스, 나는 놈은 비행 콤플렉스를 가지고 있다.

맹자: 뛰는 놈이건 나는 놈이건, 태어날 때는 둘 다 선하게 태어났다.

순자: 뛰는 놈이건 나는 놈이건, 태어날 때는 둘 다 악하게 태어났다.

마르크스: 뛰는 놈은 나는 놈에게 늘 착취당한다.

부처님: 뛰는 놈이나 나는 놈이나, 다 내 손바닥 안에 있다.

예수님: 뛰는 자든 나는 자든, 의를 위하여 핍박받는 자에게는 복이 있나니, 너희가 하나님을 볼 것이니라.

최근 우리는 정치적으로 권모술수가 난무하고 경제적으로 불경기이며 사회적으로 혼란한 시대를 살아가고 있다. 자신의 생각이 소중하고 가치 있다고 생각하는 것만큼, 다른 사람의 생각과 가치를 인정하고 존중하는 자세가 필요한 다양성의 시대를 우리는 살고 있다.

5) 죽음의 수용소에서 살아난 사람

프랭클(Frankl)은 세계적으로 유명한 정신과 의사이자 저술가이다. 그는 독일의 나치 체제하에서 악명 높았던 죽음의 수용소인 '아우슈비츠'를 비롯하여 4곳의 수용소를 전전하면서도 끝까지 살아남은 생존자이다. 마치 개나 돼지처럼 사육되다가 언제 죽을지도 모르는 최악의 상황에서도 삶의 의미를 부여하며 인간으로서 품위를 잃지 않으려고 노력했다고 그는 고백한다. 그가 끝까지 생존할 수 있었던 것은 죽음의 수용소에서조차도 히틀러나 독일 병사들이 수감자의 긍정적 생각과 삶의 태도까지 지배할 수 없다는 것을 터득했기 때문이다. 다음의 이야기는 프랭클이 수용소 생활을 하던

중 사소한 것에서도 느낄 수 있는 상대적인 행복에 대한 내용이다.[9)]

"아우슈비츠에서 '다카우'에 있는 한 수용소로 갈 때 체험했던 일을 언급해 보겠다. 당시 우리를 태운 기차가 '마우트하우젠' 수용소로 가게 될 것을 두려워하고 있었다. 다뉴브 강에 걸쳐 있는 다리가 점점 가까워올수록 우리는 긴장했다. 여행에 경험이 있는 친구로부터 '마우트하우젠'으로 가기 위해서는 다뉴브 강을 건너야 한다는 얘기를 들었기 때문이다. 이와 비슷한 것을 경험해 보지 못한 사람들은 우리 기차가 다리를 건너지 않고 '그냥' 다카우로 간다는 사실을 알았을 때 기차 안에서 벌어졌던 기쁨의 춤 잔치가 어느 정도였는지 상상하지 못할 것이다. 그리고 2박 3일 동안의 여행이 끝나고 마침내 수용소에 도착했을 때, 무슨 일이 일어났는지 아는가? … 우리는 아우슈비츠와는 달리 '굴뚝'이 없는 그 수용소로 최대한 빨리 뛰어 들어갔다. 도착 후 인원점검을 하면서 한 사람이 없어진 것을 알았다. 그래서 우리는 없어진 사람을 찾을 때까지 몇 시간 동안 차가운 바람과 비를 맞으며 밖에 서 있어야 했다. 그는 막사 안에서 발견되었다. 피곤에 지친 나머지 그만 잠에 곯아떨어진 것이다. 그 다음 점호는 기합행렬로 바뀌었다. 오랜 여행의 긴장도 풀지 못한 채 우리들은 밤을 꼬박 새우고 이튿날 아침 늦게까지 꽁꽁 언 채로 비를 맞으며 밖에 서 있어야 했다. 그럼에도 불구하고 우리는 여전히 행복했다."

위의 내용을 읽으면서 그림으로 연상해 본다면, 환경적으로 얼마나 열악한 상황인가? '이런 수모를 당하면서도 과연 살아야 하는가?'라는 생각이 든다. 그렇지만 프랭클을 비롯한 수감자들은 당장 죽지는 않는다는 생각과 안도감으로 인하여 얼마나 기뻐했는지 실감나게 알 수 있다. 이 내용을 근거로 생각해 보면, 행복은 상대적인 것이요 어떤 방향에서 생각하느냐에 따라 행복과 불행이 갈라진다는 것을 알 수 있다. 오늘날 한국의 정치적, 경제적 상황이 혼란스럽고 국민들의 삶이 열악한 환경으로 내몰리고 있지만, 죄도 없이 끌려가 죽음을 당했던 약 600만이나 되는 유태인들을 생각해 본다면 상대적으로 우리의 삶이 조금이라도 위로를 받을 수 있지 않겠는가?

2 부정적 사고방식

명언: 너의 생각을 조심하라. 생각이 말이 된다. 너의 말을 조심하라. 말이 행동이 된다. 너의 행동을 조심하라. 행동이 습관이 된다. 너의 습관을 조심하라. 습관이 인격이 된다. 너의 인격을 조심하라. 인격이 곧 운명이 된다. –프랭크 아웃로, Frank Outlaw

1) 부정적 자아상을 버리라

대부분의 사람들은 자신도 모르는 사이에 부정적인 자아상을 가지고 있다. 그런 부정적 자아상은 어린 시절 부모나 가까운 친구들과의 관계 속에서 자연스럽게 형성되는 경우가 비일비재하다. 때로는 후천적인 삶의 경험에서 터득하기도 한다. 성경에는 이스라엘의 정치적, 종교적 지도자였던 모세가 가나안 땅에 12명의 정탐군을 파견한 이야기가 언급되어 있다(민수기 13:1-33). 파견된 12명 정탐군의 주요 임무는 앞으로 점령하고자 하는 가나안 땅의 지형지물을 숙지하고 주민들의 최근 동향을 파악하는 것이었다. 정탐을 위한 기간은 40일이었고 파견된 12명의 정탐군들이 돌아와 지도자인 모세에게 보고를 하였다. 먼저 10명의 정탐군들은 부정적 견해를 강조하였다. 그렇게 주장한 이유는 가나안 땅에 거주하는 '아낙'자손들은 신장이 장대하고 상대적으로 자신(이스라엘 자손)들은 '메뚜기' 같은 초라한 존재에 불과하다는 주장(민수기 13:33) 때문이었다.

반면에 갈렙과 여호수아 두 사람은 긍정적 견해를 제시하며, 가나안 땅을 정복하자고 적극적으로 주장(민수기 13:30)하였다. 이것을 수학의 퍼센트로 계산해 본다면, 전체를 100%로 했을 때 80% 이상의 대표들이 부정적 견해를 강조하고, 단지 20% 미만의 대표만이 긍정적 견해를 피력한 것이다. 이런 경우 의견의 일치를 보지 못하여 민주주의 체제의 표결방식인 다수결의 원칙을 따른다면, 항상 다수의 의견이 최종적으로 결정된다. 그런데 다수의 사람들이 항상 정의로운 선택을 하며 항상 선을 추구하는가? 그렇지 않은 경우도 현실적으로는 많다. 특히, 대다수 구성원들의 이익이 결부되어 있는 경우에는 그 결정이 불합리한 것이라고 할지라도 얼마든지 집단 이기심에 의하여 그릇된 결정을 내릴 수 있다.

2) '사느냐 죽느냐?' 그것이 문제로다

삶과 죽음의 주제와 관련하여 일제 시대의 암울한 현실 속에서 민족시인 '윤동주'가 1941년 11월 20일에 지은 의미심장한 시를 한 편 소개하고자 한다.

서시(序詩)

윤동주

죽는 날까지 하늘을 우러러
한 점 부끄럼이 없기를,
잎새에 이는 바람에도
나는 괴로워했다.
별을 노래하는 마음으로
모든 죽어가는 것을 사랑해야지
그리고 나한테 주어진 길을 걸어가야겠다.

오늘밤에도 별이 바람에 스치운다.

이 시는 윤동주 시인이 일제식민통치의 암울한 시대에 연희전문학교를 마치고, 도일한 뒤 쓴 것이다. 그에게 있어서 '별'은 조국, 그리움 그리고 사색을 상징하는 시어이다. 그는 잎새에 이는 바람에도 괴로워할 만큼 내성적인 인간미가 있었는가 하면, 죽는 날까지 하늘을 우러러 한 점 부끄럼이 없기를 다짐하는 매서운 삶의 자세를 가졌던 인물이었다.

우리가 살아가는 시대는 정치적으로 식민지 체제 아래에 살아가는 것은 아니고, 경제적으로 일제 시대처럼 가난한 환경은 아니다. 그렇지만, 지금도 살아가기 힘들다고 아우성이고 죽음의 벼랑으로 내몰리는 사람들이 많은 것도 현실이다. 학업의 짐에 눌려 다시는 돌아오지 못할 자살의 길을 떠나는 청소년들이 있고, 부채에 시달리다 견디지 못하여 죽음을 선택하는 사람들도 있다.

그렇지만 필자가 강조하고 싶은 것은 죽음을 선택하기 전에, 이를 악물고 죽을 각오로 한 번 더 살아보라는 것이다. 우리말에 '살자'는 거꾸로 발음하면 '자살'이 된다.

살☞자, 자☞살

살고 죽는 것이 생각의 방향(方向)에 달려있다. 삶과 죽음에 대하여 성경은 다음과 같이 강조한다. "모든 지킬 만한 것 중에 더욱 네 마음을 지키라. 생명의 근원이 이에서 남이니라" (잠언 4:23). 마음과 생각을 지키지 못하는 사람은 생명을 유지하기도 어렵다.

3) 부정적 생각의 쓴 뿌리

사람들은 보통 하루에 오만(50,000)가지 생각을 한다고 한다. 1시간에 대략 2,000가지를 생각하고 이것을 24시간으로 계산하면 48,000이라는 계산이 나오니까, 반올림하면 그렇게 표현할 수 있겠다. 이런 주장에서 얻을 수 있는 결론은 모든 사람들은 하루에도 너무나 많은 생각을 하며 산다는 것이다. 이런 생각들에는 의식적으로 표현되는 생각들도 있지만, 언어로 표현되지 않는 생각들이 있고, 대부분의 생각들은 무의식의 세계에서 잠재해 있다.

치유상담 전문가들의 공통적 의견에 따르면, 인간이 받는 최초의 상처는 안타깝게도 자신의 부모라는 것이다. "성장 과정에서 부모에게 상처를 입게 되는 경우, 그 뿌리는 대단히 깊기 때문에 뽑아내는 일도 굉장히 어렵습니다. 많은 시간과 노력이 필요하고 여러

단계의 치유 과정도 필요합니다. 치유받기 위해서는 먼저 자기 자신을 들여다보는 작업이 선행되어야 합니다."[10]

대부분의 부모는 부성애와 모성애가 있어서 자녀를 사랑한다. 하지만, 부모는 완전한 존재가 아니고 그 부모도 조부모로부터 상처를 받기 때문에 또 다른 상처를 자녀에게 줄 수 있다. 이런 상처를 받은 자녀들은 어려서부터 부정적 생각들을 하게 되고, 세월이 지나면서 그 부정적 생각들은 뿌리를 내리기 시작하여 더욱 견고해진다. 그리하여 육체적으로는 장성한 성인이 되어서도, 정신적으로는 유아기의 상태를 벗어나지 못하는 경우도 허다하다.

그런데 여기서 독자들이 깊이 사색해 보아야 하는 점은 과연 '사람이 자신의 생각을 온전히 지배하고 통제하면서 살아갈 수 있느냐?'는 문제다. 생각과 관련하여 '루터'는 의미 있는 표현을 하였다. 만일 한 마리의 새가 어떤 사람의 머리 위로 공중 높이 날아가는 것은 어쩔 수 없는 일이다. 그러나 그 새가 자신의 머리에 내려앉아서, 머리카락을 이용하여 둥지를 틀도록 내버려두는 것은 그 사람의 책임이라고 했다.

필자는 루터의 생각에 동의한다. 무수히 많은 생각들이 나(또는 우리)의 뇌리를 스치는 것은 어떤 사람도 막을 수 없는 일이다. 그렇지만 악하거나 더럽고 추한 생각들이 떠오를 때, 그 생각을 행동으로 옮겨 발생하는 결과는 바로 그 사람의 책임이다. 그렇기 때문에 생각도 잘 통제하고 관리해서 선한 열매가 맺어질 수 있도록 최선의 노력을 다해야 할 책임이 사람들에게 있다.

그런데 문제는 내가 선한 생각을 하고, 삶의 선한 열매를 맺으면서 살아가려고 노력해도 그것이 완전하지 못하다는 점이다. 이 세상에는 인간의 육안으로 볼 수 있는 것이 많지만, 볼 수 없는 것들도 무수히 많다. 예를 들자면, 공기 중의 산소, 바람, 우정, 애정, 귀신, 하나님, 악령, 성령은 육안으로 볼 수 없는 대상들이다. 이런 대상들 중에 생각과 관련하여 깊이 사색해 보고 체험해 볼 필요성이 있는 대상은 악령과 성령이다. 영(靈)의 세계는 육안으로 볼 수 없는 세계지만, 성령과 악령 모두 인간을 활용할 때 생각의 통로를 통하여 들어온다는 점을 잊지 말아야 한다. 인간이 악한 생각을 하는 것은 성품에 악한 면도 있지만, 악령이 악한 생각들을 무시로 심어준다는 것이다. 이와 관련하여 성경은 그 악령을 '원수'라고 표현하고 있다. 마태복음 13장 25-26절에는 "사람들이 잘 때에 그 원수가 와서 곡식 가운데 가라지를 덧뿌리고 갔더니 싹이 나고 결실할 때에 가라지도 보인다."고 표현하고 있다. 필자가 성경의 내용을 해석해 본다면, 곡식은 선한 생각이라고 할 수 있고, 가라지는 악한 생각이라고 할 수 있다. 본문에서 잠을 잘 때라는 표현을 프로이드에 적용시켜 본다면, 인간의 무의식의 세계라고 볼 수 있다. 사람은 누구든 마음대로 생각할 수 있다. 그렇지만 명심해야 할 점이라면 선한 생각은 선한 열매를 맺지만, 악한 생각은 악한 열매를 맺어서 평생 동안 노력하여 쌓아놓았던 명예와 업적을 한순간 파괴시킬 수 있다는 것이다.

4) 부정적 생각을 피하는 법[11)]

첫째, 뉴스를 접하는 시간을 줄여라.

부정적인 뉴스들을 보지 않으면 긍정적인 변화가 나타난다. 하지만 뉴스를 보고 듣는 것을 스스로 조절하고 신문을 보더라도 유익하다고 판단되는 기사만 골라서 읽는 지혜가 필요하다.

둘째, 부정적인 오락 활동을 근절하라.

읽고 보는 것을 선택할 수 있는 안목을 지녀야 한다. 부정적인 영향을 미치는 것들을 보고 듣는 행위를 삼가는 것이 좋다. 대신에, 좋은 책을 읽는 것이 좋다. TV를 보더라고 긍정적이고 낙관적이며 용기를 주는 프로그램을 시청해야 한다.

셋째, 다른 사람들을 험담하는 이들의 말을 듣지 말라. 불평꾼이나 비판자를 피하라. 부정적인 사고, 비관주의, 불평과 불만, 비판은 해로울 뿐만 아니라, 전염된다. 모든 생각과 대화를 항상 긍정적으로 유지하는 것이 중요하다.

3 인간관계에서 다양한 유형의 사고방식

1) 당신의 라이프 스타일(life-style)은 어디에 속하는가?

다음의 내용은 코비(Covey)가 분류한 6가지 유형의 사고방식이다. 우선 그가 분류한 유형들과 그 요점을 살펴보자.[12)]

첫째, '승-승'(Win-Win)적 사고방식이다. 이런 유형은 '나도 이기고, 상대방도 이기는' 승-승의 패러다임으로 인간관계에서 서로의 이익을 추구하는 사고방식이다.

둘째, '승-패'적 사고방식이다. 이 유형은 '내가 이기면 상대방은 진다'는 사고방식이다. 대부분의 사람들은 태어나면서부터 승-

패적 사고에 깊이 물들게 된다. 이렇게 되는 가장 큰 영향력을 행사하는 것은 가족이다.

학교 교육은 '승-패'의 각본을 더욱 강화시킨다. 성적과 관련된 상대평가에서 C 학점을 받는 학생이 있고, A 학점을 받는 학생이 존재한다. 이런 사고방식의 문제점은 개인의 내재적 가치는 인정을 받지 못하고 모든 사람들은 외부적 기준에 따라 평가를 받는다.

셋째, '패-승'적 사고방식이다. 이 유형은 '나는 지고, 상대방은 이기는' 사고방식이다. '패-승'의 사고방식은 '승-패'적 사고방식보다 더 나쁘다. 그 이유라면 이 유형에는 아무런 기준이 없기 때문이다. 이런 유형으로 생각하는 사람들은 일반적으로 상대방을 기쁘게 하거나 양보하기 바쁘다. 이 유형의 사람은 자신의 감정이나 신념을 용기 있게 표현하지 못한다. 그리고 타인들의 자만심에 쉽게 희생당하는 경향이 있다.

넷째, '패-패'적 사고방식이다. 이 유형은 '나는 실패하고, 상대방도 실패하는' 최악의 사고방식이다. 단호하고 완고하며 자존심이 강한 두 사람이 서로 만나면 그 결과는 '패-패'로 끝난다. 이런 사고방식의 사람들은 스스로 비참하게 느끼면 다른 사람들도 그래야 마땅하다고 생각한다. 즉, 아무도 이기지 못한다면 패자가 되는 것도 별로 나쁘지 않다고 생각한다.

다섯째, '승(勝)'적 사고방식이다. 이 유형은 단지 이기는 것만 생각하는 사고방식이다. 이런 유형의 정신을 가진 사람들은 타인의 일은 관심 밖이고, 중요하게 생각하는 것은 자신이 승리하여 원하는 것을 얻는 것이다. 경합이나 경쟁심리가 전혀 없는 경우라면, '승'적 사고방식은 매일 일어나는 협상행위에서 가장 흔히 나타나는 접근방식일 것이다.

여섯째, '승-승 아니면 무거래(無去來)'의 사고방식이다. 이 유형은 쌍방에게 이익이 되는 해결방안을 찾아내지 못한다면, 서로 거래를 하지 않는 것을 의미한다. 이렇게 되면 상대방에 대한 어떤 기대도 생기지 않게 되고 어떤 계약도 성립되지 않는다. 이런 점에서 '승-승'보다 차원이 더 높은 측면이 있다. '무거래'를 하나의 대안으로 생각한다면 자유로움을 느낄 수 있다. 그 이유는 상대방을 설득해야 하거나 자신의 계획을 강요하거나 자신이 원하는 방향으로 상대방을 몰아갈 필요가 없기 때문이다.

독자의 경우는 위의 6가지 사고방식의 유형들 가운데 어떤 유형에 가장 가까운가? 생각하는 것은 각자의 마음이지만, 어떤 유형의 사고방식을 선택하고 실행하느냐에 따라 인생이 달라진다.

2) 상생의 원리를 추구하라.

인간의 사고방식을 코비는 6가지 유형으로 나누었지만, 해리스(Harris)는 인간의 삶의 태도를 4가지 유형으로 분류하였다.[13)]

첫 번째 유형은 자기부정 - 타인긍정(I'm Not OK - You're OK)이다. 이런 삶의 자세는 스스로 낮은 자아개념을 갖고 타인에 대해서는 자신이 소유하지 못한 무엇을 갖고 있다고 생각하는 유형이다. 이런 사람들은 스스로를 부족하고 무능하다고 생각하지만, 타인들은 자기보다 우수하다고 생각한다. 이런 자세를 계속 유지하면 타인과 친밀한 관계를 유지하기 어렵고 열등감이나 죄의식이 심하여 우울증에 걸리기 쉽다.

두 번째 유형은 자기부정 - 타인부정(I'm Not OK - You're Not OK)이다. 이 유형은 스스로 열등하지만 타인들도 부족하고 열등하다고 생각하고 느끼는 삶의 자세이다. 이 자세는 가장 부정적인 유형으로써 이런 자세를 계속 견지하는 사람들은 정신병원이나 감옥에서 일생을 보낼 확률이 높다.

세 번째 유형은 자기긍정 - 타인부정(I'm OK - You're Not OK)이다. 이 유형은 자신을 보살펴 주던 대상(예: 부모)에게서 엄한 처벌을 받고, 또 거부당하는 일이 많아지면 스스로 의지할 곳이 없을 뿐만 아니라, 자신을 위로하고 도와줄 대상이 아무도 없다는 생각이 굳어짐으로써 형성되는 삶의 자세이다. 이런 자세가 계속 심화되면 타인에 대한 불신과 비난, 증오와 살인 같은 행동적 특징들을 보일 수 있다.

그런데 가장 바람직한 네 번째 삶의 유형은 바로 자기긍정 - 타인긍정(I'm OK - You're OK)이다. 이런 유형의 사람은 스스로 유능하며 인생은 살아갈 가치가 있는 것이라고 생각한다. 또한 타인들도 전반적으로 신뢰할 수 있는 좋은 사람들이라고 생각한다. 따라서 자기 자신과 주변의 이웃들을 신뢰한다.

우리는 아무리 개인적 능력이 뛰어나더라도 혼자의 능력으로 모든 것을 자급자족하며 살아갈 수 없는 시대를 살아가고 있다. 내가 존재한다는 것은 상대방이 존재한다는 것을 전제한다. 나 자신이 상대방을 인정하고 서로 돕고 화합함으로써 함께 발전하고 성취하는 상생의 원리가 필요한 시대를 우리는 살고 있다.

4 긍정적 사고방식을 갖기 위한 방법

명언: 긍정적 생각은 긍정적 말을 낳는다. 긍정적 말은 긍정적 행동을 낳는다. 그러므로 행동의 시작은 생각이라는 관점에서 긍정적 사고방식은 대단히 중요하다. -김태수

1) 적극적 사고방식의 소유자가 주는 선물

노만 필 목사는 긍정적 사고방식을 실천할 수 있는 8가지의 적극적 방법들에 대하여 우리에게 권면한다.[14)]

첫째, 지금부터 24시간 동안 사업, 건강, 장래 등등의 모든 것에 대하여 의식적으로 희망이 가득한 말을 하라.

둘째, 24시간 동안 희망이 가득한 말을 연습했다면, 이번에는 시간을 늘려 그것을 7일 동안 계속하라.

셋째, 당신이 육체에 영양분을 공급하는 것과 같이 당신의 마음에도 그것을 주어라.

넷째, 성경책에 기록된 적절한 내용의 문장을 암기하라.

다섯째, 당신 친구들의 리스트(list)를 만들어 그 중에서 낙천적이고 적극적인 사람들과 깊이 교제하라. 그렇다고 소극적인 친구들을 버리라는 뜻은 아니다.

여섯째, 논쟁을 피하라. 그러나 본의 아니게 토론에 휘말리게 된다면, 비관적 의견보다는 적극적이고 낙천적인 의견을 말하라.

일곱째, 기도를 많이 하라. 집에 있을 때나 학교나 회사에 있을 때, 또는 길을 걸어갈 때라도 틈만 나면 기도하라.

여덟째, 행복하고 성공적인 인생이 되는 비결은 부정적이고 불행한 생각을 모조리 추방해 버리고, 그 자리를 적극적이고 즐거운 생각으로 가득 채우라.

만일 독자가 위의 내용을 읽고 마음으로 동의할 수 있다고 생각한다면, 당장 실행에 옮겨보고 결과를 확인해 보기 바란다. 머릿속으로만 적극적 사고방식의 소유자가 되어야 하겠다고 고민하지 말고, 팔과 다리로 고민하기 바란다. 다시 강조하자면, 진수성찬이 준비되어 있어도 계속적으로 음식을 섭취하지 않으면 영양실조에 걸릴 수 있는 것처럼, 아무리 유익한 내용의 깨달음을 얻어도 실천해야 비로소 열매를 기대할 수 있다.

2) 나도 할 수 있다.

열악한 신체조건과 환경 속에서도 불굴의 의지와 정신력을 발휘하여 사람들을 깜짝 놀라게 하는 이들이 있다. 그 중에 한 사람이 바로 젊은 청년 '오스카 피스토리우스'(21세)이다. 그는 생후 11개월부터 양쪽 무릎 아래에 의족(義足)을 달고 생활해야 하는 어려움에 직면해야 했다. 이런 신체적 결함에도 불구하고 어릴 적부터 럭비를 즐겼다. 그리고 성장하여 육상으로 종목을 전환한 뒤 9개월 만에 놀라운 기록을 세웠다. 아테네 장애인올림픽에서 100m, 200m와 400m에서 모두 세계 신기록을 세우며 금메달을 획득하였다. 지난해 장애가 없는 육상선수들과 경쟁한 남아프리카공화국의 육상대회에서 100m를 10초 91, 그리고 200m를 21초 79라는 놀라운 기록으로 주파하였다.

이런 기록은 다리에 장애가 없는 육상선수라고 해도 달성하기 힘든 결과이다. 그런데 양쪽 무릎 아래가 모두 없는 사람이 해낸 것이다. 이것은 인간의지의 승리라고 할 수 있으며, 두 다리가 온전한 사람들을 부끄럽게 만드는 일이기도 하다. 사람들은 자주 그들의 육체적 조건과 열악한 환경을 탓하면서 최선의 노력을 다하지 않는 경우가 많다. 나도 할 수 있다는 의지와 신념을 가지고 부단히 노력한다면, 얼마나 위대한 성취를 이루어낼지는 아무도 예측할 수 없다. '나도 할 수 있다'는 생각과 부단한 실천이 또 다른 나를 탄생시킨다.

5 생각을 훈련(訓練)하는 방법

명언: 행동하는 사람은 현재를 소유하지만, 사고하는 사람은 미래를 명령한다. –올리버 홈스, Oliver Holmes

생각은 말(또는 언어)을 결정한다. 말은 행동을 결정한다. 행동이 반복되면 습관이 된다. 습관이 지속되면 인격이 된다. 그리고 인격은 그 사람의 인생을 바꾸고 결정한다. 이런 흐름으로 본다면 어떤 사람의 운명과 인생을 결정하는 출발점은 생각이다. 즉, 생각은 한 사람의 운명을 바꿀 수 있는 중요한 시작점이라는 것이다. 생각이 이렇게 중요하다면, 생각을 잘 훈련하여서 의롭고 아름다운 인생을 살 필요성이 있다. 마치 잘 훈련된 운동선수나 군인이 소기의 목적을 달성하듯이 말이다. 여기에서는 사람의 생각을 효과적으로 훈련할 수 있는 방법에 대하여 살펴보고자 한다.

1) 생각을 변화시키는 방법

사람의 생각을 변화시키는 방법과 관련하여 조 베리(Jo Berry)는 3단계로 설명하고 있다.[15)]

첫 번째 단계는 애벌레 단계이다. 생각의 변화는 즉각적으로 일어나기 어렵다. 그것은 변화의 단계별로 일어나는 과정인데, 유충이 나비로 변화되는 자연현상을 통하여 설명할 수 있다. 알에서 나온 유충은 외피가 건조해지고 딱딱해지는데, 그 외피가 잘 맞지 않으면 허물을 벗기 시작한다. 생각의 변화에서 애벌레 단계는 선입견이라는 딱딱해진 피부를 벗는 것에 비유할 수 있다. 편협하고 옹졸한 선입견으로부터 자신을 벗어나도록 노력해야 한다.

두 번째 단계는 번데기 단계이다. 이 단계에서 유충은 이동과 섭취를 중단한다. 그리고 성충으로 변화되기 위해 모든 에너지를 집중한다. 어떤 사람이 생각을 변화시키려면, 미성숙하고 고집스러운 생각을 제거하려는 구체적 노력이 나타나야 한다.

세 번째 단계는 성충의 단계이다. 이 단계에서 나비는 날개를 펴고 자유롭게 날 수 있다. 의식적으로 낡은 옛 사고의 구조를 깨트리고 자유를 누리는 것을 의미한다. 이것을 저자는 그리스도의 마음을 닮아가야 할 시간이라고 언급한다.

2) 병든 생각을 치료하는 방법

인간의 질병과 관련하여 알렉산더 포프(Alexander Pope)는 '만일 우리 자신이 병들었다는 것을 알면 절반의 치료는 이루어진 것이다'라고 언급하였다. 이렇게 육체적 질병을 인식하면 치료의 필요성을 느끼는 것처럼, 병든 생각도 치료받고 치유함을 받아야 희망이 있다.

병든 생각을 치료하기 위한 처방과 관련하여 조 베리(Jo Berry)는 4단계로 구분하고 있다.[16)]

제1단계는 전능하신 하나님 안에 거하고 그 분의 말씀을 묵상하는 것이다. 우리의 생각을 그리스도와 성경의 가르침에 따르도록 하는 것이 마음을 치료하고 곤란과 좌절에서 벗어나도록 하는 효과적인 길이다.

제2단계는 긍정적인 것을 생각하는 것이다. 병든 생각을 치료하려면 부정적인 생각을 버리고 긍정적인 생각을 선택해야 한다. 에드워드 포드(Edward E. Ford)는 부정적 생각은 부정적 감정을 유발하고, 부정적 감정은 항상 부정적인 행동을 낳는다고 언급했다. 이 표현을 보면서 생각난 것은, 긍정적 생각은 긍정적 감정을 유발하고 긍정적 감정은 긍정적인 행동을 낳는다는 것이다.

제3단계는 과거에 집착하지 않고 현재에 집중하는 것이다. 인간이 누릴 수 있는 시간은 현재뿐이다. 왜냐하면 어제는 지나갔고, 내일은 아직 오직 않았기 때문이다. 과거에 집착하는 것은 무의미한 일이다. 이미 일어난 일을 변경시킬 방법은 없다. 따라서 과거의 상처를 회피하지 말고 현실을 직면하면서 현재에 집중할 필요가 있다.

제4단계는 마음을 훈련시키는 것이다. 육체적 운동이 몸을 튼튼하게 하듯이 정신적 훈련은 마음에 유익하다. 우리의 육체가 영양공급을 받아야 건강하듯이, 우리의 마음과 정신도 영양분을 공급받아야 하고 규칙적으로 훈련이 이루어져야 한다.

제3장

언어습관: 말하는 대로 된다

1 긍정적 말의 힘

명언: 선한 말은 꿀 송이 같아서 마음에 달고 뼈에 양약이 된다.
–잠언 16:24

1) 재치 있는 말은 웃음을 준다

다음의 이야기는 성적과 관련된 아들과 아버지에 관한 이야기이다.[17] 관계가 험악한 아들과 아버지가 있었다. 문제는 아들의 성적이었다. 공부하는 아들을 옆에서 감시도 하고, 비싼 돈 들여 족집게 과외까지 시켜봤지만 아들의 성적은 자꾸 떨어지기만 했다. 속이 탄 아버지는 아들에게 이렇게 으름장을 놓았다. “너 이 자식아! 이번에도 또 성적 떨어지면 아예 가족의 인연을 끊자. 그땐 내 아들이 아닌 줄 알아, 알았어?” 아들은 아버지의 말을 듣고 긴장하여 고개를 끄덕였다. 시간이 지나 드디어 성적표를 받는 날이 돌아왔다. 학교에 다녀온 아들과 마주치자마자 아버지는 조급한 마음으로 물었다. “야, 너 성적 어떻게 됐어?”

그러자 아들은 생뚱맞은 표정으로 아버지를 쳐다보며 말했다. "아저씨, 누구세요?"

2) 능력 있는 말은 질병을 치료한다

세계적인 심리학자였던 융(Jung)에게 불면증으로 고생하는 미국인 백만장자가 찾아왔다. 융은 그 미국인에게 한 수도승을 소개해 주었다. 그 수도승은 불면증 환자에게 시편 23편을 암송하라고 처방을 내렸다. 그 환자는 첫날 300회 반복하여 시편 23편을 외우기 시작했고, 하루 단위로 외우는 횟수가 300회씩 증가하였다. 드디어 20일째 되는 날에는 커다란 깨달음을 얻고, 편안하게 잠들 수 있었다고 한다. 시편 23편은 문학 장르로는 시이지만, 정신적 문제를 안고 있는 환자에게는 영혼의 약으로 작용했던 것이다. 이제 정신적 문제를 안고 있던 많은 환자들에게 처방되었던 시편 23편의 내용을 소개한다. 그리고 이 시가 우리말의 사투리로 표현될 때, 또 다른 '말의 맛'을 느낄 수 있다는 측면에서 충청도, 경상도와 전라도 사투리로 감상해 보자.[18)]

시편 23편

여호와는 나의 목자시니 내게 부족함이 없으리로다.
그가 나를 푸른 풀밭에 누이시며 쉴 만한 물가로 인도하시는도다.
내 영혼을 소생시키시고 자기 이름을 위하여 의의 길로 인도하시는도다.
내가 사망의 음침한 골짜기로 다닐지라도 해를 두려워하지 않을 것은 주께서 나와 함께 하심이라. 주의 지팡이와 막대기가 나를 안위하시나이다.
주께서 내 원수의 목전에서 내게 상을 차려 주시고 기름을 내 머리에 부으셨으니 내 잔이 넘치나이다.
내 평생에 선하심과 인자하심이 반드시 나를 따르리니 내가 여호와의 집에 영원히 살리로다.

3) 칭찬의 말은 상대방을 세워준다

상대방을 세워주고 격려해주는 칭찬은 마음속에 담아두지만 말고 언어로 표현해야 그 빛을 발할 수 있다. 다음의 내용은 칭찬할 때 적용시킬 수 있는 하나의 기본적인 틀이다.[19]

첫째, 상대방의 이름을 불러준다. 둘째, 상대방의 마음과 몸의 상태를 알아준다. 이 내용을 피곤하고 바쁘지만 누군가의 부탁을 들어주었을 때의 상황에 적용시켜 예를 들어 본다면, "병관 씨, 피곤하고 바쁘실 텐데 저를 도와주셔서 대단히 감사합니다."라고 표현하는 것이 단순히 "일을 도와주셔서 감사합니다."라고 언급하는 것보다 효과적이다.

셋째, 칭찬할 행동을 구체적으로 서술한다. 넷째, 구체적인 칭찬은 마음상태까지 전달한다.

예를 들자면, "그 일을 책임감 있게 잘했다."고 칭찬하기보다는 "맡은 일을 책임감 있게 잘 처리하는 것을 보니, 참 믿음직스러운 사람이라는 생각이 든다."고 칭찬하는 것이 더 효과적이다. 다섯째, 간결하게 한다.

2 부정적 말

명언: 물고기가 입으로 낚이듯 사람도 입으로 낚인다. 즉 말의 실수로 인하여 화를 당한다. -탈무드, Talmud

1) 욕(辱)

욕이 부정적인 말이라는 것에 이의를 제기할 사람은 없을 것이다. A라는 사람이 B라는 사람을 욕할 경우, 최소한 3사람이 개입된다. 즉 말하는 화자와 듣는 청자 그리고 욕을 먹는 당사자이다. 어떤 사람이 누군가를 욕할 때 기억해야 할 중요한 점은 그 욕이 돌고 돌아서 거의 대부분 상대방에게 부풀려진 형태로 전달된다는 것이다. 경우에 따라서는 모욕죄로 고발되어 곤욕을 치를 수도 있다. 최근의 한 사례에 의하면 어떤 기업체의 경영인이 상식에 어긋날 정도로 직원들을 착취하자, 화가 치민 직원들은 담벼락에 그 경영인의 이름을 표기하고 '악덕업주'라고 비난했다. 그것을 본 경영인이 그들을 모욕죄로 고발하였고, 법원에서는 모욕죄에 해당한다는 판결을 내렸다.

필자가 최근 깜짝 놀라는 것들 가운데 하나는 필자의 중고등학교 시절이나 청년 시절에 비하여 상대적으로 요즈음의 청장년들은 욕을 너무 쉽고 빈번하게 사용한다는 점이다. 특히, 예쁘게 치장을 하고 단정한 교복을 입은 여학생들의 입에서도 거침없이 쌍시옷(ㅆ)의 욕이 쏟아져 나온다. 옆에서 듣기에도 너무 민망하고 거북했다.

2) 비방

비방의 국어사전적 의미는 “남을 비웃고 헐뜯어 말하는 것”이다. 이런 점에서 비방은 부정적인 말임에 틀림없다. 비방과 관련하여 여러 사람들의 견해를 소개해 봄으로써 비방에 대하여 깊이 있는 통찰을 얻었으면 한다. 먼저 ‘베리키’라는 사람은 “비방은 단번에 세 사람을 해친다. 비방당한 자, 비방을 전하는 자, 그러나 가장 심한 상처를 입는 자는 비방한 자이다.”라고 의미 있는 언급을 하였다. 서양의 철학자인 흄(Hume)은 “온 세상이 나를 비방하더라도 화를 내어서는 안 된다. 곧 그 비방 속에 어떤 근거가 있나 없나를 잘 생각해 보지 않으면 안 된다.”고 철학자다운 주장을 하였다. 동양의 사상가인 장자는 “비방이란 자기에게 돌아오는 화살이다.”라는 말로써 비방의 결과를 예상하라고 경고해 준다. 한용운은 비방에 대하여 다소 긴 문장으로 설명하는데, “세상은 비방도 많고 시기도 많습니다. 당신에게 비방과 시기가 있을지라도 관심치 마셔요. 비방을 좋아하는 사람들은 태양에 흑점이 있는 것도 다행으로 생각합니다. 당신에게 대하여는 비방할 것이 없는 그것을 비방할는지 모르겠습니다.”라고 언급함으로써 비방 받지 않을 사람이 거의 없음을 암시하고 있습니다.

3) 조롱

조롱의 국어사전적 의미는 “어떤 사람을 우습거나 형편없는 존재로 여겨 비웃고 놀리는 것”이다. 조롱과 관련된 성경의 교훈은

"가난한 자를 조롱하는 자는 이를 지으신 주를 멸시하는 자요. 사람의 재앙을 기뻐하는 자는 형벌을 면치 못할 자니라(잠언 17:5)"이다. 요즈음 같이 '뭐니뭐니해도 머니(money)가 최고'라는 황금만능주의와 물질만능주의 가치관 속에서 살아가는 사람들이 늘어나는 시대에 가난한 사람들은 조롱거리의 대상이 될 수도 있다. 그렇지만 분명한 것은 가난 그 자체는 조롱의 대상이 될 수 없다는 점이다. 가난은 가난 그 자체일 수 있다. 도리어 수단과 방법을 가리지 않고 치부한 부자들이 조롱거리의 대상이 되는 경우가 허다하다.

4) 음담패설(淫談悖說)

현대인들은 인터넷과 선정적 언론매체들로 인하여 성적(性的) 자극에 쉽게 노출될 수 있다. 심지어 어린이들조차도 컴퓨터를 통하여 음란물에 쉽게 노출되는 세상이 되고 말았다. 이런 현상은 마치 백지와 같은 어린이들의 동심의 세계에 더러운 오물을 투척하는 것과 같아서 오염되고 나면, 정화시키기가 거의 불가능하다고 해도 과언이 아니다. 음담패설도 부정적인 말의 범주에 넣을 수 있다. 하나의 음담패설 사례20)를 소개하는데 내용이 낯 뜨거워 미주를 통하여 처리하였다.

3 부정적 말을 극복하는 법

명언: 좋은 말은 선행의 일종이지만 그러나 결코 말이 행위는 아닌 것이다. -W. 셰익스피어

1) 기도하는 마음으로 지혜롭게 말하라

말을 위한 기도

이해인

내가 이 세상에 태어나 수없이 뿌려 놓은 말의 씨들이 어디서 어떻게 열매를 맺었을까 조용히 헤아려 볼 때가 있습니다

무심코 뿌린 말의 씨라도 그 어디선가 뿌리를 내렸을지 모른다고 생각하면 왠지 두렵습니다 더러는 허공으로 사라지고 더러는 다른 이의 가슴속에서 좋은 열매를 또는 언짢은 열매를 맺기도 했을 언어의 나무

주님 내가 지닌 언어의 나무에도 멀고 가까운 이웃들이 주는 크고 작은 말의 열매들이 주렁주렁 달려 있습니다. 둥근 것 모난 것 밝은 것 어두운 것 향기로운 것 반짝이는 것 그 주인의 얼굴은 잊었어도 말은 죽지 않고 살아서 나와 함께 머뭅니다

살아있는 동안 내가 할 말은 참 많은 것도 같고 적은 것도 같고 그러나 말이 없이는 단 하루도 살 수 없는 세상살이

매일 매일 돌처럼 차고 단단한 결심을 해도 슬기로운 말의 주인 되기는 얼마나 어려운지

날마다 내가 말을 하고 살도록 허락하신 주님

하나의 말을 잘 탄생시키기 위하여 먼저 잘 침묵하는 지혜를 끼치게 하소서 헤프지 않으면서 풍부하고 경박하지 않으면서 유쾌하고 과장하지 않으면서 품위 있는 한 마디의 말을 위해 때로는 진통 겪는 어둠의 순간을 이겨내게 하소서

참으로 아름다운 언어의 집을 짓기 위해 언제나 기도하는 마음으로 도를 닦은 마음으로 말을 하게 하소서 언제나 진실하고 언제나 때에 맞고 언제나 책임 있는 말을 갈고 닦게 하소서

내가 이웃에게 말을 할 때에는 하찮은 농담이라도 함부로 지껄이지 않게 도와주시어 좀더 겸허하고 좀더 인내롭고 좀더 분별 있는 사랑의 말을 하게 하소서

내가 어려서부터 말로 저지른 모든 잘못 특히 사랑을 거스른 비방과 오해의 말들을 경솔한 속단과 편견과 위선의 말들을 용서하소서 주님

> 나날의 새로운 마음, 끼어 있는 마음 그리고 감사한 마음으로 내 언어의 집을 짓게 하시어 해처럼 환히 빛나는 삶을 노래처럼 즐거운 삶을 당신의 은총 속에 이어가게 하소서

위의 시를 깊이 묵상해 보면, 마치 맑은 물속에 투명하게 자신을 드러내는 조약돌과 같이 시인의 정신적 세계가 보이는 듯하다. 또한, 아름다운 시어를 찾아내기 위하여 기도하는 마음으로 말하며 살아간다는 것을 느낄 수 있다. 독자들이 말하기 전, 잠깐이라도 기도하는 마음으로 생각하고 말한다면 많은 말의 실수를 줄일 수 있을 것이다.

2) 공감의 언어를 사용하라[21)]

공감(empathy)의 사전적 의미는 상대방의 상황, 감정 그리고 동기에 대하여 동질의식을 느끼고 이해하는 것이다. 공감의 말을 하기 위해서는 3가지 측면을 고려해서 표현해야 한다. 첫째, 내용에 대한 공감이 있어야 한다. 둘째, 감정에 대한 공감이 반영되어야 한다. 셋째, 의미에 대한 공감이 반영되어야 한다. 진정한 공감은 말하는 상대방의 마음으로 느끼면서 고통이나 기쁨에 같이 참여하는 것이다.

3) 거짓말을 하지 말라

'바늘도둑이 소도둑 된다.'는 말처럼, 거짓말도 계속 반복하다

보면 나중에는 수습할 수 없는 심각한 지경에 도달할 수 있다. 그러므로 거짓말은 최대한 하지 말고, 진실을 말하면서 사는 것이 최선의 길이다. 사람들이 보통 거짓말을 하는 이유와 그 결과를 살펴보면 다음과 같다.[22] 거짓말을 하는 주된 이유는 첫째, 진실이 드러나는 것을 막기 위하여, 둘째, 두려움 때문에, 셋째, 인간의 탐심 때문에, 넷째, 다른 사람에게 잘 보이기 위하여 거짓말을 한다. 그런데 거짓말의 결과는 우선 신용을 잃게 되고, 거짓말로 인하여 망(亡)할 수 있으며, 심지어는 죽음을 당할 수도 있다.

성경의 사무엘하 1장에는 거짓말이 얼마나 혹독한 대가를 치를 수 있는지에 대한 이야기가 나온다. 한 '아말렉' 사람이 이스라엘의 사울 왕을 죽였다고 다윗에게 거짓말을 하였다. 사실은 사울 왕이 전투에서 화살을 맞고 중상을 입은 후에 자신의 부하에게 죽여줄 것을 요청하였다. 그런데 그 부하는 차마 상관인 왕의 죽음을 도와줄 수 없게 되자, 사울 왕은 스스로 자결을 함으로써 최후를 맞이하였다. 그런데 '아말렉' 사람이 자신이 죽였다고 거짓말을 하면서 다윗 앞에 사울 왕의 유품을 내려놓았다. 그 '아말렉' 사람은 칭찬을 듣고 큰 상을 받으리라 기대했지만, 결과는 정반대였다. 다윗은 '아말렉' 사람을 향하여, "네가 어찌하여 손을 들어 여호와의 기름 부음 받은 자 죽이기를 두려워하지 아니하였느냐"(사무엘하 1:14)고 책망한 후, 부하에게 죽이라고 명령하였다.

이 '아말렉' 사람은 거짓말을 하지 않았더라면 생명을 보존할 수 있었다. 그렇지만 그는 사울 왕과 다윗이 서로 불편한 앙숙관계라는 것을 이용하여 자신의 욕심을 채우려다가 졸지에 죽음을 맞이하는 결정적인 실수를 저지르고 말았다. 오늘날도 '아말렉' 사람과 같은 부류의 인간들은 많다고 보아야 할 것이다. 왜냐하면 자신의 출세를 위해서 수단과 방법을 가리지 않는 탐욕스런 인간들이 도처에서 발견되기 때문이다.

4) 자신이 과거에 실수했던 사례(또는 경험)를 기억하라

요즈음 젊은이들의 결혼 연령이 점점 늦어지고 있다. 청년 실업의 문제와 결혼비용의 증가로 인하여 부모의 도움 없이 자립상태에서 결혼하기는 점점 더 힘들어지고 있는 것이 현실이다. 그래서 일부 젊은 여성들은 어차피 취업이 어렵고 꼭 결혼을 할 것이라면 기업체에 취직하는 대신, 경제력과 사회적 지위를 갖춘 남성과 결혼하는 것이 낫다는 판단으로 결혼을 선택하는 경향이 있는데, 이런 연유로 '취집'(취직 대신 시집)이라는 말이 생겨났다.

한 남성과 여성이 만나서 좋은 관계를 만들기 위해 꼭 필요한 기술들 가운데 하나가 지혜로운 화술이다. 결혼을 전제로 소개받았던 한 자매와의 대화를 통하여 부정적인(또는 소극적인) 말이 어떤 결과를 도출해 내는지 살펴보고자 한다. 필자가 미국 유학을 떠나기 전, 가까운 목사님으로부터 한 자매를 소개받았다. 그 여인은 키는 좀 작았지만, 성격이 아이처럼 순수하고 눈으로 사랑의 감정을 충분히 표현할 만큼 풍부한 감성을 지닌 자매였다. 강렬한 눈빛과 순수성에 끌려 몇 번 만나 식사를 하고 커뮤니케이션에도 별 문제가 없어서, 부모님의 의견을 들어보고자 모친과의 식사자리를 마련하였다. 첫 대면이었지만 식사를 하면서 자연스럽게 대화가 이어졌다. 그리고 다음에 만났을 때, 그 자매는 많은 말을 하던 중에 "신랑

될 사람보다는 시어머니 될 분이 더 마음에 드네요."라고 하지 않는가? 그 순간 필자의 마음속에는 하나의 생각이 떠올랐다. 아니 결혼할 사람이 누구인데, 그렇게 표현한단 말인가? 그렇다면 나는 마음에 들지 않고 어머니가 더 좋다는 말인가? 자매의 마음을 이해는 하면서도 그런 표현에 필자의 마음 문은 닫히고 말았다. 그 때 필자는 자매의 마음에 상처를 줄까봐 직접적인 말로 표현하지 않았지만, 마음속으로 "그래요, 시어머니 될 분이 더 마음에 든다니, 더 이상 자매를 만나지 말아야 하겠네요."라고 대답했다. 그 후, 자매의 부모님이 집으로 초대했다는 말을 들었지만, 결국 가지 않았다. 사람이 겉으로 표현하는 말도 말이지만, 속으로 자신에게 하는 말도 말이다.

5) 꼭 부정적인 말을 해야 되는 경우, 유머를 적극적으로 활용하라

자신의 잘못이 없음에도 불구하고 악한 의도를 가진 개인이나, 조직의 구성원들이 집단으로 자신을 음해하거나 제거하려고 할 때, 정말 욕을 해주고 싶은 경우가 발생할 수 있다. 그리고 우리 주변에는 그런 종류의 인간들도 많은 것이 현실이다. 이런 경우에도 가능한 한, 유머를 활용하는 것이 현명하다. 적절한 유머를 찾는 것은 어렵지 않다. 서점이나 도서관에서 유머에 관련된 책을 구입하여 찾아보면 많은 표현들을 발견할 수 있다. 다음의 사례는 유머 책에 나오는 '터프한 닭'이라는 제목의 이야기이다.[23)]

참으로 공부 못하는 아들을 둔 남자가 점쟁이를 찾아갔다. 공부를 잘하게 하려면 무식한 닭을 잡아 푹 삶아주라는 게 아닌가? 다음 날 그 남자는 닭장에 가서 무식한 닭을 선택하기로 했다. 그렇지만 이 정보를 미리 입수한 닭들은 죽지 않으려고 밤새도록 수학 공부를 했다. 첫 번째 닭에게 1+1을 물었더니 "2"라고 대답했다. 두 번째 닭에게 3×3하니 "9"라고 정확하게 대답하는 것이 아닌가? 이러다가는 닭을 못 잡을 것 같아서 그 남자는 세 번째 닭에게 2789×3258은 얼마인지 난이도가 높은 것을 물었다. 그러자 3번째 닭이 하는 말, "빨리 물 끓여라, 이 씨×눔아."

이와 비슷한 사례가 어찌 닭에게만 적용되겠는가? 다양한 부류의 인간들이 섞여서 살아가는 이 세상에는 혈연, 지연(地緣) 그리고 학연으로 인하여 억울하게 불이익을 당하거나 명예퇴직을 강요당하는 사람들이 생겨날 수 있다. 대부분 그들은 사회적이나, 경제적으로 약자들이기 때문에 진실을 이야기해도 통하지 않는 경우가 많다. 그렇지만, 스스로 약자라고 생각하는 분들이여! 용기를 잃지 말고 자기계발에 정진하여 꿈을 이루시기 바란다. 쥐구멍에도 볕 들 날이 있다고 하지 않던가? 하늘은 스스로 돕는 자를 돕는 법이다.

4 나의 언어습관

평소 자신의 언어습관을 소상히 파악하고 말하는 것은 어려운 일이다. 왜냐하면 대부분의 사람들은 말을 함에 있어서도 자신에게 익숙한 형태로 자연스럽게 말을 하는 경향이 있기 때문이다. 따라서 자신이 사용하는 언어가 비록 부정적이고 악한 말을 하는 경우가 많다고 할지라도, 그런 사실을 잘 모른다.

평소 자신의 언어습관을 확인해 볼 수 있는 좋은 방법은 정기적으로 자신의 언어사용에 대하여 가까운 이웃들(예: 부모, 형제, 친구나 웃어른)의 조언을 듣는 것이다.

또 다른 좋은 방법은 소형의 녹음기를 자신의 몸에 부착한 후, 평소에 표현하는 일상의 대화를 녹음하는 것이다. 그런 다음에 스스로 들어보고 깨달은 통찰을 기록해 보거나, 전문가의 도움을 받아 자신의 언어습관을 분석해 본다면 큰 유익을 얻을 수 있다.

5 천사의 말과 악마의 말

사람만 말을 통하여 대화를 나누는 것은 아니다. 원숭이들은 맹수가 나타나 위기에 처할 때 서로 의사전달을 하며, 다른 하등동물들도 어떤 소리나 몸짓을 통하여 생명과 관련된 급박한 위기를 전달하기도 한다. 다음의 말은 천사의 말과 악마의 말을 '영분별 은사자(恩賜者)'를 통하여 통역한 실화이다.

Y목사 & C집사(영안이 열려서 빛에 속한 영들과 어둠에 속한 영들의 모습과 감정과 말을 전할 수 있음)의 대화를 통역한 내용이다.

1) 수호천사의 말(Angel's speech)

상황: K목사에게는 천사들이 셋이나 동행하고 있는데, 두 천사는 양쪽에 있고 한 천사는 머리 위에 있다. 머리 위에 있는 천사는 대

단히 겸손하여 필기도구를 들고, K목사가 글을 쓸 때, 어떻게 도와 드려야 할지 고민하고 있다. 다음은 직접화법으로 말한 내용이다.

"목사님 저는 영광입니다. 감사합니다. 하나님께 영광을 돌립니다. 목사님 무엇을 하기를 원하십니까? 입으로 선포만 하십시오. 목사님 저를 놀려두지 마시고 필요할 때 불러주십시오. 목사님 사랑합니다. 힘내십시오! 목사님 뒤에는 전능하신 하나님께서 계십니다. 목사님 사랑합니다. 감사합니다."

2) 마귀의 말(Devil's speech)

앞으로 영적 세계를 묘사하는 책을 기록할 예정이라고 언급하자, "그만둬! 이 개새끼들아, 야! 너나 잘해. 네가 세상에 무엇을 알려준다고, K00 그만둬라. 그만두는 것이 네 신상에 좋아. 나는 너희가 나의 비밀을 아는 것이 싫다. G00 옆에서 부추기지 마라. 너희들이 무엇인데 나를 알려고 그래. Y00 목사! 내가 너하고 타협하자고 했잖아. 돈은 100억이라도 준다. 네가 이전하려고 하는 교회자리에 이미 터를 잡고 있다."

Y목사: "좋게 나갈래, 두들겨 맞고 나갈래?"

마귀: 난 신사야 이 새끼야!

(그 때 Y목사가 머리에 안수하며 성령의 불을 마귀에게 불어넣자 발악을 하면서)

마귀: 내가 Y목사 너에게 돈을 준다고 했잖아! 야! 이 개새끼야, 나가기 싫어.

결국 마귀는 떠나갔다. 그런데 이 사역도중 악한 영의 감정을 실은 은사자의 눈은 크고 동그랗게 부릅뜬 상태에서 Y목사를 쳐다보며 발악했고, 거친 욕을 3회 이상 쏟아냈다. Y목사가 머리에 손을 얹고 성령의 불을 불어넣자 악한 영은 잠시 후, 떠나가고 은사자(messenger) 역할을 했던 C집사는 정상으로 돌아왔다.

참고사항: 예수께서 사역 하실 때 가는 곳마다 귀신을 쫓아내고 수제자인 베드로의 속에 있던 사탄을 내어 쫓을 때 많은 수고가 필요했듯이, 영분별 은사자가 악의 영들을 쫓아낼 때는 쫓아내는 사역자나 영계를 열어 악령들의 감정을 드러내는 은사자는 육신적, 영적으로 많은 에너지가 소모된다. 이런 현상은 사도 바울이 스스로 고난을 자기 몸에 적용하는 것과 같으며, 예수께서 스스로 십자가를 지시는 것과 같다. 그렇기 때문에, 사역자가 악령들의 세계를 드러내고 주님의 이름으로 악령들을 내쫓는 것은 십자가의 사랑을 실천하는 것에 속한다.

3) 통찰(Insight)

첫째, 천사의 말은 "사랑합니다. 감사합니다. 영광입니다. 힘내십시오."와 같이 긍정적이고 소망적인 말만(only) 언급한다.

둘째, 마귀의 말은 기본적으로 거짓말하고 욕설이 심하며 자신의 비밀이 밝혀지는 것을 극도로 꺼려하고 숨기려 발악을 한다. 또한, 상대방을 위협하여 겁을 준다. 때로는 타협을 하자고 제안하기도 하지만, 결국은 지키지도 않을 약속을 그럴듯하게 하여 속임으로써 끝까지 악령의 역할에 충실한 편이다.

2

감성계발(感性啓發)

제4장

긍정적 감정: 긍정적 감정을 지키라

1 희망: 희망은 긍정적 감정이며 정신적 보약이다

명언: 위대한 희망이 가라앉는 것은 해가 지는 것과 같다. 인생의 빛이 사라진 것이다. -H. W. 롱펠로우

1) 난 꿈이 있어요

의지의 한국인들 가운데 대단한 가창력과 삶의 열정을 가진 인순이라는 가수가 있다. 그녀는 꿈과 관련된 호소력 있는 노래를 불러 수많은 사람들에게 공감을 일으키고, 자신의 삶에도 날개를 달게 되는 계기가 되었던 노래가 있다. 그 노래의 제목은 '거위의 꿈'이다.

난 난 꿈이 있었죠. 버려지고 찢겨 남루하여도
내 가슴 깊숙이 보물과 같이 간직했던 꿈
혹 때론 누군가가 뜻 모를 비웃음 내 등 뒤에 흘릴 때도
난 참아야 했죠. 참을 수 있었죠. 그 날을 위해
늘 걱정하듯 말하죠. 헛된 꿈은 독이라고

세상은 끝이 정해진 책처럼 이미 돌이킬 수 없는 현실이라고
그래요 난, 난 꿈이 있어요. 그 꿈을 믿어요. 나를 지켜봐요.
저 차갑게 서 있는 운명이란 벽 앞에 당당히 마주칠 수 있어요.
언젠가 난, 그 벽을 넘고서 저 하늘을 높이 날을 수 있어요.
이 무거운 세상도 나를 묶을 순 없죠.
내 삶의 끝에서 나 웃을 그 날을 함께 해요.
늘 걱정하듯 말하죠. 헛된 꿈은 독이라고
세상은 끝이 정해진 책처럼 이미 돌이킬 수 없는 현실이라고
그래요 난, 난 꿈이 있어요. 그 꿈을 믿어요. 나를 지켜봐요
저 차갑게 서 있는 운명이란 벽 앞에 당당히 마주칠 수 있어요.
언젠가 나 그 벽을 넘고서 저 하늘을 높이 날을 수 있어요.
이 무거운 세상도 나를 묶을 순 없죠.
내 삶의 끝에서 나 웃을 그 날을 함께 해요.

2) 45년 후에 이루어진 희망(꿈)

노벨 평화상을 수상했으며 흑인들의 인권을 개선하기 위하여 자신의 생명을 바쳤던, 마르틴 루터 킹(주니어) 목사는 1963년 8월 23일 워싱턴에서 꿈과 연관된 유명한 연설을 하였다. 그리고 그가 생명을 걸고 외쳤던 미국 흑인들의 꿈과 희망은 45년이 흘러 2008년 역사적으로 커다란 열매를 거두게 되었다. 아프리카 흑인들의 후손인 미국의 흑인들 가운데 오바마(Obama)가 최초의 미국 대통령으로 당당하게 선출되었기 때문이다. 45년 전 루터 킹 주니어 목사는 언젠가는 미국의 흑인들이 백인들에게 인정받는 날이 돌아올 것이라는 것을 예견하고 있었던 것이다.

이제는 꿈과 관련된 연설로 너무나 유명해진 그 연설문의 전문을 살펴보자. 동시에 독자들도 꿈과 희망을 상상하면서 몇 십 년을 내다볼 수 있는 안목을 갖고 살았으면 한다.

나에게는 꿈이 있습니다(I have a dream)[24)]

우리 역사에서 자유를 위한 가장 훌륭한 시위가 있던 날로 기록될 오늘의 이 자리에 여러분과 함께하게 된 것을 기쁘게 생각합니다.

백 년 전, 지금 우리가 서 있는 상징적인 자리의 주인공(주: 에이브러햄 링컨)인 위대한 미국인이 노예 해방령에 서명했습니다. 이 중대한 선언은 불의의 불길에 시들어가고 있던 수백 만 흑인들에게 희망의 횃불로 다가왔습니다. 그 선언은 오랜 노예 생활에 종지부를 찍는 즐겁고 새로운 날들의 시작으로 다가왔습니다. 그러나 그로부터 백 년 후, 우리는 흑인들이 여전히 자유롭지 못하다는 비극적인 사실을 바라보게 됩니다.

백 년이 지났어도 흑인들은 여전히 인종 차별이라는 속박과 굴레 속에서 비참하고 불우하게 살아가고 있습니다. 백 년이 지났어도 흑인들은, 이 거대한 물질적 풍요의 바다 한가운데 있는 빈곤의 섬에서 외롭게 살아가고 있습니다. 백 년이 지났어도 흑인들은 여전히 미국 사회의 한 귀퉁이에서 고달프게 살아가고 있습니다. 그들은 자기 땅에서 유배당한 것입니다.

그래서 우리는 오늘, 이 끔찍한 현실을 알리기 위해 이 자리에 나왔습니다. 어떤 의미에서 우리는, 국가로부터 받은 수표를 현금으로 바꿔야 할 시기에 온 것입니다. 미국을 건국한 사람들은, 헌법과 독립선언에 훌륭한 표현들을 써넣었습니다. 그들은 모든 미국인들이 상속하게 되어 있는 약속어음에 서명했습니다.

이 어음은 모든 인간에게 삶과 자유, 행복 추구라는 양도할 수 없는 권리를 보장한다는 약속이었습니다. 그러나 오늘날 분명한 것은 미국이 유색 인종 시민들에 대해서는 채무를 이행하지 못한다는 사실입니다. 미국은 이 신성한 의무를 존중하는 대신 흑인들에게 "잔액 부족"이라고 찍혀서 돌아오는 부도 수표를 주었습니다. 그러나 우리는 정의의 은행이 파산했다고 믿는 것을 거부합니다. 우리는 이 나라에 있는 위대한 기회의 금고에 예치금이 충분치 않다고 믿으라는 것을 거부합니다.

그래서 우리는 이제 이 수표를 - 우리가 요구하는 충분한 자유와 정의의 보장을 우리에게 줄 - 지불받으러 온 것입니다. 또한 우리는 지금 이 순간의 위급함을 미국인들에게 일깨우기 위해 이 자리에 왔습니다. 냉정을 되찾으라는 사치스러운 말을 들을 여유도, 점진주의의 진정제를 먹을 시간도 없습니다. 지금 이 순간이 바로 어둡고 외진 인종 차별의 계곡에서 벗어나 햇살 환히 비치는 인간 평등의 길에 들어설 때입니다. 지금이 바로 하나님의 모든 자녀에게 기회의 문을 열어줄 때입니다 지금이 바로 우리나라를 인간 불평등의 모래 위에서 형제애의 단단한 바위 위로 올라서야 할 때입니다.

지금 이 순간의 긴박성을 간과하고, 흑인들의 결의를 과소평가한다면, 그것은 이 나라에 치명적인 일이 될 것입니다. 흑인들의 정당한 불만이 표출되는 이 무더운 여름은 자유와 평등의 상쾌한 바람이 부는 가을이 찾아올 때까지 계속될 것입니다. 1963년은 끝이 아니라 시작입니다. 만일 이 나라가 다시 예전 상태로 돌아간다면, 흑인들이 좀 진정을 하고 자족해야 할 필요가 있다고 생각하는 사람들은 무례하게 일깨워지게 될 것입니다. 흑인들이 시민의 권리를 부여받기 전에는 미국에 휴식도 평온도 없을 것입니다.

정의가 실현되는 밝은 날이 오기 전엔 이 나라의 기반을 뒤흔드는 폭동의 소용돌이가 계속될 것입니다. 하지만, 정의의 궁전으로 이르는 따뜻한 분계선에 선 여러분들에게 꼭 드리고 싶은 이야기가 하나 있습니다. 우리가 정당한 위치를 찾을 때까지는, 나쁜 행동을 해서 죄인이 되어서는 안 되겠다는 점입니다. 비탄과 증오로 가득 찬 술잔을 들이키는 것으로 자유를 향한 갈증을 달래려하지 맙시다.

우리는 위엄과 원칙이 있는 높은 곳을 향한 우리의 투쟁을 영원히 계속해야 합니다. 우리는 우리의 창의적인 항거가 물리적인 폭력으로 변질되게 해서는 안 됩니다. 다시, 또다시, 우리의 물리적인 힘이 영혼의 힘과 맞닿을 수 있는 위대한 언덕에 올라가야 합니다.

우리 흑인 사회를 휩쓸고 있는 저 새롭고도 훌륭한 투쟁 정신이 모든 백인들의 불신을 받는 데로 이어지지 않게 해야 합니다. 오늘 이 자리에 서 있는 백인들이 증명하듯이 , 우리의 많은 백인 동지들을 그들의 운명이 우리의 운명과 이어져 있으며, 그들의 자유가 우리의 자유와 분리할 수 없는 관계임을 깨닫고 있습니다.

우리가 혼자서만 걸어갈 수는 없습니다. 우리는 걸어가면서 앞으로 행진한다는 맹세를 해야 합니다. 우리는 되돌아갈 수 없습니다. 인권 운동가들에게 "언제 만족하겠느냐"고 묻는 사람들이 있습니다. 흑인들이 경찰의 무지막지한 폭력의 공포에 희생되고 있는 한, 우리에게 만족이란 없습니다. 흑인들이 여행하다가 피곤에 지쳤을 때 고속도로변의 모텔이나 시내의 호텔에서 방을 구할 수 없는 한은 우리는 만족할 수 없습니다. 흑인이 이주한다고 해야, 고작 작은 게토(주: 독일 나치가 유태인들을 몰아넣었던 집단 거주지)에서 다른 게토로 가는 것이 전부일 때, 우리는 만족하지 못합니다. 미시시피의 흑인들이 투표권을 행사하지 못하고, 뉴욕의 흑인들이 투표를 할 곳이 없다고 생각하는 한, 우리는 만족할 수 없습니다. 아니오, 아니오, 우리는 만족하지 않습니다. 정의가 냇물처럼 흐르고, 공의가 강물같이 흐를 때까지 우리는 만족할 수 없습니다(아모스 5:24).

저는 여러분들 중 어떤 사람이 재판을 받다가 여기 오게 되었다는 것에 신경을 쓰지 않는 것은 아닙니다. 여러분 중 어떤 분들은 좁은 감옥에서 나온 지 얼마 안 되는 사람들도 있습니다. 어떤 분들은 자유를 추구하다가 도리어 기소되어 두들겨 맞거나, 경찰의 야만스런 폭력에 고통 받는 지역에서 오기도 했습니다. 여러분들은 모두 창의적인 고통을 겪는 베테랑들입니다. 그런 고생들이 명예를 회복하는 것이라는 믿음을 갖고 계속 일 하십시오.

미시시피로 돌아가십시오, 앨라배마로 돌아가십시오, 사우스 캐롤라이나로 돌아가십시오, 조지아로 돌아가십시오, 루이지애나로 돌아가십시오, 우리들의 북부 도시 슬럼가와 게토로 돌아가십시오, 어떻게든 이 상황이 달라질 수 있고, 달라질 것이라고 믿고 돌아가십시오. 이제 절망의 계곡에서 뒹굴지는 맙시다. 나는 오늘 여러분께, 동지들에게 말합니다. 고난과 좌절의 순간에도 불구하고, 나는 아직 꿈이 있습니다. 이 꿈은 아메리칸 드림에 깊이 뿌리를 내리고 있는 꿈입니다.

나에게는 꿈이 있습니다. 언젠가 이 나라가 "우리는 모든 인간이 평등하게 창조되었다는 사실을 분명하게 받든다."는 신념의 분명한 의미를 드높일 날이 올 것이라는 것을. 나에게는 꿈이 있습니다. 언젠가 조지아의 붉은 언덕 위에 예전에 노예였던 부모의 자식과 그 노예의 주인이었던 부모의 자식들이 형제애의 식탁에 함께 둘러앉는 날이 오리라는. 나에게는 꿈이 있습니다. 언젠가 불의와 억압의 열기에 신음하던 저 황폐한 미시시피 주(州)가 자유와 평등의 오아시스가 될 것이라는. 나에게는 꿈이 있습니다. 나의 네 자녀들이 피부색이 아니라 인격에 따라 평가받는 그런 나라에 살게 되는 날이 오리라는 것을.

나에게는 꿈이 있습니다. 주지사가 늘 연방 정부의 조처에 반대할 수 있다느니, 연방법의 실시를 한다느니 하는 말만 하는 앨라배마 주가 변하여, 흑인 소년 소녀들이 백인 소년 소녀들과 손을 잡고 형제·자매처럼 함께 걸어갈 수 있는 상황이 되는 꿈입니다.

오늘 나에게는 꿈이 있습니다. 나에게는 꿈이 있습니다. 언젠가 모든 계곡이 높이 솟아오르고, 모든 언덕과 산은 낮아지고, 거친 곳은 평평해지고, 굽은 곳은 펴지고, 하나님의 영광이 나타나 모든 사람들이 함께 그 광경을 지켜볼 것을. 이것이 우리의 희망(hope)입니다. 이것이 제가 남부로 돌아갈 때 가지고 갈 믿음입니다. 이 믿음을 가지고 우리는 절망의 산을 개척하여 희망(希望)의 돌을 찾아낼 수 있을 것입니다. 이 믿음을 가지고 우리는 이 나라의 소란스러운 불협화음을 형제애의 아름다운 교향곡으로 변화시킬 수 있을 것입니다. 이 믿음을 가지고 우리는 함께 일하고 함께 기도하고, 함께 투쟁하고, 함께 감옥에 가고, 함께 자유를 위해 일어설 수 있을 것입니다. 우리가 언젠가 자유로워지리라는 것을 알기 때문입니다.

그땐 모든 하나님의 자녀들이 새로운 의미로 노래할 날입니다. "나의 조국은 자유의 땅, 나의 부모가 살다 죽은 땅, 개척자들의 자부심이 있는 땅, 모든 산에서 자유가 노래하게 하라" 미국이 위대한 국가가 되려면, 이것은 반드시 실현되어야 합니다. 그래서 자유의 종소리가 뉴햄프셔의 거대한 언덕에서 울려 퍼지게 합시다. 자유의 종소리가 뉴욕의 큰 산에서 울려 퍼지게 합시다. 자유의 종소리가 펜실베이니아의 앨러게니 산맥에서 울려 퍼지게 합시다. 자유의 종소리가 콜로라도의 눈 덮인 로키 산맥에서도 울려 퍼지게 합시다. 자유의 종소리가 캘리포니아의 굽이진 산에 울려 퍼지게 합시다. 이것뿐만이 아닙니다. 자유의 종소리가 조지아의 스톤 산에서도 울려 퍼지게 합시다. 자유의 종소리가 테네시의 룩아웃(Lookout) 산에서도 울려 퍼지게 합시다. 자유의 종소리가 미시시피의 모든 언덕에서도 울려 퍼지게 합시다. 모든 산으로부터 자유의 종소리가 울려 퍼지게 합시다.

우리가 자유의 종소리를 모든 마을, 모든 부락, 모든 주와 도시에서 울려 퍼지게 할 때, 우리는 더 빨리 그날, 신의 모든 자손들, 흑인과 백인, 유태인과 이교도들, 개신교도와 가톨릭교도들이 손에 손을 잡고, 옛 흑인 영가를 함께 부르는, 그날을 향해 갈 수 있을 것입니다. "마침내 자유, 마침내 자유, 전능하신 하나님, 우리가 마침내 자유로워졌나이다."

3) 희망은 가슴에서 피어나는 꽃

용혜원 시인은 '희망이 보입니다'라는 제목의 시에서 희망은 우리의 삶이라는 꽃밭에서 피어나는 꽃이요, 가슴에서 피어나는 꽃이라고 노래하고 있다.

희망이 보입니다

용혜원

희망은 우리의 삶에서 피어나는 꽃입니다
희망을 보여주는 얼굴은
지금 사랑하는 사람의 얼굴입니다
그의 얼굴은 빛이 나고 웃음이 있습니다

희망을 보여주는 얼굴은
기도드리고 일어서는 자의 얼굴입니다
기도는 미래를 기대하는 마음에서
드리는 것이기 때문입니다

희망은 예술가가 작품을 만드는
모습에서도 보입니다
예술가는 완성된 작품을
미리 보고 만들어 갑니다

희망은 꿈과 비전이 있는
젊은이의 얼굴에서도 보입니다
젊은이의 가슴에는 꿈을 현실로
바꿀 수 있는 열정이 가득합니다
젊은이에게는 미래가 열려 있습니다

희망은 자기의 일을 마치고 일어서는
사람의 얼굴에서도 보입니다
희망이 없는 사람은 없습니다
희망은 가슴에서 피어나는 꽃입니다

4) 희망의 빛을 보여준 선생님

애니 설리반은 제자인 헬렌 켈러로 하여금 3중고의 장애를 극복하도록 헌신적으로 가르친 진정한 교육자이다. 애니 설리반 역시 어릴 때 눈병을 앓으면서 거의 시력을 잃었던 경험이 있고, 빈민구호소에서 남동생과 함께 비참한 어린 시절을 보내야 했던 아픔이 있었다. 그런 가운데서도 희망을 잃지 않고 맹인학교를 우수한 성적으로 졸업한 그녀가 7살의 어린 헬렌 켈러를 만나게 되었다. 헬렌은 삼중장애아이기 때문에 글을 가르치는 것이 결코 쉽지 않았다. 그렇지만 설리반은 열정과 헌신적 가르침을 통하여 헬렌을 위대한 인물로 길러냈고 세계적으로 수많은 장애인들뿐만 아니라, 신체가 건강한 사람들에게도 삶의 도전과 꿈을 심어주는 인물로 양육시켰다.

5) 특수교사는 나의 꿈

명언: 희망은 강한 용기이며 새로운 의지이다. -M. 루터

여기에 소개하는 내용은 필자의 과목을 수강한 학생들 가운데 혜선[25)]이가 '희망'이라는 주제로 제출한 내용이다. 이 내용을 보면서 많은 대학생들이 희망과 용기를 갖기 바라는 마음에서 소개한다.

난 희망이라는 단어를 참 좋아한다. 세상에 처음 태어날 때부터 선천성 녹내장으로 앞을 조금밖에 볼 수 없는 시각장애인으로 태어난 나로서는 다른 사람들이 보기에 희망이라는 단어가 어울리지 않는다고 생각할지도 모른다. 하지만 어려서부터 부모님의 정성과 하나님의 사랑 안에서 조금씩 장애를 인정하게 된 나는 꼭 이루고 싶은 꿈을 가지게 되면서 자연스럽게 희망이라는 말을 사랑하게 되었다. 내게는 그렇게 근사하거나 큰 꿈은 아니지만 늘 나를 설레게 하고 가슴 뛰게 하는 작은 꿈 두 가지가 있다.

하나는 『한 아이』라는 책에 나오는 토리 선생님이 되는 것이다. 지금 전공하고 있는 특수교육을 더욱 열심히 공부하여 나와 같이 장애를 가지고 있는 아이들에게 장애를 인정하면서도 꿈을 가질 수 있도록 도와주는 선생님이 되고 싶다. 모든 사람들에게로부터 버림받고 홀로 남겨진 '쉴라'라는 아이에게 따뜻한 가슴과 오랜 기다림

으로 다시 밝은 미소를 찾아준 토리 선생님. 나 역시 교단에 서서 아이들에게 단순히 지식만을 전달하는 그런 선생님이 아니라, 장애를 가지고 있지만 그럼에도 불구하고 가슴 속에 꿈을 가지고 세상을 향해 당당하게 걸어갈 수 있는 아이들이 될 수 있도록 그들에게 희망을 심어주는 교사가 되고 싶다.

내 가슴 속에 있는 다른 꿈은 바로 '패니 크로스비'가 되는 것이다. 미국 어느 가난한 가정에서 시각장애인으로 태어난 패니는 한 번도 세상의 빛을 본 적이 없지만 하나님을 향한 마음을 아름다운 찬송으로 만들어서 많은 사람들을 감동시켰다. 그녀는 어떠한 어려움 속에서도 꿈을 포기하지 않았으며 자신이 가지고 있는 장애를 숨기거나 원망하지 않았다. 아픔 속에서도 감사하며 슬픔 속에서도 하나님을 찬양했던 그녀. 나 역시 그녀처럼 하나님을 기쁘게 찬양하는 최고의 예배자가 되길 원한다. 찬양 사역을 시작한 지 벌써 7년째가 되었다. 때로는 포기하고 싶을 때도 있었고, 너무 힘들어서 포기하고 싶다는 생각도 들었지만 그 때마다 하나님께서는 나를 일으켜 세워주셨고 나의 찬양을 받으시기를 간절히 원하신다는 사실을 더욱 깊이 새겨 주셨다.

나는 시각장애라는 아픔을 가지고 있지만, 그런 상황과 조건을 뛰어넘어 진정한 기쁨과 감사의 고백을 하나님께 드릴 것이다. 최선을 다하여 장애 학생들을 위해 헌신하고 섬기며 나누는 삶을 살고 싶다. 내 삶에서 희망이라는 말을 절대 잊지 않고 내 꿈을 이룰 때까지 전진해 나갈 것이다. 그래서 나도 누군가에게 하나의 희망으로 기억되기를 간절히 바란다.

2 기쁨: 기쁨을 빼앗기지 마라

1) 얼굴 없는 나의 천사: 기쁨

이해인 시인은 기쁨을 얼굴 없는 천사로 묘사하면서, 누구든지 원하면 기쁨을 향유할 수 있다고 통찰력 있는 시어를 통하여 고백한다.[26)]

고마운 기쁨

이해인

적당히 숨기려 해도
자꾸만 웃음으로
삐져나오네

억지로 찾지 않아도
이제는 내 안에
뿌리박힌 그대

어디에 있든지
누구를 만나든지
내가 부르기만 하면
얼른 달려와 날개를 달아주는
얼굴 없는 나의 천사
고마운 기쁨이여

2) '3뻐 다짐'으로 살아가는 사람

서울 무교동 거리에서 토스트를 팔며 노점상을 운영하는 김석봉 씨는 연수입 1억원이 넘는 고소득자이다. 그는 자신의 이름을 딴 '석봉토스트' 체인점을 100개 이상 가지고 있다. 지금은 그가 토스트 분야에서 유명인사가 되었지만, 그의 성장과정은 어둡고 고단한 과거로 얼룩져 있다. 전북 정읍에서 날품을 팔아 생계를 유지하던 가난한 부모의 6남 2녀 가운데 여섯째로 태어났다. 그는 가난하여 초등학교만 졸업하고 14세에 공장 다니는 형을 따라 성남으로 올라왔다. 그의 첫 직업은 '아이스케키' 장사였다. 보통 하루 세 끼니를 삶은 국수만 먹고, 잠은 남한산성 공동묘지 아래의 임시 천막에서 잘 정도로 열악했다고 한다. 그 이후 정비공장과 세차장, 합판공장, 컨테이너 공장 등을 전전했고, 과일행상도 하면서 고단한 삶을 꾸려나갔다. 이런 과정을 통하여 그가 깨달은 것은 '배워야 산다'는 것이었다. 그리하여 검정고시를 거쳐 야간 신학교에 다니게 되었고, 결혼도 했지만 가난에 찌든 삶을 살아야 했다. 그래서 1997년에 시작한 것이 토스트 장사였다. 약 230만 원을 주고 산 중고 스낵카가 유일한 사업의 밑천이었다. 그는 집 근처인 녹번역에서 3개월 정도 경험을 쌓은 후, 무교동으로 진출하는 결단을 내렸다. 옷은 세련된 유니폼을 입고 토스트에 사용하는 계란도 비싼 영양란으로 바꾸었으며 조미료와 설탕은 고객들을 위해 넣지 않았다. 이런 노력의 결과 매월 순수입이 약 800만 원을 웃돌 만큼 사업이 궤도에 올라서게 되었다.

그러던 어느 날 그에게 커다란 위기가 찾아왔다. 건강검진 결과 '위암' 판정을 받아, 위의 3분의 2를 잘라내게 된 것이다. 위암의 고통 속에서도 그는 최근 '체인점 사업'이라는 새로운 모험을 시작했다. 다행히 체인점 사업은 순풍에 돛을 단 듯 110여 개로 늘어났다. 주말이면 체인점 사장들과 함께 고아원, 양로원을 찾아다니며 무료로 토스트를 구워주며 봉사한다. 그는 현재 약 5,000만 원짜리 전셋집에 아들 넷을 포함하여 6식구가 비좁게 살고 있지만, 매일 아침마다 거울에 비친 자신을 보면서 '3뻐'를 외친다고 한다. 첫째, 살아있어서 '기뻐' 둘째, 일이 많아서 '바뻐' 셋째, 하나밖에 없는 나는 '예뻐'를 다짐한다.

위에서 언급한 김석봉 씨가 매일 다짐하는 '3뻐' 중에 '기뻐'를 왜 처음에 외치겠는가? 몸이 피곤하고 건강은 최고 수준은 아니지만, 하루하루 살아있음에 감사하며 기뻐하는 것 아니겠는가? 이처럼 기쁨은 우리의 삶을 밝게 이끌어주는 중요한 긍정적 감정이다.

3) 온전한 기쁨의 조건

온전한 기쁨을 향유하려면 우리는 먼저 생각의 수준을 높여야 한다. 왜냐하면 우리의 현재 모습은 주로 우리의 생각이 만들어낸 결과이기 때문이다. 다른 말로 표현하자면, 생각은 원인이고 현실은 그 결과라는 것이다. 그렇기 때문에 기쁨을 온전히 누리려면, 생각의 차원을 높여야 한다. 기뻐하기 힘든 현실과 역경 속에서도 기뻐할 수 있는 조건을 찾아낼 수 있는 능력과 지혜가 필요하다.

진정으로 기쁨의 감정을 유지하려면 사람이나 환경에 너무 의존적이지 말아야 한다. 왜냐하면 자신을 포함한 사람들의 감정은 오뉴월에 죽 끓듯이 변하기 쉽고, 환경도 가변적이기 때문이다. 차라리 경전에 나오는 진리의 말씀이나 위인들의 명언을 늘 마음에 새기고 머릿속에 암기하고 기억한다면 부정적 감정에 휩쓸리지 않고 기쁨의 감정을 잘 다스릴 수 있다. 주변 환경을 초월할 수 있는 초연한 마음을 가질 수 있다면 기쁨의 감정을 늘 향유하면서 살아갈 수 있다.

4) 마음의 기쁨을 유지하기 위한 3가지 습관[27)]

첫째, 마음에 유익한 영양분을 공급하라.

긍정적 감정인 기쁨을 빼앗아가는 부정적 메시지에서 우리의 마음을 지키려면 마음에 좋은 영양분을 섭취해야 한다. 기쁨이 충만한 삶을 영위하려면 기쁜 생각을 하려고 늘 노력하는 태도가 필요하다. 마음에 유익한 영양분을 공급해주는 삶의 태도는 구체적으로 무엇인가? 토미 뉴베리(Tommy Newberry)가 권하는 방법들은 매우 다양하다. 먼저 성경책을 읽으라. 그리고 평범의 틀을 깨도록 도와주는 책, 많이 베풀며 살도록 인도하는 책, 흥미로운 질문을 이끌어내는 책들도 읽으라. 믿음과 사랑 그리고 인생에 관한 책과 음악을 접하면 단순히 지식을 습득하는 것 이상의 유익함이 반드시 있다.

둘째, 기쁨으로 하루를 시작하라.

하루를 기쁨으로 시작하려면, 아침에 눈을 뜬 후 최초 15분 동안은 기쁜 일만 떠올린다. 아침에 기상하자마자 처음 하는 활동은 하루 전체의 감정적 색깔을 결정한다. 일상적 분주함에 빠져들기 전에 일종의 '기쁨의 소프트웨어'를 설치한다면 하루를 기쁘게 살아갈 수 있다.

셋째, 기쁨으로 하루를 끝마치라.

하루를 기쁨으로 시작한 것처럼, 하루의 마지막 시간 15분도 기뻤던 일만 생각하면서 꿈나라로 여행을 가라. 잠이 들기 전 짧은 시간 동안 우리의 무의식은 긴장의 방어막을 풀고 암시를 쉽게 받아들이는 경향이 있다. 이 때 편안해진 마음에 무엇인가를 집어넣으면 그것은 평상시보다 훨씬 더 강하게 우리의 무의식 속에 각인된다. 그리고 마음속에 각인된 것은 나중에 현실로 표현된다. 그러므로 잠들기 전 시간을 최대한 유익하게 활용하라.

3 자존감: 자아-존중의 감정을 지키라

명언: 자신을 존중하지 않는 사람은 타인의 존중을 받기 어렵다. 사람 속에는 전능하신 하나님의 형상이 숨 쉬고 있다. 따라서 모든 사람들은 자존감을 가지고 살아갈 충분한 이유가 있다. -김태수

1) 자신감과 자존감 그리고 자만심의 차이

자신감은 어떤 일에 자신이 있다고 여기는 느낌이다. 자존감은 자아 존중감과 동일한 의미라고 필자는 생각한다. 자존감은 자신을 존중하는 긍정적 감정의 일종이다. 하버드 대학 교육학과의 조세핀 킴 교수는 자존감이란 스스로를 존중하는 마음, 자신에 대한 긍정적 신념이라고 정의를 내렸다. 반면에, 자만심은 스스로 자랑하는 거만한 마음을 의미한다.

2) 자존감의 욕구는 얼마나 강한가?

인간의 욕구들과 관련하여 깊이 연구하고 일목요연하게 정리한 대표적인 학자는 매슬로우(Maslow)이다. 그는 인간이 가지는 다양한 욕구들을 발전 단계에 따라 위계적으로 정리하였다.[28)]

제1단계는 생리적 욕구로 식욕, 성욕, 수면욕과 같은 인간의 생명을 유지하는 데 가장 기초적인 단계의 욕구들이다.

제2단계는 안전과 안정에 대한 욕구이다. 이것은 세상이 잘 구조화되어 있고 예측 가능하다는 느낌으로 안전이나 안정을 추구하는 욕구이다.

제3단계는 소속감과 애정에 대한 욕구이다. 이 욕구는 어떤 것에 소속되고자 하는 욕구와 누군가를 사랑하고 누군가로부터 사랑을 받고 싶은 차원의 욕구이다.

제4단계는 자존감의 욕구이다. 이것은 스스로에 대한 자아-존중감, 성취감, 독립성에 대한 욕구와 타인의 인정과 존중을 받고 싶어 하는 차원의 욕구이다.

제5단계로 마지막 단계는 자아실현의 욕구이다. 이 단계는 자기 자신의 잠재력을 실현하고자 하는 고차원적인 욕구이다.

3) 자존감을 구성하는 4가지 요소

자존감에 대한 연구는 1960년대 이후 몇몇 실험 연구가 수행되기 시작하였다. 이런 연구들은 주로 설문지를 사용하여 자존감 개념의 측정을 시도하였다. 설문지의 문항은 대부분 자신에 대한 자부심, 건강, 외모, 가문, 사회적 능력과 같은 내용으로 구성되었다.

그런데 자존감에 대한 판단의 4가지 주요 영역은 혈통, 역할 수행, 타인에 대한 사랑과 영원한 의미이다.[29)]

첫 번째 영역은 혈통이다. 혈통을 아는 것은 '나는 누구인가?'라는 질문에 대한 부분적인 대답이 될 뿐만 아니라 자존감을 높이는 방편이 될 수 있다.

두 번째 영역은 역할 수행이다. 개인의 역할 중에서 '나는 무엇을 하는가?'의 측면이라고 할 수 있다. 이 분야는 실험심리학과 사회학에서 광범위하게 연구되어 왔다.

세 번째 영역은 타인의 사랑이다. 자존감의 일부는 성취보다 호감이나 매력과 더 직결된다. 개인의 외모나 성적인 매력, 미덕이나 건강과 같은 것들이 여기에 속한다. 타인들로부터 자신이 사랑을 받는 존재라는 것을 인식하는 사람은 그렇지 못한 사람보다 높은 자존감을 유지할 수 있다.

네 번째 영역은 영원한 의미이다. 영원한 의미에 대한 갈망은 인간의 불멸에 대한 집착과 광활한 우주에 비하여 인간 자신이 상대적으로 아주 작은 존재라는 의식에서 잘 나타난다. 이런 추구는 영원한 고독과 소외감에서 자아를 보호하려는 시도로 보이며, 성취와 타인의 인정이 자존감의 원천으로는 미약하고 오래 가지 못한다는 자각에서 비롯된 것이다.

4) 자존감 계발을 위한 5단계

인간은 누구나 자존감을 변화시킬 수 있다. 인간의 삶에서 변화는 하나의 과정의 산물이다. 부연하여 설명한다면 인간이 생각하고 감정을 느끼고 행동하는 새로운 방법을 학습하게 될 때 변화는 일어난다. 자존감의 경우에도 그것을 계발하기 위해서는 5단계의 변화 과정을 거쳐야 한다.[30)]

▸ 제1단계: 고통하기

변화는 어떤 사람이 자신과 자신의 삶 그리고 대인관계에 대처하는 방식에 불편함과 불만을 의식하면서 시작된다. 어떤 사람에게 변화에 대한 필요성이 인식되고 변화를 가져올 수 있는 자원이 결합될 때 비로소 변화에 대한 희망과 기대가 생겨난다.

▸ 제2단계: 이해하기

변화는 불편함과 불만족을 이해하고 수용하려고 할 때 계속된다. 이 단계에서 인간은 자기 자신, 환경, 문제점 그리고 가능성에 대한 새로운 관점을 학습하려고 한다. 이 단계에서는 자신에 대한 새로운 통찰력이 생긴다.

▸ 제3단계: 선택하기

변화에 있어서 세 번째 단계는 '나는 다른 방식으로 시도해 볼 것이다.'의 단계이다. 이렇게 시도하는 이유는 단순히 노력만한다고 해서 변화할 수 있는 것이 아니기 때문이다. 이 단계에서 인간은 새로운 선택적 대안들을 찾아내고, 새로운 가능성들을 인정하며 새로운 삶의 양식을 선택한다.

▸ 제4단계: 행동하기

자존감을 개발하기 위한 변화 과정의 네 번째 단계는 행동을 취하는 단계이다. 이 단계에서 개인은 더 많은 노력을 기울여야 하는 것이 아니라, 기존과 다른 방식으로 행동하도록 노력해야 한다. 이 단계에서는 새로운 관점, 아이디어, 생각하는 방식, 관계하는 방식, 그리고 표현하며 행동하는 방식을 시험해 보는 단계이다. 변화에 필요한 기술과 자원을 개발하는 것을 포함한다.

▸ 제5단계: 유지하기

이 단계는 앞의 네 단계에서 성취한 것을 유지하려는 노력이 반드시 필요한 단계이다. 예를 들어, 자존감을 잘 유지하려면 자기에 대한 정죄를 줄여야 한다. 또한 상한 감정을 보다 즉각적으로 처리해야 하고, 표현되지 않은 상처와 분노를 찾아냄으로써 우울증이 찾아올 때 도전해야 한다.

5) 나의 자존감은 어느 정도인가?

다음의 내용은 자존감의 연구 분야에서 세계적으로 알려진 로젠버그(Rosenberg, 1965년)가 제시한 자존감 테스트 문제이다.[31]

안내문: 아래에는 귀하가 동의할 수도 있고 동의하지 않을 수도 있는 다섯 문항의 내용이 제시되어 있습니다. 각 문항에 동의 또는 반대하는 정도에 따라 적합한 항목을 선택하면 됩니다. 자유롭고 솔직하게 응답해주시기 바랍니다.

문항 1

나는 내가 적어도 다른 사람들만큼은 가치가 있는 사람이라고 느낀다.

① 매우 그렇다 ② 그렇다 ③ 아니다 ④ 매우 아니다

문항 2

나는 좋은 자질들을 많이 가지고 있는 것 같다.

① 매우 그렇다 ② 그렇다 ③ 아니다 ④ 매우 아니다

문항 3

대체로 나는 내가 실패자라고 생각하는 경향이 있다.

① 매우 그렇다 ② 그렇다 ③ 아니다 ④ 매우 아니다

문항 4

나는 대부분의 다른 사람만큼 일을 잘할 수 있다.

① 매우 그렇다 ② 그렇다 ③ 아니다 ④ 매우 아니다

문항 5

나는 자랑할 만한 것이 별로 없다.

① 매우 그렇다 ② 그렇다 ③ 아니다 ④ 매우 아니다

문항 6

나는 내 자신에 대해 긍정적인 태도를 지니고 있다.

① 매우 그렇다 ② 그렇다 ③ 아니다 ④ 매우 아니다

문항 7

나는 대체로 나 자신에 대해 만족하고 있다.

① 매우 그렇다 ② 그렇다 ③ 아니다 ④ 매우 아니다

문항 8

나는 나 자신을 좀 더 존중할 수 있었으면 좋겠다.

① 매우 그렇다 ② 그렇다 ③ 아니다 ④ 매우 아니다

문항 9

나는 때때로 내가 정말 쓸모없는 사람이라고 느낀다.

① 매우 그렇다　② 그렇다　③ 아니다　④ 매우 아니다

문항 10

나는 때때로 나에게 좋은 점이라곤 전혀 없다는 생각이 든다.

① 매우 그렇다　② 그렇다　③ 아니다　④ 매우 아니다

※ 자존감 지수 계산법: 1) 위의 내용들 가운데 문항 1, 2, 4, 6과 7번 경우, 매우 그렇다: 3점, 그렇다: 2점, 아니다: 1점, 매우 아니다: 0점으로 표시한 후에 모두 합산한다. 2) 문항 3, 5, 8, 9와 10번은 매우 그렇다: 0점, 그렇다: 1점, 아니다: 2점, 매우 아니다: 3점으로 표시한 후에 모두 합산한다.

※ 자존감 지수 총점: 위의 내용에서 1)과 2)의 합산한 점수를 더하면 전체 점수가 나온다. 만일 어떤 사람의 경우 1)의 5문항의 총점이 13점이고, 2)의 5문항의 총점이 12점이면 13+12=25점으로 이 사람의 자존감 지수는 25점이다.

※ 참고사항: 위 검사에서 자존감 지수는 최저 0점, 최고 30점이다. 자존감 지수가 15~25점 사이에 속하면 정상적 범주에 속하는 것이고, 15점 미만이면 자존감이 낮은 수준이며, 26점 이상이면 자존감이 높은 수준에 속한다.

자존감 지수에 대한 필자의 의견을 피력한다면, 위의 자료는 미국의 문화권에서 청소년을 비롯한 젊은이들을 대상으로 적용한 내용이다. 따라서 위의 문항을 한국 문화에서 성장한 청소년들이나 젊은이들에게 그대로 적용시킨다는 것은 약간의 무리가 있다. 그렇지만 참고자료로 활용하면서 독자의 자존감 지수를 측정해 보고, 자신을 소중히 여기면서 존중할 줄 아는 지혜를 터득하는 것이 좋다고 본다.

4 행복(감): 행복의 감정을 누리며 살아라

명언: 행복은 감사라는 문으로 들어와 머물지만, 원망이라는 문으로 신속히 빠져나간다. –심성희

1) 행복감을 새롭게 느끼려면

명언: 인간만이 자신의 행복을 창조한다. –안톤 체홉

인간이 느끼는 행복감은 주관적인 감정이어서 일상적인 일이라고 할지라도 새로운 통찰을 얻게 되면 행복감 또한 새롭게 느낄 수 있다. 예를 들어, 매일 숨 쉬는 것의 고마움을 몰랐는데 인공호흡기에 의존해야 하는 경험을 하고 나면, 호흡의 중요성을 깨달을 수 있다. 이런 일상의 고마움을 통찰력 있는 시어로 이해인 시인은 다음과 같이 표현하고 있다.[32]

행복도 새로워

이해인

날마다 순간마다
숨을 쉬고 살면서도
숨 쉬는 고마움을
잊고 살았네

내가 사랑하고
사랑받는 일 또한

당연히 마시는 공기처럼
늘 잊고 살았네

잊지 말자
잊지 말자
다짐을 하면서
다시 숨을 쉬고
다시 사랑하고
눈에 보이지 않는
모든 것
새롭게 사랑하니
행복 또한 새롭네

2) 국가별 행복지수

2009년 5월 동아닷컴(www.donga.com)은 행복지수가 1위인 나라를 소개하였다. 여기서 소개한 것은 2006년 영국의 신경제재단에서 실시한 국가별 행복지수(HPI) 자료이다. 그 재단의 조사에 따르면 세계적으로 178개국 중에서 행복지수가 1위인 나라는 호주에서 그리 멀지 않은 섬나라인 '바누아투'였다. 참고로 이 조사에서 한국은 102위로 하위권에 속한 나라였다. 이 섬나라는 호주 시드니에서 동북쪽으로 약 2,500Km 떨어진 남태평양 해역에 산재해 있는 약 80개의 섬으로 이루어져 있으며, 국토의 면적은 전라남도 보다 약간 크고 인구는 약 20만 명이다. 기후는 열대성 기후이며, 주된 종교는 기독교이다. 이 나라 국민의 취업률은 약 7%에 불과하고, 취업자 대부분이 관광업에 종사하며 고기잡이 등으로 생계를 유지하는 남태평양의 빈곤국 가운데 하나이다. 1인당 국내총생산(GDP)은 2,900달러로 세계 233개 국가들 가운데 207위에 속한다. 이 나라의 관광청장(조지 보루구)이 한국을 방문하여, 바누아투 국민들은 어떻게 행복할 수 있느냐는 기자의 질문에 다음과 같이 대답했다. 그 비결은 "물질적인 것에 집착하지 않고, 단순하며 소박하고 항상 서로 나누고 서로를 존중하는데 익숙한 생활방식 덕분입니다." 최근 한국에서 자살이 커다란 사회적 문제가 되고 있다는 기자의 말에 그는 "바누아투는 지난 5~6년 동안 자살자가 한 명도 없다가 얼마 전 1명이 자살했다. 각 섬의 족장들과 연장자들이 중심이 되는 마을 공동체가 구성원들에게 커다란 의자가 된다."고 언급하였다.

행복지수는 대단히 주관적인 측면이 있어서 선진국이 늘 상위권을 차지하기보다는 후진국으로 분류되는 아시아나 아프리카 또는 중남미의 가난한 국가들이 상대적으로 상위권을 차지하기도 한다. 이것은 무엇을 의미하는가? 인간의 행복이란 단순히 소득이 많고 먹거리가 풍성하다고 느끼는 감정만은 아니라는 것을 시사해 준다고 볼 수 있다. 참고로 행복지수에 대한 국가 간 순위는 질문의 내용이나 표본구성법에 따라 연구자마다 차이가 날 수 있다는 점을 기억하는 것이 좋다.

3) 인간은 행복-지향적 존재

'인간이 어떤 존재인가?'에 관한 대답은 참으로 다양하다. 인간은 사회적 동물이고 정치적 동물이며 경제적 동물이라고 표현한다.

인간이 어떤 존재인가에 대하여 인간의 심리를 다루는 심리학에서 프로이드는 '긴장감소-지향적 존재'요, 로저스는 '성장-지향적 존재'라고 주장한다.

필자는 '인간이 어떤 존재인가?'라는 질문을 받는다면, 인간은 '행복-지향적 존재(happiness-oriented being)'라고 표현할 것이다. 왜냐하면 사람들이 생각하고 말하고 행동하는 모든 것들의 뿌리에는 자신의 유익과 행복이 자리 잡고 있다고 확신하기 때문이다. 행복이라는 주제에 대해서는 이 책의 긍정적 감정 부분에서 상세히 언급하고 있기 때문에 여기서는 이 정도만 언급하기로 한다.

4) 행복에 영향을 미치는 요인들

사람은 누구나 행복감에 취해 콧노래를 부르며 살아가기를 원한다. 그렇지만 그런 목표가 다양한 현실적 한계와 원인들에 의하여 제한을 받는다는 점을 명심할 필요가 있다. 여기서는 행복에 영향을 미치는 요인들이 무엇인지 크게 2가지 측면에서 살펴보고 통찰을 얻어 보도록 하자.[33)]

첫째, 사회학적 요인들이 있다. 이 요인들에 속하는 주요한 항목들은 남성과 여성이라는 성별, 연령, 경제적 수준, 교육과 지능 수준, 직업, 결혼, 종교와 건강이 있다. 약간의 설명이 필요한 항목을 든다면, 경제력과 행복의 관계이다. 우리 사회는 돈이 행복을 보장해줄 것이라는 메시지를 끊임없이 전달한다. 그렇지만 꼭 그런 것은 아니다. 일반적으로 돈은 가난 수준을 벗어나서 의식주와 질병치료 같은 기본적 욕구를 충족시킬 때까지만 행복에 중요한 영향을 미친다. 그러나 이런 기본적 욕구가 해결된다면 수입이나 재산이 행복에 미치는 영향을 크지 않은 것으로 나타난다.

직업은 행복에 중요한 영향을 미치는데, 전문직이나 숙련직 노동자가 비숙련직 노동자보다 더 행복한 것으로 나타난다. 결혼은 행복에 중요한 영향을 미치는 요인으로 기혼자가 미혼자보다 행복도가 높게 나타난다. 이런 결과는 모든 연령대, 소득 수준과 인종에서 공통적으로 나타나는 현상이다.

종교는 정신건강에 커다란 도움이 되며 주관적 안녕에 영향을 미친다. 종교는 개인적으로 삶의 의미를 제공하고 사회적으로는 집단적 정체감을 느끼며 비슷한 가치와 태도를 지닌 사람들과의 사회적 지지체계를 형성하게 해주는 긍정적 측면이 있다. 또한 절대자와의 관계에서 생기는 친밀감이나 종교적 체험은 세상에서 발생하는 난관들에 대한 통찰을 줌으로써 행복을 증진시킬 수 있다.

둘째, 심리적 요인들이 있다. 일반적으로 이 요인들은 낙관성, 자존감, 외향성, 통제감, 긍정적 인간관계와 같은 것들이다. 낙관성은 주관적 안녕을 예측하는 강력한 성격요인이다. 낙관성이란 미래에 대한 긍정적 기대와 전망을 하는 인지적 경향성이다. 셀리그만(1991)이라는 학자는 낙관성이 학습될 수 있다고 주장한다. 그런데 낙관성이 장기적인 행복의 증진에 기여하려면 현실적 근거에 바탕을 두고 있어야만 한다는 점을 간과하지 말아야 한다.

외향성은 개인의 심리적 에너지가 외부환경으로 지향되는 성향이다. 이것은 주관적 안녕을 예측하는 매우 중요한 성격요인으로 간주된다. 다수의 연구에 의하면 외향성과 행복도의 상관관계가 높다는 것이 일관성 있게 보고되고 있다. 통제감은 개인적으로 중요한 삶의 사건들에 대하여 자신이 통제할 수 있다는 신념을 뜻한다. 이런 믿음은 자기-유능감, 삶에 대한 자신감과 미래에 대한 긍정적 확신을 주어 행복감을 증진시킬 수 있다.

자존감과 긍정적 인간관계는 이 책의 다른 부분에서 상세히 언급하고 있기 때문에 이 부분에서는 생략하도록 하겠다.

5) 나의 행복지수는?

인간의 행복에 대한 지대한 관심을 가지고 거의 20년을 연구한 대표적인 학자는 바로 영국의 심리학자인 로스웰(Rothwell)과 코언이었다. 그는 약 1,000명의 남녀를 대상으로 약 80가지의 다양한 상황 속에서 실험을 진행하였고, 2002년 인간의 '행복 지수(Lust Quotient)'를 계산할 수 있는 공식을 만들었다.[34] 그 공식이란 LQ = P +(E × 5) + (H × 3)이다.

그러면 이제 독자의 '행복 지수'가 얼마나 되는지 그가 제시한 4개의 문항을 가지고 대답한 후, 계산을 해 보도록 하자. 독자는 다음의 문항을 읽고 4가지 내용들에 대하여 각각 10점을 만점으로 표기한다. 각 문항에 대하여 '전혀 아니다'는 0점, '보통이다'는 5점 그리고 '확실히 그렇다'는 10점으로 표기하며 그 중간은 1점에서 9점까지 차등적으로 솔직하게 표시한다.

❚문항 1❚
당신은 사람들과 어울리는 것이 즐겁고, 삶이 에너지로 가득 차 있다. 환경의 변화에도 잘 적응하는 편이다. (   )점

❚문항 2❚
당신은 삶에 대해 낙천적이어서 실패해도 금방 일어선다. 또한, 어떤 상황에서도 스스로를 잘 통제하는 편이다. (   )점

❚문항 3❚
당신은 건강하며 돈의 절대적인 액수와는 별도로 부자라고 생각하고 있으며, 여가활동을 규칙적으로 하며, 원만한 가족관계를 유지하고 마음을 나누는 친구나 동료들이 여럿 있다. (   )점

❚문항 4❚
당신은 스스로에게 자긍심을 가지고 있으며, 현재 하는 일에 보람을 느끼며 분명한 비전과 그것을 달성하기 위해 노력하고 있다. (   )점

문항에 대한 설명: 문항 1과 2는 어떤 사람의 인생관, 환경 적응력과 유연성과 같은 내용을 측정하는 항목 P(Personal characteristics, 개인적 특성)이다. 문항 3은 건강과 돈, 여가활동과 가족관계 그리고 인간관계 등과 같은 인간의 생존조건을 가리키는 E(Existence, 생존)이다. 문항 4는 자긍심이나 야망 그리고 유머와 같은 삶의 고차원적 것들인 H(Higher order, 고차원적 요소)이다.

행복지수 계산법: $LQ = P + (E \times 5) + (H \times 3)$이므로 문항에 따른 점수를 대입하여 계산하고 합산한다. 예를 들어서 문항 1의 점수가 7점, 문항 2의 점수가 6점, 문항 3의 점수가 7점, 문항 4의 점수가 8점이라면, 그 사람의 행복지수는 $7 + 6 + (7 \times 5) + (8 \times 3)$으로 $13 + 35$

+ 24 = 72점이다. 100점 만점을 기준으로 한다면 이 사람의 현재 행복지수는 중상(中上) 정도에 속한다.

6) 한국인의 행복지수

로스웰의 공식에 대입하여 본 한국인들의 행복지수는 얼마나 될까? 다음은 '주간동아'가 2009년 1월 28일부터 30일까지 '동아닷컴(www.donga.com)' 홈페이지를 통해 한국인들의 행복지수를 설문조사한 내용이다. 3일간 642명이 설문에 응해 자신의 행복지수를 계산했다. '주간동아'는 이 결과를 최창호 박사와 함께 분석했다.

설문 응답자들 중 남자는 372명, 여자는 270명이었으며 지역별

	질문 1	질문 2	질문 3	질문 4	행복지수
평균(642명)	6.20	6.79	6.39	6.38	64.13
남자(372명)	6.11	6.85	6.37	6.43	64.15
여자(270명)	6.32	6.70	6.41	6.32	64.11
서울(254명)	6.42	7.11	6.64	6.61	66.60
경기·인천 (139명)	6.05	6.37	5.80	5.90	59.17
충청(44명)	6.00	6.38	6.59	6.75	65.59
경상(112명)	6.05	6.51	6.53	6.32	64.21
전라·제주 (78명)	6.25	7.17	6.46	6.60	65.55
강원(12명)	6.75	8.08	7.08	6.66	70.25

로는 서울이 가장 많아 254명, 경기·인천이 139명, 충청도가 44명, 전라·제주도가 78명, 경상도가 112명, 강원도가 12명 등이었다(3명은 지역 밝히지 않음). 또 나이별로는 10대가 16명, 20대가 138명, 30대가 225명, 40대가 177명, 50대가 65명, 60대 이상이 20명이었다(1명은 나이 밝히지 않음). 응답자 전원의 행복지수 평균은 64.13.

연령별 결과 ■ 열심히 일한 20, 30대, 쉬어라!

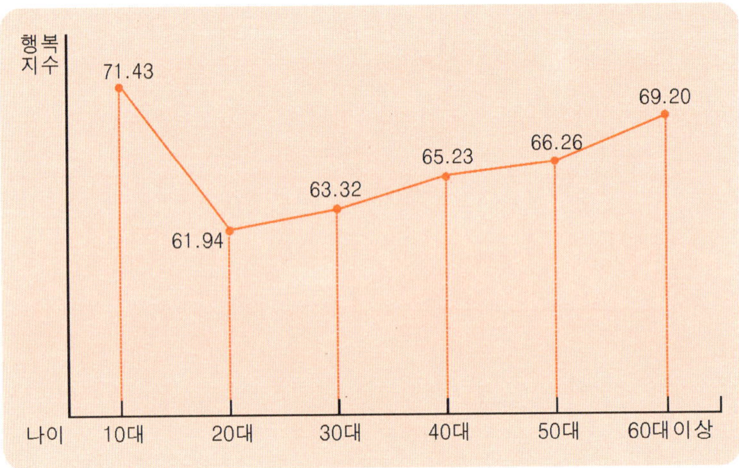

설문 결과를 나이순으로 살펴보자 상당히 흥미로운 결과가 나타났다. 10대의 행복지수가 71.43으로 가장 높았고 그 다음으로는 60대가 69.20, 50대가 66.26, 40대 65.23, 30대 63.32, 20대 61.94 순이었다. 30대와 20대는 각기 전체 평균보다 낮은 셈. 특히 20대는 10대에 비해 거의 10점이나 행복지수가 낮았다.

10대와 20대의 행복지수 차이는 4번 질문에서 확연히 드러났다. '도와달라고 부탁할 사람들이 주위에 있는가?' '하고 있는 일을 열심히 하는가?' '목표를 달성하기 위해 애쓰고 있는가?'를 묻는 질문에 10대는 10점 만점에 8.06의 높은 점수를 준 반면, 20대의 점수는 6.17에 불과했다. 이에 대한 최박사의 분석을 들어보자.

"설문조사의 결과는 우리 10대가 꿈 많고 발랄하고 자존심도 강하다는 사실을 보여줍니다. 이들은 입시와 학교 내 경쟁 등으로 적지 않은 스트레스를 받고 있지만 그래도 꿈과 희망을 잃지 않고 있습니다. 반면에, 20대는 이성 관계와 사회적응 등의 면에서 크게 좌절을 겪고 있는 듯합니다. 10대에 가졌던 꿈들이 현실의 벽에 부딪혀 깨지면서 야망은 물론 자존심까지 무너지고 있는 거죠. 30대 역시 비슷한 맥락입니다. 이들은 일에 파묻혀 꿈은 물론이고 행복을 느낄 여유조차 잃어버린 거죠."

그렇다면, 이렇게 낮아졌던 행복지수가 40대, 50대 그리고 60대에서 서서히 상승곡선을 그리는 이유는 무엇일까. "무엇보다 40대로 가면서 경제적 안정을 찾았다는 데 큰 이유가 있습니다. 40대 이상의 대답을 보면, 생존의 기본조건인 E요인에서 한결같이 높은 점수가 나왔습니다. 인간관계 역시 지나친 경쟁에서 벗어나 상호협력의 관계로 들어선 듯하고요. 성장발전과 성취욕 등 스스로에게 몰려 있던 삶의 에너지들이 주변으로 펼쳐지며 상대적으로 삶에 대해 넉넉한 태도를 가지게 된 것입니다." E요인을 묻는 3번 질문, 즉 '건강과 돈, 안전, 선택의 자유, 공동체의식 등이 잘 충족되는 편인가'라는 질문에 대해 20대의 응답 평균은 6.15에 불과하지만 50대는 6.86이다. 삶의 기본적 조건들이 많이 충족되면서 그만큼 만족도가 높아졌다고 볼 수 있다.

5 사랑: 사랑의 감정을 유지하라

명언: 진정한 사랑은 인격을 높이고, 심정을 견실하게 하고, 또 생활을 정화한다. -H. F. 아미엘

1) 사랑의 암호

사랑의 사계절

이해인

봄에는
연둣빛 새싹을 닮은
쉼표의 설렘으로
여름에는
소나기를 닮은
감탄사의 열정으로
가을에는
산바람을 닮은
말없음표의 감동으로
겨울에는
하얀 눈을 닮은
물음표의 기도로...
사랑은 언제나
다시 시작하는 계절로
상징적인 암호로
나를 행복하게 하네

2) 인도의 성자 '썬다 씽'의 이야기

오늘날 인도는 인구가 약 12억으로 중국 다음으로 많은 인구를 보유하고 있는 나라이다. 종교적으로는 힌두교도들이 다수를 이루지만, 불교나 기독교를 비롯하여 많은 종교들이 혼재되어 있는 국가이기도 하다. '썬다 씽'은 유복한 집안의 아들이었는데, 서양에서 인도에 복음을 전하기 위하여 온 선교사의 전도를 받고 기독교를 믿기 시작하였다. 그의 아버지는 아들이 기독교를 믿는 것에 대하여 처음에는 꾸준히 설득을 하였으나, 아들의 마음이 변하지 않자 최후의 수단으로 음식에 독약을 타서 독살을 시도하였다.

천만다행으로 목숨을 구한 '썬다 씽'은 집을 떠나 히말라야 지역으로 가서 선교활동에 전념하였다. 그러던 어느 겨울 많은 눈이 내리던 날, 히말라야 산을 넘어가게 되었다. 눈보라가 몰아치는 악천후 속에서 산을 넘어가는데, 앞에 누군가가 눈길에 쓰러져 있었다. 같이 동행하던 사람에게 '썬다 씽'은 쓰러진 사람을 같이 업고 가자고 제안했지만, 그 사람은 제안을 거절하고 먼저 가버렸다. '썬다 씽'은 차마 눈길에 쓰러진 사람을 버리고 갈 수 없어서, 그를 둘러메고 힘겹게 산을 넘어가고 있었는데, 한참 가다보니 누군가가 눈길에 또 쓰러져 있었다. 자세히 보니 얼마 전 같이 동행하던 사람이었다. 그는 이미 추위에 체온이 떨어져 죽어 있었다. 그렇지만 '썬다 씽'은 눈길에 쓰러졌던 사람을 힘들게 업고 가면서 서로의 체온이 몸을 녹여줌으로써 혹독한 추위에서도 살아날 수 있었다. 자신만의 안전을 추구했던 사람은 혹독한 추위에 얼어 죽었지만, 눈길에 쓰러져 죽어가는 사람에게 그리스도의 사랑의 마음을 실천했던 '썬다 씽'

은 자신이 생존했을 뿐만 아니라, 상대방의 생명도 구하게 되었다.

3) 사랑이란 무엇인가?

'사랑이 무엇이냐?'고 묻는다면 독자는 무엇이라고 대답하겠는가? 대중들에게 널리 애송되는 유행가 가사의 대답은 '사랑은 눈물의 씨앗이다.' 사랑은 무엇인가에 대한 절대적인 대답은 불가능하다. 여기에서는 사랑에 대한 명언과 속담을 중심으로 소개해 보고자 한다.

미움은 말썽을 일으키지만, 사랑은 온갖 허물을 덮어준다. (잠언 10:12)
너를 울게 만드는 남자가 너를 마음속으로부터 사랑한다. (M. 세르반테스)
사랑은 가장 달고, 가장 쓴 것. (에우리피데스)
사랑은 욕망이라는 강에 사는 악어이다. (바르트리하리)
진정한 사랑은 인격을 높이고, 심정을 견실케 하고 또 생활을 정화한다. (H. F. 아미엘)
진실한 사랑은 오로지 사람에게만 신께서 주신 선물이다. (W. 스콧)
사랑이란 자기 희생이다. 이것은 우연에 의존하지 않는 유일한 행복이다. (L. N. 톨스토이)
사랑한다는 것은 둘이 서로 들여다보는 것이 아니라, 함께 같은 방향으로 쳐다보는 것임을 우리는 경험으로 안다. (A. 생텍쥐페리)
사랑이란 받는 것이 아니라 주는 것이다. 그것은 향락의 거친 꿈도 아니며 정욕의 광기도 아니다. 또한 사랑이란 선이고 명예이며 평화이고 깨끗한 삶이다. (H. 반다이크)
사랑은 만남이다. 진리와의 만남, 사람과의 만남, 만남을 소중히 여기자. (임옥인)

사랑은 영원히 미완성인 것을 완성으로 만들려 한다. (김형석)
사랑은 남자한테는 눈으로 스며들고 여자에게는 귀로 스며든다. (폴란드 속담)
남자는 사랑에 죽고 여자는 사랑에 산다. (프랑스 속담)
어머니의 사랑은 최선의 사랑, 신의 사랑은 최고의 사랑이다. (독일 속담)

위와 같이 사랑에 대한 많은 표현들이 있지만, 필자가 가장 공감하는 내용은 논어 12권 10장에 나오는 "애지 욕기생(愛之 欲其生)" 즉 "누군가를 사랑한다는 것은 그 사람의 생명이 살아나도록 노력한다."는 말이다.[35] 진정으로 사랑하는 상대라면 그 사람의 생명을 살려내고 그 생명을 더욱 풍성하게 하는 것이어야 한다.

4) 진실한 사랑: 태아를 살리고 세상을 떠난 엄마

감성이 메말라가는 시대에 우리의 가슴을 울리는 감동뉴스가 있다. 그 주인공은 영국 노퍽주에 살고 있는 33세(2008년 기준)의 '로레인 앨러드'이다. 그녀는 네 번째 아이를 임신한 4개월째 청천벽력 같은 소식을 듣게 되었는데, 간암이라는 진단을 받은 것이다. 의료진은 그녀에게 항암치료를 받으라고 권고했지만, 그녀는 뱃속의 태아를 위하여 항암치료를 단호히 거부하였다. 온 몸으로 전이되는 고통을 참아가며 임신 7개월째 제왕절개를 통하여 아이를 출산하였다. 그렇지만 귀여운 사내아이를 얻은 기쁨도 잠시뿐, 그녀는 결국 암을 이겨내지 못하고 하늘나라로 먼 여행을 떠나야 했다. 항암치료를 받지 못해 사망했다는 것이 의료진의 설명이다. 엄마의 희생적 사랑 덕분에 세상에 태어난 아이는 인큐베이터에서 무럭무럭 잘 자라고 있으며 조만간 퇴원할 예정이다. 다른 생명을 위하여 자신의 생명을 줌으로써 사랑을 실천한 어머니의 사랑에 머리가 숙여질 따름이다.

5) 사랑의 유형

사랑이라는 표현과 관련하여 그리스 문화권에서는 다양한 단어들이 있었다. 첫째, 에로스(Eros)는 남녀 간의 육체적인 사랑, 성적 차원의 사랑으로 혼자서는 충족시킬 수 없는 이성(異性)이 필요한 사랑이다.

둘째, 필리아(philia)는 가까운 사람들과의 사이에서 느끼는 일종의 정(情)으로써의 사랑이다. 우정이나 동료애와 같은 것이 여기에 속한다고 할 수 있겠다.

셋째, 스토르게(storge)는 가족이나 친척들 사이에서 느끼는 일종의 가족애로서의 사랑에 가깝다. 그렇기 때문에 이 사랑은 가족이나 친척이 아닌 사람에 대해서는 배타적인 성격을 드러낸다. 특히, 동양 문화권에서는 실력이나 능력이 부족해도 가족이나 친인척이라는 이유만으로 고위직이나 힘이 있는 자리를 차지하는 것은 이런 사랑의 왜곡된 모습이다.

넷째, 아가페(agape)는 에로스, 필리아 그리고 스토르게와는 다른 차원의 사랑이다. 이것은 하나님의 사랑과 같은 신적(神的) 차원의 사랑이며 가장 고차원적 사랑이다. 예수께서 말씀하신 새로운 계명인 "서로 사랑하라"는 계명은 단순히 필요에 의한 상호간의 사랑이 아니라, 예수께서 제자들을 사랑하신 것처럼 희생적이고 헌신적이며 이타적인 사랑을 하라는 심오한 의미를 내포하고 있다. 예수께서는 십자가 위에서 자신의 하나밖에 없는 생명을 주심으로 '아가페' 사랑의 진면목을 삶으로 보여 주신 분이다.

6) 사랑의 특성

내가 사람의 방언과 천사의 말을 할지라도 사랑이 없으면 소리 나는 구리와 울리는 꽹과리가 되고 내가 예언하는 능력이 있어 모든 비밀과 모든 지식을 알고 또 산을 옮길 만한 모든 믿음이 있을지라도 사랑이 없으면 내가 아무 것도 아니요. 내가 내게 있는 모든 것으로 구제하고 또 내 몸을 불사르게 내줄지라도 사랑이 없으면 내게 아무 유익이 없느니라.

사랑은 오래 참고 사랑은 온유하며 시기하지 아니하며 사랑은 자랑하지 아니하며 교만하지 아니하며 무례히 행하지 아니하며 자기의 유익을 구하지 아니하며 성내지 아니하며 악한 것을 생각하지 아니하며 불의를 기뻐하지 아니하며 진리와 함께 기뻐하고 모든 것을 참으며 모든 것을 믿으며 모든 것을 바라며 모든 것을 견디느니라. (고린도전서 13:1-7)

사랑의 기본적 특성은 상대방에 대하여 참고 기다리며 인내심을 발휘해 주는 것이다. 그러면 사랑의 씨앗에서 아름다운 인내의 열매가 주렁주렁 열릴 수 있다.

7) 최선의 사랑, 최고의 사랑

독일 속담에 '어머니의 사랑은 최선의 사랑, 신(神)의 사랑은 최고의 사랑'이라는 표현이 있다. 어머니의 사랑은 눈시울을 뜨겁게 만들고 아무리 악한 사람에게도 어머니의 사랑은 마음의 고향과 같이 따뜻한 것이다. 어머니의 사랑은 투명한 아침 이슬과 같고 붉은 장미와 같이 열정적이다.

이 세상에 살다간 역사적 인물들 중에 젊은 청년 예수(그리스도)만큼, 큰 사랑을 전해준 인물은 찾아보기 힘들다. 그의 사랑은 하나밖에 없는 자신의 생명을 주는 최고의 사랑이었다. 당시 십자가의 형벌은 로마 시민권을 가진 사람에게는 아무리 흉악범이라고 해도 면제되는 극형에 해당하는 것이었다. 그런데 예수께서는 결단코 그런 흉악범이 아니었음에도 불구하고 십자가에서 하나밖에 없는 자신의 생명을 드리셨다. 이런 희생적 사랑은 자신의 생명을 희생함으로써 수많은 다른 생명들을 얻기 위한 피맺힌 사랑의 표현이었다.

8) 당신의 그 사랑

미국 보스턴에 거주하면서 한국 문단에 수필가와 시인으로 등단하여 활동하며 미국 동부 한인신문과 잡지에 정기적으로 글을 기고하고 있는 '신영' 시인의 시는 사랑에 대하여 다음과 같이 노래하고 있다.

당신의 그 사랑

신 영

기쁨을 위해 슬픔을 알게 하시고
행복의 달콤한 맛 대신
불행의 쓴맛을 일깨워주신 이
당신의 그 사랑을 기억합니다

고통 중에 환희와 감사를
삶 가운데 꿈틀거리는 살아있음의 고백
호흡하는 생명마다 움터 오르는
당신의 그 사랑에 감사합니다

세상에 대한 노여움일랑
가슴에 들어찬 울분일랑
하루의 삶을 통해 씻기고 닦인 마음
당신의 그 사랑을 고백합니다

사람과 삶에 대해 도망자가 되지 말고
삶 속에서 살아 꿈틀거리는 숨결
내일의 꿈과 희망의 빛이 되신
당신의 그 사랑이 소망이 됩니다

제5장

부정적 감정: 부정적 감정을 다스리라

1 열등감: 열등감은 비교의식에서 시작된다

명언: 열등감과 우월감은 부모가 같은 형제와 같다. 두 감정이 지나치면 반드시 인간관계를 해치게 된다. −김태수

1) 열등감과 우월감은 형제사이

열등감은 자신이 다른 사람보다 뒤떨어졌거나 못났다고 여기면서 스스로를 비하하는 심리 상태이다. 반면에 우월감은 자신이 타인보다 뛰어나다고 느껴 우쭐대는 심리 상태이다. 그런데 열등감과 우월감은 마치 한 부모 밑에서 태어나는 형제들처럼 근원을 찾아가면 같은 뿌리이다. 왜냐하면 열등감과 우월감은 둘 다 인간의 감정이고 타인들과의 상대적 비교의식에서 시작되기 때문이다. 이런 상대적 비교에서 자신이 타인보다 부족하다고 느끼면 열등감에 휩싸여 자신을 비하하게 되고, 타인보다 우수하다고 느끼면 우월감에 도취되어 교만하게 되기 쉽다.

어떤 사람이 열등감에 사로잡히면 자신의 역량을 발휘하지 못

하고 스스로를 못살게 군다. 심한 경우에는 자신을 극단적인 삶의 벼랑으로 몰고 가서 비극적으로 생을 끝낼 수 있다. 따라서 열등감은 조심스럽고 지혜롭게 잘 다루어야 하는 부정적 감정이다. 대부분의 사람들은 한 가지 이상의 열등감을 갖고 살게 마련인데, 과연 열등감의 원인은 무엇인가? 다음의 내용은 열등감의 원인들 가운데 외모와 관련된 이야기이다.

2) 세상에서 가장 못생긴 사람

열등감의 원인은 참으로 다양하다. 학력, 경제력, 지식, 출생배경, 직업, 신체적 조건, 외모 이외에 다양한 것들이 열등감의 원인이 될 수 있다. 특히, 외모 가운데 얼굴에 대한 열등감을 가진 사람들이 많다. 요즈음은 취업을 위해서 남자도 성형수술을 하는 시대가 되었다. 이처럼 한 사람에게 있어서 얼굴은 경쟁력 가운데 하나의 중요한 요소가 되었다. 그런데 자신의 얼굴에 대해서 만족하는 사람은 그리 많은 것 같지 않다. 여기에 얼굴은 세상에서 가장 못생긴 사람이지만 최고의 자리까지 성공하여 많은 사람들의 존경을 받는 한 인물을 소개해 본다.

링컨은 자기 외모를 비하하여 분위기를 띄우는 유머를 많이 했다.[36)]"저는 옛날부터 못생긴 얼굴 때문에 고민이 많았습니다. 그러던 어느 날 이런 생각이 들었습니다. '그래! 이왕 못생긴 거, 세상에서 가장 못생긴 얼굴이 되자.' 그렇게 생각하니 오히려 제 자신이 당당해지더군요. 그러다가 한 친구를 오래간만에 길에서 만났는데, 아니 이 친구가 나보다 더 못생겼지 뭡니까? 나는 세상에서 두 번째로 못생긴 얼굴이 된다는 사실에 화가 나 당장 권총으로 그 친구를 쏘려고 했습니다. 그러자 그 친구가 새파랗게 질리면서, '이봐, 링컨. 오랜만에 만나서 왜 이래? 하더군요. 그래서 제가 '몰라서 물어? 자네가 나보다 못생겼다는 사실을 참을 수가 없어. 내가 세상에서 가장 못생긴 얼굴이 되기 위해 미안하지만 너는 없어져줘야겠어!' 하고 말했죠. 그랬더니 겁이 나서 떨고 있던 이 친구가 체념한 얼굴로 뭐라고 그랬는지 아십니까? '그래, 어서 쏴라! 너보다 못생긴 얼굴로 사느니 차라리 죽는 게 낫겠다!"

그럼 이제 어떻게 하면 부정적인 열등감에서 벗어날 수 있는지 알아보도록 하자.

3) 열등감에서 벗어나려면

세상에 열등감이 하나도 없는 사람은 없을 것이다. 왜냐하면 인간은 완전한 존재가 아니기 때문이다. 열등감은 분명히 부정적 감정 가운데 하나인데, 어떻게 하면 효과적으로 극복할 수 있겠는가?[37)] 첫째, 불완전한 것이나 부족한 것 그리고 비종교적이거나 비윤리적인 것을 있는 그대로 수용할 수 있는 용기가 있어야 한다. 둘째, 어떤 사람 자신이 만든 삶의 척도, 다시 말하자면 스스로 규정한 삶의 도덕적 원리와 심리적 규칙들을 포기하는 용기가 필요하다. 셋째, 어떤 척도나 기준에 의하여 인간 존재의 가치를 결정하는 비인간적 가치를 거부할 수 있어야 한다. 넷째, 타인으로부터의 인정과 사랑과 높임을 받으려는 욕망을 포기할 수 있어야 한다. 다섯째, 영원한 절대자 앞에 벌거벗은 어린 아이처럼 있는 그대로 자신의 모습을 내보여야 한다.

열등감이 항상 부정적인 것은 아니다. 왜냐하면 때로는 열등감 때문에 더욱 더 노력하여 유능한 사람이 되는 경우가 많기 때문이다. 마치 벽을 향하여 공을 던질 때, 강하게 던지면 던질수록 그 공이 세게 튀어나오는 원리와 같다.

4) 열등감은 발전의 기회

다음의 이야기는 다른 사람들과의 비교의식 속에서 열등감을 가졌던 한 지식인(장경철 교수)의 사례이다.[38)]

"제가 지식의 유통업에 종사하면서 제 인생은 많이 달라졌습니다. 먼저 인생의 스트레스가 사라지게 되었습니다. 예전에 저는 다른 사람들과 비교하는 열등감이 있었습니다. '저 사람은 잘하는데 나는 왜 이 모양인가'하고 생각했습니다. 하지만 유통업자로 변신한 다음에는 달라졌습니다. 이제는 다른 사람들이 말을 잘하거나 글을 잘 쓰는 것을 보면 오히려 기뻐합니다. 잘하는 사람을 만날 때마다 저는 이렇게 생각합니다. '야, 또 장사 밑천 하나 건졌구나. 저것도 활용해야겠다.' 유통업을 하면서 성격이 좋아진 것도 큰 수확입니다. 이제는 남이 나보다 잘하는 것에 대해서 스트레스 받지 않고 함께 기뻐하게 되었기 때문입니다.

열등감을 잘 극복하고 세계적인 인물로 성장한 흑인 여성 가운데 대표적인 인물은 오프라 윈프리이다. 그녀는 미국 미시시피에서 태어나 외조부와 외조모 슬하에서 자랐다. 그들은 닭과 돼지를 키우고 농작물을 재배하여 먹고 사는 가난한 농민이었다. 수도 배관이 설치되지 않아 우물물을 이용했는데, 양동이로 물을 길어오는 일은 어린 그녀의 차지였다. 그녀를 괴롭힌 것은 가난만이 아니었다. 그녀는 9살 때부터 몇 명의 친척들과 주변 사람들로부터 성폭력에 시달렸으며, 급기야는 14살의 어린 나이에 조산아를 낳기도 하였다. 또한 그 어린 아이는 오래 살지도 못했다. 그녀는 남자친구들을 즐겁게 해주기 위하여 마약까지도 했으며, 엄청난 비만을 경험하기도 했으며 불행한 애정관계로 마음의 고통을 겪기도 하였다.

14살이 되었을 때 그녀는 돈을 훔쳐 가출을 하고 말았다. 가출한 그녀는 자신보다 나이가 많은 아이들과 육체관계를 가지는 타락한 생활을 하다가 청소년 감호소에 맡겨지게 되었다. 그녀의 엄마는 통제하기 힘들고 거친 그녀를 아버지에게 보냈다. 그녀의 아버지는 엄격하고 높은 도덕적 잣대를 제시하고 그것을 철저하게 지키도록 요구하였다. 아버지의 철저한 교육적 영향 때문에 그녀의 인생은 달라지기 시작했다.

그녀는 가난한 가정에서 태어나 너무나 어린 나이에 성폭력에 시달리고 마약에 발을 들여 놓기도 했으며 비만에 시달리기도 했으니 열등감에 사로잡히는 것은 당연한 일이었을 것이다. 나중에 성장하여 뉴스 진행자가 되었을 때, 헤어숍에서 파마를 하고 부작용으로 머리카락이 모조리 빠져 대머리가 되어 뉴스를 진행해야 하는 처지에 놓이기도 했다. 당시에 그녀는 죽고 싶을 정도로 절망하여 자신의 인생이 끝났다고 생각하는 열등감에 사로잡혔다고 한다.

하지만 그녀는 스스로 꿈꾸었던 것보다 훨씬 큰 꿈을 하나님께서 자신을 위해 준비해 놓았다고 받아들였다. 그녀는 기분이 몹시

언짢을 때면 손에 성경을 꼭 쥔 채로 아레사 프랭클린이 부른 '놀라운 신의 은총'을 듣곤 했다고 한다.

5) 열등감에 대한 성찰

다음의 3가지 사항은 열등감(일명 자존감의 결여)에 대한 씨맨즈(Seamands)의 처방이다.[39)]

(1) 출생에서 12세까지, 13세에서 19세까지 그리고 20세에서 지금까지의 삶 가운데, 당신에게 중요한 영향을 준 사람을 열거해 보라.

____

____

____

(2) 당신이 어린 시절에, 십대일 때 그리고 성인이 된 후에 중요한 영향을 주었던 사람들의 표정과 어투, 태도와 말, 그리고 행위를 통하여 받은 메시지는 무엇인가?

____

____

____

(3) 한 주간을 통하여 자신을 과소평가한 기억을 모두 적어보라. 그런 일이 일어난 시간과 이유도 함께 기록해 보라.

____

____

____

6) 적용

첫째, 나의 열등감은 구체적으로 무엇인가? (외모, 가문, 경제력, 학벌 등등)

둘째, 나는 열등감에 대하여 어떻게 느끼는가?

셋째, 열등감을 극복하기 위하여 어떤 구체적 노력을 해 보았는가?

2 분노(심): 분노의 에너지를 긍정적으로 활용하라

명언: 분노는 타인에 대하여 유해하지만, 분노에 휩싸인 당사자에겐 더욱 유해하다. −L. 톨스토이

1) 알기 힘든 감정

분노는 '분하여 성을 내는 것'이고, 화(火)는 '못마땅하거나 언짢아서 나는 성'이다. 분노의 문제에 대하여 오랫동안 깊이 연구했던 타브리스(Carol Tavris)는 분노를 '알 수 없는 감정'이라고 규정한다. 필자는 분노라는 감정의 뿌리는 무의식과 연관되어 있기 때문에, 분노를 정확하게 파악하기는 결코 쉽지 않다고 생각한다. 만일 어떤 사람이 분노를 터트렸을 때 왜 그런 행동을 했는지 이해하려면, 그 사람의 가족배경, 대인관계 그리고 최근의 심리상태까지 종합적으로 고려되어야 한다고 본다. 분노와 관련하여 바커스(William Backus)는 보통 우리가 분노의 감정에 대하여 6가지의 잘못

된 생각이나 환상을 가지고 있다고 주장한다.[40] 첫째, 분노가 쌓이면 우울증의 원인이 된다. 둘째, 내가 나 자신을 화나게 하지는 않는다. 내가 미친 듯이 화를 내는 것은 주변의 사람이나 사건 탓이지 나의 탓은 아니다. 셋째, 우리는 모두 압력솥 같은 사람들이다. 분노는 어떻게든지 발산해야 한다. 그렇지 않으면 건강에 이상이 생긴다. 넷째, 다른 사람들의 행동은 잘못된 것이다. 다섯째, 어떤 사람은 분노를 타고났다. 여섯째, 분노는 결코 잘못된 것이 아니다. 그것은 훌륭한 것이다.

사람들이 살아가는 동안 왜 화가 날 일이 없겠는가? 화를 너무 참아도 정신건강에 악영향을 미칠 것은 명약관화하다. 그렇지만 화를 내기 전에 꼭 생각해 볼 점은 자신이 분노를 터트렸을 때 예상되는 결과를 되도록 정확히 예측해 보라는 것이다. 한 두 번의 결정적 분노의 감정에 휩싸여 평생 쌓아온 재산과 명성 그리고 신뢰를 무너뜨리기에는 너무 아깝지 않겠는가? 그럼 이제 분노의 문제로 인하여 오랫동안 갈등을 겪었던 형제의 이야기를 살펴보도록 하자.

2) 분노의 감정에 시달렸던 사나이

성경에는 '에서와 야곱'이라는 형제의 이야기가 등장한다(창세기 32장). 형인 에서는 남성미가 넘치는 힘의 사나이요, 동생인 야곱은 어머니의 치마폭에서 놀아나는 아들이었다. 아버지가 연로하여 세상을 떠날 것을 예상한 동생 야곱은 어머니와 공모하여 형의 축복을 가로챈다. 동생의 소행을 파악한 형은 분노가 치밀어 동생을 죽여 없애려고 계획한다. 이 계획을 눈치 챈 어머니의 권유에 따라, 야곱은 어린 나이지만 외삼촌 집으로 피신을 갔다. 그 곳에서 14년 이상을 일하며 야곱은 두 명의 아내와 많은 자식들 그리고 하인들을 거느리게 되었다. 야곱은 재산을 증식시키는 것에도 탁월한 재주가 있어서 대단한 부자가 되었다. 그런데 어느 날 야곱은 두렵고 떨리는 소식을 듣게 되었다. 형인 에서가 400명의 사병들을 거느리고 자신을 만나러 온다는 하인들의 보고였다. 야곱은 형에게 잘 보이기 위하여 대단한 예물을 준비하였다. 그 예물은 암염소 200마리, 숫염소 20마리, 암양 200마리, 숫양 20마리, 낙타 30마리, 암소 40마리, 황소 10마리, 암나귀 20마리, 새끼 나귀 10마리였다.

그 당시는 낙타가 이동의 수단이었기 때문에 오늘날 자동차로 간주한다면, 자동차만 30대를 준비했다는 것이다. 그 이외에도 다른 동물들을 현재의 가격으로 환산해 본다면 정확한 금액을 산출하기도 쉽지 않을 정도의 엄청난 예물을 준비한 것이다. 정확히 말하자면 자신과 가족들의 목숨을 부지하기 위한 몸값으로 엄청난 뇌물을 준비한 것이다. 야곱이 형을 두려워하는 이유는 단 하나였다. 자신이 형의 분노를 살 만한 행동을 과거에 했기 때문이었다. 나중에 두 형제는 하나님 안에서 화해를 하고 형제관계를 회복하지만, 동생 야곱이 심리적으로 받은 죽음에 대한 두려움과 경제적 손실은 엄청난 것이었다.

이처럼 분노는 오랜 세월이 지나도 분노의 원인이 해소되지 않으면, 언제든지 비수가 되어 상대방을 해칠 수 있는 무서운 감정이다. 이런 분노는 마음에 부정적 감정으로 작용하기 때문에 신체적인 부정적 증상들로 나타난다. 그 신체적 증상들이 무엇인지 알아보도록 하자.

3) 분노했을 때 나타나는 신체적 증상들

생리학자인 캐논(Walter Cannon)을 비롯한 학자들은 두려움과 분노에 대하여 연구하기 위해 아드레날린을 인체에 주입하는 실험을 하였다. 그랬더니 신경계의 흥분이 급격히 상승했을 때, 다음과 같은 11가지의 신체적 징후들이 나타났다.[41] "근육이 단단해진다. 얼굴이 뜨거워지고 붉어진다. 숨이 짧고 빨라진다. 박동이 빨라지고 세게 두근거린다. 근육이 떨린다. 얼굴이 창백해진다. 겨드랑이와 이마에 땀이 난다. 동공이 넓어진다. 입술이 마르고 입 안에 침이 마른다. 주먹이 단단하게 쥐어지고 턱이 떨린다. 소화기능이 저하되고 안절부절못한다."

앞으로 분노를 터트릴 때 기억할 것은 분노라는 부정적 감정이 인체에 너무나 많은 악영향을 미친다는 점이다. 이렇게 분노의 감정은 우리를 파괴시킬 수 있는 엄청난 파괴력을 가지고 부정적으로 작용할 수 있다. 따라서 우리의 인생을 파괴시키지 않으려면 자신의 분노에 대하여 정확히 알 필요가 있다. 그렇다면 과연 나는 얼마나 분노를 자주 터트리는지 '나의 분노지수'에 대하여 알아보도록 하자.

4) 나의 분노지수는 얼마인가?

인간의 부정적 감정인 분노와 관련하여 윌리엄 바커스는 어떤 사람의 분노를 측정할 수 있는 '분노지수' 테스트를 20가지 항목으로 제시하고 있다.[42]

아래의 설문에 대하여 옳다고 생각하면 0표, 아니라고 생각하면 X표를 하라.

- □ 기독교인은 화를 내면 안 된다.
- □ 전혀 화를 내지 않고 사는 사람도 있다.
- □ 할 수만 있다면 절대로 화를 안 내고 사는 것이 좋다.
- □ 마치 압력솥에서 나오는 김처럼 예상치 못한 상황에서 갑자기 화가 난다.
- □ 화가 났을 때 어떤 것을 세게 두들겨 패면 화가 좀 풀린다.
- □ 화나는 일이 있으면 반드시 화를 풀어야 한다.
- □ 마음속에서 생기는 분노는 우울증 때문이다.
- □ 모든 사람은 친구나 부모, 배우자에게 무의식적으로 화를 낸다.
- □ 직장 상사가 괴롭힌다면, 그 분노를 표현하는 게 좋다.
- □ 모든 인간의 분노는 죄다.
- □ 아이가 언짢아할 때, 아이의 기분을 발산하도록 하는 것이 좋다.
- □ 분노를 정화시킬 수 있는 수단이 필요하다.
- □ 분노를 밖으로 표현하면 모든 인간관계가 깨어진다.
- □ 분노는 언제나 정당하다.
- □ 선천적으로 화를 잘 내는 사람이 있다. 그들이 화를 잘 내는 것은 일종의 유전이다.
- □ 머리 색깔이 붉은 사람은 다른 사람에 비해서 자신의 분노를 잘 조절할 수 없다.
- □ 어떤 나라 사람들은 다른 나라 사람보다 선천적으로 화를 잘 낸다.
- □ 화가 났을 때 나타나는 신체적 현상은 두려울 때와는 다르다.
- □ 화를 억지로 조절하는 것보다는 자연스럽게 표현하는 것이 좋다.
- □ 성경은 대체로 분노를 표현하는 것이 옳다고 쓰여 있다.

독자는 위의 설문에 성실하게 답변을 하였다고 생각하는가? 정답은 20문항 모두가 X이다.

해석: 만일 당신이 약 3개 정도의 항목에만 0표 했다면, 당신은 분노에 대하여 매우 올바른 생각을 가지고 있는 편이다. 그렇지만 4개 이상의 항목에 0표를 했다면, 분노에 대한 오해가 자신의 생활에 적지 않은 영향을 미치고 있는 편이다.

분노의 문제는 인식하는 것으로만 해결되는 사안이 아니기 때문에 분노에 지혜롭게 대처하는 것이 중요하다. 그렇다면 분노의 감정에 대해 대처할 수 있는 적절한 전략이 무엇인지 찾아보자.

5) 분노에 대처하는 4단계 전략

다음에 소개하는 분노에 대처하는 4단계를 통하여 효과적으로 분노를 처리함으로써, 부정적 감정을 잘 다스릴 수 있도록 힘써야 하겠다.[43)]

▸ 1단계: 자신의 감정을 인정하라.

활동사항

당신이 분노를 느꼈던 상황을 6가지 기록해 보라. 각 상황을 가장 적절하게 묘사하는 단어를 아래의 목록에서 선택해 보라. 보다 적당한 단어가 당신의 머릿속에 떠오른다면 그것을 적어도 좋다.

	상황	느낌
1)		

---

2) ______________________________

3) ______________________________

4) ______________________________

5) ______________________________

6) ______________________________

거슬리다	매우 거슬리다	좌절하다	조금 좌절하다
짜증나다	열 받다	노발대발하다	신경질 나다
역겹다	골나다	분개하다	격노하다
분하다	안절부절못하다	흥분하다	이성을 잃다
성질나다	분노하다		

▶ 2단계: 분노의 원인을 찾아보라.

당신이 무언가에 화가 났던 상황을 기억해 보라. 각 상황마다 그것이 진짜 분노의 원인이었는지 생각해 보라.

상황 분노의 원인 진짜 분노의 원인

1. ______________________________

2. ______________________________

3. ______________________________

4. ______________________________

▶3단계: 해결책을 찾아라.

당신이 화가 날 때 사용했던 해결 방법들을 기록해 보라. 각 방법의 단기적 성과와 장기적 결과를 기록해 보라.

상황 단기적 성과 장기적 결과

1. ______________________________

2. ______________________________

3. ______________________________

4. ______________________________

5. ______________________________

▶4단계: 전략을 세워라.

분노의 감정을 적절하게 표현하는 장면을 상상해 보라. 이것을 구체적인 계획으로 옮겨 보라.

상황: ______________________________

상대: ______________________________

장소와 시간: ______________________________

사용할 단어들: ______________________________

말하는 방식: ______________________________

사용할 제스처: ______________________________

말할 때의 신체적 느낌: ______________________________

말할 때 감정적 느낌: ______________________________

말한 후의 느낌: ______________________________

3 죄책감: 죄책감에 시달리지 말고 벗어나는 법을 배워라

명언: 숨겨진 죄에는 하나님이 증인으로 계신다. –볼테르

1) 죄는 무엇인가?

다양한 스포츠 종목들 가운데 양궁은 성경에 등장하는 죄의 개념을 이해하는 데 도움을 줄 수 있는 종목이다. 2008년 베이징 올림픽 남자와 여자의 양궁 단체전에서 한국 선수들은 세계 최강의 실력으로 모두 금메달을 목에 걸었다. 4년 동안 흘린 땀의 결실이라는 점에서 진심어린 축하를 드린다. 필자는 양궁 여자 단체전을 시청하였다. 비가 많이 내리는 날씨와 중국 관중들의 텃세에도 불구하고 선수들은 심리적 동요 없이 과녁을 조준하여 화살을 힘차게 쏘아 올렸다. 그런데 화살은 직선으로 과녁에 꽂히는 것이 아니라, 약간의 포물선을 그리며 과녁을 향하는 것이었다. 따라서 화살의 낙하지점을 정확히 예측하며 활시위를 당겨야만 하는 상황이었다. 활시위를 당기는 선수는 호흡을 멈춘 상태로 최대한 안정된 자세를 유지하는 것은 물론 바람의 영향, 과녁과의 거리 등등 다양한 요소들을 종합적으로 고려해야 했다.

양궁시합에 출전한 모든 선수들은 노란색으로 표시된 정중앙의 과녁을 맞히고 싶어 한다. 그렇지만 쏘는 화살마다 정확하게 과녁의 정중앙을 맞추는 것은 대단히 어려운 일이다. 마찬가지로 사람들은 죄를 짓지 않고 선하게 살아가기를 바라지만, 현실적으로 평생 동안 범죄를 저지르지 않고 살아가기는 극히 어렵다. 죄와 관

련된 신약의 단어는 '하마르티아'로 '과녁이나 표적에서 빗나가다.'는 의미를 내포하고 있다.[44] 일반적으로 사용되는 구약의 죄라는 단어는 '카타'이며, '놓치거나 잘못된 길로 가다.'는 뜻이다.

2) 죄책과 죄책감의 차이점

일반적으로 죄책은 죄에 대한 객관적 사실이고, 죄책감은 죄에 대한 주관적 감정이나 의식이다. 죄책과 죄책감을 대조적으로 설명하기 위해 인용할 수 있는 적절한 성경의 사례는 다윗 왕의 간통사건이다. 사무엘하 11장에 등장하는 표현에 따르면, 다윗의 행위가 하나님 보시기에 악하였더라고 하였다. 다시 말하자면, 하나님 보시기에도 다윗은 중대한 죄를 저질렀다는 것이다. 그런데 다윗이 충신인 '우리야'를 간접살인하고 그의 아내인 '밧세바'를 취했을 때까지만 해도, 다윗이 양심의 가책을 느끼고 죄책감에 괴로워했다는 표현은 성경에 없다. 그렇다면 다윗은 언제 죄책감을 느끼게 되었는가? 현대적 견해에 따르면 다윗은 '나단' 선지자의 책망을 듣고 난 후에야 비로소 죄책감을 느끼기 시작했다는 것이다.[45]

죄책과 죄악의 감정에 대하여 파스칼은 의미 있는 주장을 하였다. "이상한 일이 하나 있다. 사람은 자기의 탓이 아닌 외부에서 일어난 죄악이나 잘못에 대해서는 크게 분개하면서도, 자기의 책임하에 있는 자기 자신이 저지른 죄악이나 잘못에 대해서는 분개하지도 않고 싸우려 하지도 않는다." 일반적으로 사람들은 타인의 죄악에 대하여 민감하고 크게 분노를 나타내지만, 자신의 죄악에 대해서는 둔감하고 애써 무시하려는 이중적 태도를 보인다는 파스칼의

지적은 마음에 깊이 새겨볼 필요가 있다.

이제 역사적 인물들 가운데 남부러울 것이 없었지만, 죄책감에 시달렸던 인물을 살펴보도록 하자.

3) 죄책감에 시달렸던 인물

옛날 이스라엘에 왕이 있었다. 그는 용맹스럽고 지혜로운 통치자여서 국민들의 존경을 한 몸에 받는 왕이었다. 그의 재임 기간 중 이웃나라인 '암몬' 족속과 전쟁이 발생하였다. 그는 '요압' 장군을 총사령관으로 삼아 전쟁을 진행하였다. 저녁 즈음에 그가 왕궁 옥상을 거닐다가 한 여인이 목욕하는 것을 목격하게 되었다. 그녀의 아름다움에 매료된 그는 참모를 불러 그 여인에 대하여 알아보라고 명령했다. 그녀는 왕의 휘하에 있는 '우리아'라는 군인의 부인(밧세바)이었다. 그녀가 유부녀였지만 그녀를 향한 왕의 정욕은 강렬하였다. 왕은 그녀를 왕궁에 끌어들여 뜨거운 하룻밤을 보냈다. 이 왕은 누구인가? 바로 다윗 왕이었다.

그런데 얼마 후 그녀로부터 비밀스런 연락이 왔다. 왕의 아이를 임신하게 되었다는 예상치 못한 급보였다. 이에 대하여 왕은 하나의 아이디어를 실행에 옮겼다. 임신한 여인의 남편에게 특별휴가를 주어서 부인과 동침하게 만들면 자연스럽게 불륜의 책임을 모면할 수 있다는 생각이었다. 그리하여 다윗은 '우리아'를 호출하여 상관인 '요압' 장군의 안부를 묻고, 전쟁 중에 수고했으니 집에 가서 잠시 휴식을 취하라고 명령하였다. 또한 왕궁에서 준비한 음식도 보내게 하였다. 그러나 '우리아'는 집으로 가지 아니하고 왕의 신복들과 더불어 밤을 보냈다. 그 이유는 동료들이 전쟁 중에 있는데 '어찌 혼자만 집에 가서 편하게 먹고 부인과 더불어 즐기겠느냐?'는 것이었다. 이리하여 왕의 계획은 실패로 돌아가게 되었다. 자신의 죄를 덮기 위하여 다윗왕은 '우리아'를 싸움의 최전방에 배치하여 싸우다가 꼭 죽게 만들라는 밀명을 내렸다. 드디어 '우리아'는 최전방에 배치되어 싸우다 죽게 되었다. 이렇게 됨으로써 다윗왕은 간음죄와 간접살인죄를 저지르게 되었다.

그런데 하나님 보시기에 다윗왕의 소행이 악하므로 '나단'이라는 선지자를 왕궁으로 보내셨다. '나단' 선지자는 지혜로운 사람인지라, 직접적으로 왕의 악행을 비난하지 않고 하나의 예화를 들어 설명하였다. '왕이시여 들어보십시오. 한 성에 두 사람이 있는데 하나는 부유하고 하나는 가난하였습니다. 부자는 양과 소가 심히 많았지만, 가난한 자는 아무것도 없고 기르는 작은 암양 새끼 하나뿐이었습니다. 그 암양 새끼는 마치 자식과 같은 존재였습니다. 어느 날 손님이 부자의 집을 방문하게 되었는데, 그 부자는 가난한 자의 암양 새끼를 빼앗아 손님을 대접했답니다. 이런 일을 어떻게 생각하십니까?' 이 이야기를 듣고 다윗왕은 심히 분노하며 이 일을 행한 사람은 마땅히 죽어야 한다고 대답하였다. 이 때 선지자는 대답하였다. '왕이시여, 마땅히 죽어야 할 그 사람은 바로 당신이십니다. 그리고 태어난 아이는 꼭 죽을 것입니다.'

'나단' 선지자의 예리한 지적에 다윗왕은 자신의 범죄를 하나님 앞에 인정하고 용서를 구하게 되었다. 그렇지만 신생아는 병들어 심히 앓게 되었다. 다윗왕은 그 아이를 위하여 하나님 앞에 간구하고 금식하며 밤이 새도록 기도하였다. 그렇지만 7일 만에 아이는 죽고 말았다. 불륜의 자식이었지만 아버지로서 다윗은 죄책감을 느낀 것은 확실시된다. 왜냐하면 그가 음식을 끊고 하나님 앞에 죄의 용서를 구하며 밤이 새도록 엎드려 기도했기 때문이다(사무엘하 12:15-17). 다윗의 이런 악행으로 말미암아 나중에 다윗왕의 아들(압살롬)이 아버지의 후궁들과 더불어 불륜을 저지르는 사건이 발생한다. 자신의 부인격인 후궁들을 아들이 범하였으니, 아버지로서 참으로 심정이 착잡하고 복잡했을 것이다.

4) 죄책에 대한 3가지의 기본적 명제[46)]

첫째, 죄책은 객관적 상태가 아니라, 주관적 느낌이다.
둘째, 죄책은 어린 시절 부모에게 비난을 받은 경험으로부터 시작된다.
셋째, 죄책의 문제는 어린 시절 부모들의 횡포와 성인 시절에 정서적으로 조종을 당한 것으로부터 유래한다.

5) 죄책감에 대한 경전적 의미[47)]

첫째, 죄의식은 현실이다. (약 2:10)
둘째, 하나님은 우리가 죄의식으로 인한 저주 밑에 머물러 있기를 원치 않으신다.(요 8:34-36)
셋째, 인간은 악으로 향하는 경향이 있고 선보다는 악을 깊이 생각하는 경향이 있다. (렘 17:9-10)
넷째, 죄의식과 한 개인의 행동은 성경의 가르침에 근거해서

평가되어야 한다. (시 26:2)

6) 죄책감에 대한 효과적 대처방법

죄책감이라는 부정적 감정은 한 인간을 파멸시킬 수 있다. 따라서 어떤 사람이 자신의 죄책감의 문제를 잘 다루지 못하여 지속적인 죄책감에 시달리면, 육체적 질병뿐만 아니라 정신적 질병으로 나타날 수 있다. 여기서 필자는 죄책감을 제거하거나 감소시킬 수 있는 방법에 대하여 10가지 사항들을 제시해 보고자 한다.

첫째, 죄책감의 근원이 되는 죄를 짓지 않도록 최선을 다한다(태도의 문제).

둘째, 죄를 지을 수 있는 장소에 가까이 가지 않는다(장소의 문제).

셋째, 죄의 근원이 될 수 있는 알코올을 섭취하지 않는다(알코올의 문제).

넷째, 죄의 유혹에 쉽게 빠져드는 사람들을 최대한 멀리하고 경계한다(대인관계).

다섯째, 죄를 짓기 쉬운 밤 시간에 자아개발을 위한 건설적 활동을 실천한다(시간활용의 문제).

여섯째, 죄책감에 시달리거든 도움을 줄 수 있는 대상을 찾아서 반드시 해결하라(대상과의 관계).

일곱째, 정신적 죄(미움, 시기, 질투 등등 부정적 감정들)를 짓지 말라(감정의 문제).

여덟째, 영적 죄를 짓지 않도록 우주를 운행하시는 하나님을 예배하는 삶을 살라(신앙적 관계).

아홉째, 죄책감은 육체적, 정신적 그리고 영적으로 사람을 병들게 한다는 것을 명심하라(죄책감의 본질의 문제).

열째, 죄를 지었을 경우 하나님께 고백하고 철저히 회개함으로 반드시 용서를 받으라(하나님과의 관계).

4 불안(감): 불안은 인간의 보편적 감정이다

명언: 인간은 불안을 가지는 자요. 그가 가지는 불안이 깊으면 깊을수록 그만큼 그 인간은 위대한 것이다. –키에르케고르

1) 불안에 떨었던 사람 이야기

중국 주나라 시대 '기나라'에 한 사람이 살고 있었다. 그런데 이 사람은 하늘이 무너지고 땅이 꺼질까봐 늘 걱정과 불안 속에 살았다고 한다. 이것과 관련하여 생겨난 말이 바로 '기나라 사람의 근심'이라는 의미를 가진 기우(杞憂)이다. 이것도 불안의 일종이다.

2) 불안에 대한 잘못된 5가지 생각

불안을 비롯한 인간의 부정적 감정을 치료할 수 있는 방법에 대하여 깊이 연구했던 기독교심리학자인 '바커스'는 5가지 항목의 내용을 다음과 같이 주장한다.[48)]

첫 번째 잘못된 생각: 나는 분명히 훌륭한 기독교인은 아니다. 내가 훌륭한 기독교인이라면 이렇게 많은 걱정과 불안 가운데 있지

는 않을 것이다. 나의 믿음은 두려움을 모를 정도로 강해야 한다. 그런데 그렇지 않다. 나는 무언가 잘못되어 있다.

두 번째 잘못된 생각: 나는 불안과 초조를 견딜 수가 없다. 차라리 내 자신이 불안하거나 초조해 하는 일이 일어나지 않도록 미연에 방지해야만 한다. 나는 사람들의 앞에 서게 되면 심장이 쿵쿵 뛰고 손에 땀이 나고 숨도 제대로 쉴 수 없다. 꼭 죽을 것 같다.

세 번째 잘못된 생각: 나는 되는 일이 없다. 늘 걱정스럽고 불안하다. 나는 희망이 없다. 하나님은 나를 사랑하지 않는다. 나를 사랑하신다면 이렇게 두려움 속에 있도록 놔두지는 않을 것이다.

네 번째 잘못된 생각: 하나님의 언약의 말씀은 참 좋다. 그러나 그것은 내게 효력이 없다. 하나님은 너무나 많은 사람들의 기도를 다 들으셔야 하기 때문에, 나 같은 사람의 기도까지 일일이 다 들으실 수 없다. 하나님은 지금의 나의 고통과 불안에 전혀 관여하지 않으신다.

다섯 번째 잘못된 생각: 나는 성경을 잘 알지 못한다. 성경을 읽어도 얻어지는 것이 별로 없다. 그래서 내 자신에게 진실을 말할 수 없다. 진리가 무엇인지 어떻게 알 수 있겠는가? 나의 머리와 마음속을 맴도는 많은 생각들이 나를 너무 혼란스럽게 한다.

3) 불안에 대한 테스트(50개 문항)

다음의 항목에 전혀 불안하지 않다면 0, 거의 불안하지 않을 때 1, 약간 불안할 때는 2, 심하게 불안할 때는 3에 표시해 보라.

0	1	2	3	1. 사람들 앞에서 말하는 것
0	1	2	3	2. 사람들 앞에서 읽는 것
0	1	2	3	3. 사람들 앞에 서는 것
0	1	2	3	4. 민간 항공기에 탑승하는 것
0	1	2	3	5. 엘리베이터에 타는 것
0	1	2	3	6. 높은 건물의 옥상에 있는 것
0	1	2	3	7. 밀폐된 장소에 있는 것
0	1	2	3	8. 굉장히 많은 사람들 사이에 있는 것
0	1	2	3	9. 자신의 이성을 조절하기 힘들 때
0	1	2	3	10. 다른 사람들에게 불안한 모습을 보이는 것
0	1	2	3	11. 의식을 잃고 기절하거나 졸도하는 것
0	1	2	3	12. 번개와 천둥
0	1	2	3	13. 심장이 빨리 뛸 때
0	1	2	3	14. 대금 청구서를 받는 것
0	1	2	3	15. 높은 데서 아래를 보는 것
0	1	2	3	16. 집안에 먼지가 있는 것
0	1	2	3	17. 피를 보는 것
0	1	2	3	18. 쥐나 쥐 비슷한 동물이 가까이 다가올 때
0	1	2	3	19. 주위에 개나 강아지가 있을 때
0	1	2	3	20. 시험을 보거나 준비할 때
0	1	2	3	21. 새로운 사람을 만나는 것
0	1	2	3	22. 거미를 볼 때
0	1	2	3	23. 운전을 할 때
0	1	2	3	24. 다른 사람이 운전하는 차를 탔을 때
0	1	2	3	25. 병원으로 다른 사람을 문병할 때

0	1	2	3	26. 돈을 쓰는 것
0	1	2	3	27. 전화를 걸거나 받을 때
0	1	2	3	28. 고양이 주위에 있는 것
0	1	2	3	29. 다른 사람의 반대에 부딪힐 때
0	1	2	3	30. 시도한 여러 일에 실패할 때
0	1	2	3	31. 누군가 반대하거나 대항하는 일
0	1	2	3	32. 교회에 가거나 앞줄에 앉는 것
0	1	2	3	33. 누군가가 당신에게 화내는 것을 알았을 때
0	1	2	3	34. 누군가가 당신에게 실망하는 것을 눈치 챘을 때
0	1	2	3	35. 누군가의 판단의 대상이 될 때
0	1	2	3	36. 누군가로부터 비판을 받을 때
0	1	2	3	37. 병원에 갈 때
0	1	2	3	38. 치과에 갈 때
0	1	2	3	39. 주사를 맞을 때
0	1	2	3	40. 실수를 할 때
0	1	2	3	41. 뱀을 쳐다볼 때
0	1	2	3	42. 넓고 툭 터진 공간에 있을 때
0	1	2	3	43. 백화점에 있을 때
0	1	2	3	44. 물건 계산대에 서 있을 때
0	1	2	3	45. 수영장이나 강, 호수, 바다 등 물 속에 있을 때
0	1	2	3	46. 칼이나 가위 같은 날카로운 물건을 만질 때
0	1	2	3	47. 낯이 설은 사람과 대화를 할 때
0	1	2	3	48. 직업을 구할 때
0	1	2	3	49. 중요한 결정을 내릴 때
0	1	2	3	50. 심각한 병이 나거나 부상당할 가능성이 있을 때

위의 불안에 대한 설문조사의 점수를 모두 합했을 때, 당신은 아래의 어디에 해당하는지 살펴보라. 불안의 점수 해석: 진리요법 189-90.

100~99점: 당신은 매우 빈번하게 불안을 느끼고 있다. 당신은 정신과 의사나 충분한 자격을 갖춘 상담원을 만나 볼 필요가 있다.

98~55점: 당신은 약간의 불안을 느끼고 있다. 당신의 점수가 98점에 가깝다면 정신과 의사나 전문 상담원을 만나 볼 필요가 있다.

54~25점: 지극히 정상적이고 평안한 상태이다.

25점 이하: 거의 불안을 느끼지 않는다.

불안과 관련하여 바커스는 위의 50개 문항을 불안지수의 측정 자료로 제시하고 있다.[49] 바커스가 제시하는 자료를 필자가 약간 변경하여 독자들이 간단히 기록해 볼 수 있도록 각색해 보겠다.

1. 위의 50가지 항목들 중에서 최근 나를 불안하게 만들었던 몇 가지 항목들을 기록해 봅시다.

   ____

2. 나를 불안하게 만드는 것들에 대하여 구체적으로 기록해 봅시다.

   불안케 하는 사람과 이유:

   ____

   ____

   불안의 장소와 이유:

   ____

   불안케 하는 일(또는 사건)과 이유:

   ____

4) 단계별 노출계획

바커스는 불안에 대하여 적응하기 위해서는 서서히 단계별로 노출시킬 필요성이 있다고 주장하면서 다음과 같은 활동을 소개하고 있다.[50)]

나의 노출계획

나는 이런 일에 불안하다.

____

____

____

나는 이러한 단계를 밟아 행동하면서 나의 불안에 맞설 것이다.

1. ______________________________
2. ______________________________
3. ______________________________
4. ______________________________
5. ______________________________
6. ______________________________
7. ______________________________
8. ______________________________
9. ______________________________
10. ______________________________

---

5 우울감: 우울감을 주는 환경에 적극 대처하라

명언: 행복의 반대어는 비애가 아니라, 우울이라고 정의해야 할 것이다.
–프롬

1) 우울증을 효과적으로 극복한 여인

우울증에 시달리면서 자살을 생각했지만, 나이 어린 딸의 앞날을 생각하다가 정신이 번쩍 들어 마음을 추스르고 일어난 한 여인이 있다. 이 여인은 '해리 포터' 시리즈를 쓴 세계적인 영국의 작가 '롤링'여사이다. 그녀는 영국의 일간지(더 타임스)와 인디펜던트의 인터뷰에서 자신의 암울했던 시기와 우울증에 대하여 소상하게 털어놓았다. 영국에서 대학을 졸업하고 포르투갈로 건너가 영어를 가르치던 그녀는 20대 중반의 나이에 포르투갈 TV기자와 결혼하였다. 딸 제시카를 낳았지만 둘 사이는 점점 악화되어 2년 만에 이혼했다. 싱글맘이 된 롤링은 어린 딸을 데리고 영국에 무일푼으로 돌아와야 했다. 언니가 사는 에든버러에서 비좁고 낡은 아파트를 구했을 땐, 너무 가난하여 친구로부터 임대 보증금을 빌려야 할 정도였다. 정부의 보조금 없이는 생활하는 것이 불가능할 정도였다. 그때 자살 충동이 찾아왔다고 한다.

그녀의 고백에 따르면, "내 인생이 너무나 망가져 버렸다는 사실에 절망을 느꼈다. 아무리 노력해도 다시는 행복해 질 수 없을 것만 같았다. 20대 중반의 나이에 삶이 너무 가난했고, 나는 끝없이 추락했다." 다행히 그녀는 어린 딸 덕분에 자신을 추스릴 수 있었다고 한다. "어린 딸이 나락으로 빠지는 나를 붙잡았다. 내가 이렇게 사는 것은 옳지 않다. 이래서는 안 된다. 내가 이런 상태에서 딸을 키울 수는 없다."

그래서 어느 날 그녀는 용기를 내어 동네 정신과 의사를 찾아갔다. 사태의 심각성을 인식한 의사가 '인지행동 치료'를 시작하였고 딸을 위해서라도 살아야겠다는 삶의 의지를 발휘하면서 그녀는 자살이라는 생각을 떨쳐버릴 수 있었다고 한다. 이렇게 치료를 받으면서 그녀는 허름한 아파트에서 우울증과 싸우며 '해리 포터' 시리즈의 첫 작품인 『해리 포터와 마법사의 돌』을 완성하게 되었다. 그녀의 우울증은 작품에도 반영되었다. '해리 포터' 시리즈 3권인 『해리 포터와 아즈카반의 죄수』에 등장하는 후드를 쓴 얼굴 없는 괴물인 '디멘토'들은 당시 그녀의 어두운 상상과 심리상태를 반영한 캐릭터였다는 것이다. 그녀는 "우울증은 죄가 아니다. 나는 우울증을 앓았다는 사실이 조금도 창피해 본 적은 없다. 난 굉장히 어려운 시절을 겪었고 그것을 성공적으로 극복했다는 사실에 나 자신이 자랑스럽다."고 말했다.

우리 주변에도 삶의 환경이 점점 악화되어 삶의 벼랑으로 몰리거나 우울증을 앓는 사람들이 증가하고 있다. 어떤 이는 경제적인 어려움으로 인하여 또 어떤 이는 가족 구성원을 비롯한 인간관계의 갈등으로 인하여 우울한 환경이 조성되고, 이런 시간이 오랫동안 지속됨으로써 우울증에 걸리는 경우가 허다하다. 우울증 환자들의 경우, 입맛이 떨어지고 삶의 의욕이 상실되며 가까운 사람들조차도 만나지 않음으로 고립되고 슬퍼하면서 급기야 자살을 생각하고 자살을 시도하게 되는 악순환에 빠지기 쉽다. 그러므로 위에서 언급한 내용들이 해당되는 사람은 의사의 진단을 받거나 상담가나 성직자와 같은 전문가의 조언에 따라 반드시 치료를 받아야 한다. 우울증은 의사로부터 질병을 치료받아야 하기도 하지만, 때로는 정신적이거나 신앙적으로 치유 받아야 하는 경우도 많으므로 종합적인 진단과 적절한 치료가 필요하다.

2) 우울증에 시달렸던 사나이

우울증은 보통 '마음의 감기'라고 표현될 정도로 사람들에게 흔히 나타날 수 있는 질환이다. 성경에는 참으로 다양한 인물들이 시대를 초월하여 등장한다. 그 인물들 가운데 우울증과 연관된 사람을 찾는다면, '사울'왕을 꼽을 수 있다. 그는 왕이 되기 전에 부친의 나귀를 찾으러 다니다가 최고 종교지도자인 '사무엘'을 만나게 된다. 사울의 됨됨이를 살펴보고 이스라엘의 왕으로서 충분한 자격을 갖추었음을 감지한 '사무엘'은 그를 왕으로 추대한다. '사무엘'에 의하여 왕으로 추대된 사울은 보통 사람들과 비교할 수 없을 정도로 체격이 컸다. 사울은 왕이 되어 통치자로서 많은 호사를 누리며 살았지만, 그에게는 마음을 번뇌케 하는 정신적 질환이 있었다. 그 번뇌가 얼마나 심하였던지 신하들은 수금을 잘 연주할 수 있는 음악가를 수소문하여 치료를 받아보라고 권하기에 이르렀다. 이에 '사울'왕은 어명을 내려 음악치료사를 구하게 되었는데, 그가 바로 목동 출신의 어린 소년 다윗이었다. '사울'왕이 정신적으로 시달리며 괴로워할 때마다 소년 다윗은 수금을 연주하였다. 다윗의 악기 연주를 들은 왕은 정신적 질환에서 회복되곤 하였다(사무엘상 16:23). 요즈음 용어로 표현하자면, 다윗은 음악치료사로서 '사울'

왕을 치료하였고, 치료의 효과가 좋았다는 것이다.

3) 우울증을 유발시키는 3가지 요인

씨맨즈(David Seamands)는 우울증을 유발시키는 3가지의 감정적 행위들에 대하여 유익한 정보를 제공해 주고 있다.[51)]

첫 번째는 우유부단이다. 어떤 결정을 내려야 할 때에 그 결정을 미루는 습관이 당신에게 있는가? 그렇다면, 당신은 우울증으로 인하여 고통 받을 가능성이 있다. 우유부단함은 우울증의 원인이 될 수 있다.

활동사항: 당신은 결단이 필요한 시점에서 결정을 미룬 경험이 있는가? 무엇을 결정해야 했는가? 결정을 미루어야 했던 이유는 무엇인가?

____

____

두 번째는 분노이다. 만일 당신이 우울증에 시달리고 있다면 마음속에 풀지 못한 화가 있는 것은 아닌지 자신을 점검해 볼 필요가 있다.

활동사항: 당신의 삶 가운데 숨어 있는 분노는 무엇이며 두려워하는 이유는 무엇인가?

____

____

세 번째는 부정적 시각이다. 일반적으로 완벽주의자들은 매사를 아주 부정적으로 보는 경향이 있다. 그들은 세상이 모두 잘못되었다고 생각하며 그 세상을 바로 잡아 교정하는 것이 자신들의 일이라고 믿는다. 완벽주의자들 중에는 왜곡된 부정적 시각을 가진 사람들이 많은 편이다. 이런 완벽주의자들에게 제시될 수 있는 대안은 '용서'이다. 그런데 가장 먼저 용서해야 할 대상은 누구일까? 놀랍게도 대부분의 경우, 부모를 비롯한 가까운 가족들이다.

활동사항: 독자 자신이 용서해야 할 대상이 누구인지 생각해 보라. 아래의 사항을 체크해 보라. 보기의 대상 가운데 적당한 사람을 빈 공간에 채워 문장을 완성하라.

(보기)

아버지	어머니	자매
형제	할아버지	할머니
배우자	자녀	친구
남자친구	여자친구	피고용인
고용인	영적권위	권위의 대상
하나님	기타	

※ 나는 ______________을(를) 향하여 분노를 느끼고 있다. 이러한 분노는 결국 ______________________________한 문제를 초래하였다. 분노는 또한 나의 삶에 ____________________같은 영향을 미쳤다.

※나는______________을(를) 향하여 분노를 느끼고 있다. 이러한 분노는 결국__________________________ 한 문제를 초래하였다. 이러한 분노는 또한 나의 삶에____________________같은 영향을 미쳤다.

4) 우울증의 종류

첫 번째 우울증은 계절성 우울증이다. 이 우울증은 계절이 바뀌면서 우리의 육체가 일조량의 영향을 받아서 생기는 우울증이다. 햇볕에는 우리의 육안으로는 볼 수 없는 다양한 광선들이 존재한다. 대표적으로 것이 자외선, 적외선과 감마선이다. 우리의 몸이 햇볕에 노출되면 그 빛은 우리 몸의 호르몬 활동에 영향을 준다. 예를 들어 햇볕에 너무 장기적으로 노출되면 피부암의 원인이 될 수 있다는 것은 널리 알려진 상식에 속한다. 계절성 우울증의 기간은 대략 2주로 14일 정도 지속된다. 특별한 약의 처방이 없어도 약 2주가 지나면 자연스럽게 없어지는데, 3개월에서 6개월 정도 우울 상태가 지속된다면 전문의를 찾아가 진단을 받는 것이 필요하다.

두 번째 우울증은 산후 우울증이다. 출산을 한 여성들이 앓는 우울증이다. 여성이 한 생명을 출산하는 경우, 많은 영양분을 태아에게 공급하고 출혈을 해야 하는 산모는 산후우울증에 시달릴 수 있다. 그 기간은 개인에 따라 차이가 있으며, 배우자나 가족들이 산모를 신체적, 정신적 그리고 심리적으로 배려하고 도와주어야 한다. 가능하다면 '산후조리원'과 같은 장소에서 체계적인 도움을 받으며 보호식이나 적절한 운동을 통하여 산후우울증을 최소화할 수 있다.

세 번째 우울증은 병적 우울증이다. 이 우울증은 과도한 스트레스를 비롯한 다양한 원인들에 의하여 발생하여 의학적으로 우울증이라고 판명되는 종류의 우울증이다. 이런 우울증에 걸린 환자들은 의사의 진단과 처방에 의하여 약물치료를 비롯한 의학적 치료를 받아야 한다. 최근에는 약물투여에 따른 부작용도 최소화되어 상황이 호전되어 완치될 때까지 지속적으로 치료를 받아야 한다. 환자 자신이 섣부르게 판단하여 약을 먹지 않거나 의사에게는 먹었다고 거짓말을 하는 경우, 결과가 좋지 않아서 주기적으로 병원에 입원하는 악순환을 반복할 수 있다.

한편, 경우에 따라서는 약물치료가 아니라 심리학자나 상담학자의 도움을 받아 '인지행동 치료'를 받을 수도 있다. 인지행동 치료는 우울증 치료에 매우 효과적이며 특히 긍정적 자존감을 회복하는데 단기적 효과가 있다.

네 번째 우울증은 종교적(영적) 우울증이다. 이런 종류의 우울증은 의사가 치료하기 대단히 힘든 우울증이다. 왜냐하면 우울증의 원인이 신체적이나 심리적인 것이 아니기 때문이다. 종교적 또는 영적 우울증은 육안으로 볼 수 없는 악한 영적인 존재들이 인간의 몸에 숨어서 인체에 악영향을 미치기 때문에 생기는 우울증이다. 앞에서 언급한 악한 영적 존재들은 구체적으로 사탄(Satan)과 마귀(Demon)와 귀신들(Ghosts)이다. 이런 악한 세력들은 육안으로 볼 수 없지만 인간의 육체 속에서 거하며 육체의 기능을 저하시킨다. 또한 그 사람의 몸과 정신을 파괴시키며 심한 경우 자살로 몰고 간다. 따라서 영적 우울증은 의사가 치료하기는 힘들고, 성직자나 악한 영적 존재들을 내쫓을 수 있는 영적 권능을 가진 사람이 치료할 수 있다.

최근 우울증 환자들이 늘어나는 추세이다. 그 원인도 다양해지고 있다. 요즈음은 경제적, 사회적 원인들에 의한 우울증 환자들이 증가하는 추세에 놓여 있으며, 이런 현상은 사회병리적인 현상이어서 개인이 치료하는 것에도 한계가 있다. 예를 들자면, 채무가 너무 많아서 채권자 특히 사채업자들에게 욕을 먹고 가족들이 괴롭힘을 당한다면 어찌 우울하지 않겠는가? 또는 정규직으로 전환해 줄 수 있음에도 불구하고 경제적으로 착취를 당하며 해고에 대한 걱정과 불안에 시달려야 하는 비정규직이라면 우울해지기 쉽겠는가? 아니면 행복에 겨워 휘파람을 부르며 행복하게 살겠는가?

5) 우울증 내담자의 긍정 심리치료 방법

긍정 심리학의 대표적 학자인 셀리그만(2006)은 우울장애를 지닌 내담자를 대상으로 실시한 긍정 심리치료의 효과에 대하여 연구하였다. 다음의 내용은 심한 우울증 내담자를 대상으로 한 긍정 심리치료의 회기별(14주) 치료내용이다.[52] 약물치료가 아닌 심리치료라는 측면에서 인용가치가 있어 소개해 본다.

▸ 1회: 긍정 심리치료 소개하기

긍정적 감정, 성격적 강점, 인생의 의미를 지니지 못할 때 우울증과 공허감이 지속된다는 점을 논의한다. 치료자와 내담자의 역할에 대해 논의한다.

- 과제: 내담자의 심리적 강점과 잘 나타내는 구체적인 사건을 한 페이지 정도로 기록한 자기소개서를 기록한다.

▸ 2회: 대표: 강점 발견하기

내담자는 자기소개서로부터 자신의 대표 강점을 찾아내고 그 강점을 통해서 도움을 받았던 사건들을 이야기한다. 행복에 이르는 세 가지 길인 즐거운 삶, 적극적인 삶 그리고 의미 있는 삶에 대해 논의한다.

- 과제: 내담자는 온라인으로 VIA-IS 질문지[53]에 응답하여 자신의 대표 강점을 확인한다.

▶ 3회: 대표 강점과 긍정적 감정 함양하기

대표 강점을 계발하고 활용하는 구체적인 방안에 대하여 논의하고 치료자로부터 코칭을 받는다. 또한 긍정적 감정이 행복에 미치는 역할을 논의한다.

- 과제: 매일 일어난 세 가지 좋은 일을 기록하는 축복 일기를 쓰기 시작한다.

▶ 4회: 긍정적 기억과 부정적 기억

긍정적 기억과 부정적 기억이 우울증 유지에 미치는 역할을 논의한다. 분노나 원망을 마음속에 지니고 있는 것이 우울증과 행복에 어떤 영향을 미치는지 논의한다.

- 과제: 내담자는 세 가지의 나쁜 기억들, 그와 관련된 분노 그리고 그것이 우울증에 미치는 영향을 기록해본다.

▶ 5회: 용서하기

용서와 그 방법에 대해서 논의한다. 용서하기는 분노와 원망을 중성 감정으로 변화시키거나 때로는 오히려 긍정적 감정으로 변화시킬 수 있는 강력한 도구로서 도입된다.

- 과제: 내담자는 피해를 입은 경험, 그와 관련된 감정 그리고 피해를 준 사람을 용서하는 내용을 담은 편지를 쓴다. 그러나 그 편지를 보내지는 않는다.

▶ 6회: 감사하기

감사한 마음을 지니고 있지만 아직 제대로 감사함을 표현하지 못한 사람에 대해서 생각해본다. 감사하기가 긍정적 또는 부정적 기억에 어떤 영향을 주는지 살펴본다.

- 과제: 감사의 표현을 하지 못한 사람들에게 감사의 편지를 써서 보낸다.

▸ 7회: 치료과정 점검하기

용서와 감사 과제를 함께 다루어주고 계속하도록 한다. 아울러 긍정적 감정을 더 많이 느끼는 것이 중요하다는 점을 논의한다.

- 과제: 내담자들로 하여금 축복 일기를 가져와서 그 효과를 논의하도록 한다.

▸ 8회: 만족감 키우기

기대하는 최선의 결과가 아니더라도 "그만하면 괜찮은" 수준에서 만족할 수 있음을 논의한다. 최종적인 즐거움과 열정을 지니고 임함으로써 만족을 얻도록 격려한다.

- 과제: 만족감을 증가시키는 방법들을 써보고 구체적인 실천계획을 세운다.

▸ 9회: 낙관주의와 희망 키우기

내담자로 하여금 과거에 겪은 상실, 실패, 거부 경험들을 생각해보도록 한다. 그리고 그러한 경험의 긍정적 측면이나 해결방법을 살펴보도록 요청한다.

- 과제: 내담자는 어떤 사건의 부정적 측면 세 가지와 긍정적 측면 세 가지를 찾아본다.

▸ 10회: 사랑과 친밀감 증진하기

다른 사람에 대해서 건설적이고 적극적으로 반응하는 방법에 대해서 논의한다. 내담자들로 하여금 자신에게 중요한 사람들의 대표적 강점을 찾아보도록 한다.

- 과제 1: 다른 사람이 내담자에게 전달하는 긍정적 사건에 대해서 건설적인 반응을 해본다.
- 과제 2: 내담자는 자신의 강점과 더불어 중요한 타인의 강점을 함께 칭찬하는 만남을 주선한다.

▶ 11회: 강점의 가계도 만들기

가족구성원의 대표 강점이 어떤 것인지 살펴보는 동시에 그들의 대표 강점을 아는 것이 왜 그리고 얼마나 중요한지를 논의한다.

- 과제: 가족들이 온라인으로 VIA-IS를 해보도록 권유하고 가족 모두의 대표 강점을 표시한 가계도를 그려본다. 가족구성원의 강점을 논의하는 가족 모임을 주선해 본다.

▶ 12회: 향유 및 음미하기

생활 속의 즐거움을 자각하고 그러한 경험이 지속될 수 있도록 다양한 향유방법을 소개하고 논의한다.

- 과제: 즐거운 활동 계획을 세우고 계획한 대로 그 일을 시행한다.

▶ 13회: 시간이라는 선물 선사하기

경제적 상황이 좋지 않더라도 내담자는 가장 소중한 '시간'을 선물로 줄 수 있는 능력을 지니다. 자신보다 더 큰 어떤 것(가족, 직장, 지역사회 등)을 우해서 봉사하는 시간을 선물로 선사하기 위해 대표 강점을 사용하는 방법을 논의한다.

- 과제: 아동에 대한 상담이나 과외지도, 사회봉사활동과 같이 대표 강점을 활용할 수 있는 어떤 일을 함으로써 시간이라는 선물을 선사한다.

▶ 14회: 충만한 삶 살아가기

즐거운 삶, 적극적인 삶 그리고 의미 있는 삶이 통합되어 충만한 삶을 이루게 되는 점을 논의한다. 내담자에게 우울증 척도를 비롯한 심리검사를 실시한다. 또한 앞으로의 적응과정을 다시 한 번 검토하고 치료효과와 그 유지를 위한 논의를 한다.

위에서 언급한 긍정 심리치료의 회기별 내용과 필자가 이 책에서 다루는 내용들 사이에는 일치하는 주제들이 상당히 많은 편이다. 예를 들자면, 용서와 감사, 희망과 사랑, 분노와 우울증 그리고 시간의 활용도 등이 동일한 주제들이다.

6) 우울증 점검 테스트 (총 21문항)[54]

우울증에 걸리면 스스로를 무가치하게 여깁니다. 우울증 환자의 80%가 자기를 혐오하고 있다고 합니다. 우울한 상태라는 것은 심각하게 비정상적인 것도 아니며 미친 것도 아니다. 그렇다고 우울한 상태가 간단히 치료될 수 있는 단순한 문제는 아니다. 우울한 사람들이 불안감을 느끼는 것은 사실이지만 이것은 단순한 불안감이나 신경과민과는 다릅니다. 현재 자신의 우울 정도는 어떤지 스스로 상태를 점검해 보시기 바랍니다. 먼저 각 항을 주의 깊게 읽고 지난 며칠 동안의 자신의 느낌을 잘 반영하고 있는 문항의 번호를 체크하여 주십시오.

문항 1 다음 중 해당되는 내용을 선택하십시오.

( ) 나는 슬프지 않다.
( ) 나는 슬프다.
( ) 언제나 슬프고 기운을 낼 수 없다.
( ) 나는 너무 슬프고 불행한 느낌이여서 견딜 수 없다.

▌문항 2▌ 다음 중 해당되는 내용을 선택하십시오.

(　　) 내가 죄스럽다고 느끼지 않는다.
(　　) 나는 가끔 죄의식을 느낀다.
(　　) 나는 거의 늘 매우 죄의식을 느낀다.
(　　) 나는 언제나 죄의식을 느낀다.

▌문항 3▌ 다음 중 해당되는 내용을 선택하십시오.

(　　) 나는 미래에 대해 낙관적이다.
(　　) 나는 미래에 대해 의기소침하다.
(　　) 나는 미래에 대해 기대할 것이라고는 없다고 느낀다.
(　　) 나는 미래는 희망이라곤 없으며, 상황이 호전될 수 없다고 느낀다.

▌문항 4▌ 다음 중 해당되는 내용을 선택하십시오.

(　　) 나는 실패자라고 느끼지 않는다.
(　　) 나는 다른 사람보다는 실패했다고 생각한다.
(　　) 내 인생을 돌아보면 볼 것이라고는 수많은 실패뿐이다.
(　　) 나는 자신이 인간으로서 완전히 실패했다고 느낀다.

▌문항 5▌ 다음 중 해당되는 내용을 선택하십시오.

(　　) 나는 전에도 그렇듯이 만사로부터 만족을 얻는다.
(　　) 나는 전에 하던 식으로는 만족을 얻지 못한다.
(　　) 나는 어느 것에서도 더 이상 진짜 만족을 얻지 못한다.
(　　) 나는 불만스럽고 만사가 지겹다.

▌문항 6▌ 다음 중 해당되는 내용을 선택하십시오.

(　　) 나는 처벌받고 있다는 느낌을 절대 갖지 않는다.
(　　) 나는 언젠가 처벌받을지도 모른다고 생각한다.
(　　) 나는 처벌받으리라고 생각한다.
(　　) 나는 처벌받고 있다고 느낀다.

문항 7 다음 중 해당되는 내용을 선택하십시오.

( ) 나는 나 자신에 대해 실망스럽다고 느끼지 않는다.
( ) 나는 나 자신에 대해 실망한다.
( ) 나는 나 자신에 대해 아주 실망한다.
( ) 나는 나 자신이 아주 혐오스럽다.

문항 8 다음 중 해당되는 내용을 선택하십시오.

( ) 나는 남들에 비해 나 자신이 형편없다고 느끼지 않는다.
( ) 나는 나의 약점이나 실수 때문에 자신에 대해 비판적이다.
( ) 나는 나 자신의 과오들 때문에 언제나 자신을 책망한다.
( ) 나는 발생하는 모든 나쁜 일 때문에 자신을 책망한다.

문항 9 다음 중 해당되는 내용을 선택하십시오.

( ) 나는 자살 따위는 생각조차 않는다.
( ) 나는 자살을 생각해 보지만 실행하지는 않겠다.
( ) 나는 자살하고 싶다.
( ) 나는 기회만 오면 자살하겠다.

문항 10 다음 중 해당되는 내용을 선택하십시오.

( ) 나는 평소보다 잘 울지 않는다.
( ) 요즈음 나는 전보다 더 우는 편이다.
( ) 요즈음 나는 언제나 운다.

문항 11 다음 중 해당되는 내용을 선택하십시오.

( ) 나는 평소보다 매사에 더 많이 화내지는 않는다.
( ) 요즈음 나는 평소보다 조금 더 화내는 편이다.
( ) 나는 거의 늘 매우 속상하고 안달한다.
( ) 요즈음 나는 언제나 화를 낸다.

|문항 12| 다음 중 해당되는 내용을 선택하십시오.

(　　) 나는 다른 사람들에 대한 관심을 잃지 않았다.
(　　) 나는 전에 비해 다른 사람들에 대해 더 이상 관심이 가질 않는다.
(　　) 나는 다른 사람들에 대한 관심을 상당히 많이 잃었다.

|문항 13| 다음 중 해당되는 내용을 선택하십시오.

(　　) 나는 전과 다름없는 결단력을 갖고 있다.
(　　) 나는 전에 비해 결정내리기를 미룬다.
(　　) 나는 전에 비해 결정내리는 데 아주 큰 어려움을 겪는다.
(　　) 나는 더 이상 아무런 결정도 내릴 수 없다.

|문항 14| 다음 중 해당되는 내용을 선택하십시오.

(　　) 나는 내가 전보다 더 나쁘게 보인다고 느끼지 않는다.
(　　) 나는 내가 늙어 보이거나 매력이 없어 보인다고 걱정한다.
(　　) 나의 외모가 전에 비해 훨씬 매력 없어 보인다고 걱정한다.
(　　) 나는 내가 추해보인다고 믿는다.

|문항 15| 다음 중 해당되는 내용을 선택하십시오.

(　　) 나는 전만큼 일할 수 있다.
(　　) 일을 시작하려면 몇 곱절이나 힘이 든다.
(　　) 나는 어떤 일이든지 하려면 나 자신을 말할 수 없이 밀어붙여야만 한다.

|문항 16| 다음 중 해당되는 내용을 선택하십시오.

(　　) 나는 평소처럼 잘 잔다.
(　　) 나는 전처럼 잘 자지 못한다.
(　　) 나는 평소보다 1~2시간 일찍 깨고 다시 잠들지 못한다.
(　　) 나는 이전에 비해 몇 시간 일찍 깨고 다시 잠들지 못한다.

문항 17 다음 중 해당되는 내용을 선택하십시오.

( ) 이전보다 더 피곤해지지는 않는다.
( ) 이전에 비해 더 쉽게 피곤해진다.
( ) 거의 무슨 일을 하든지 쉽게 피곤해진다.
( ) 나는 너무 피곤해서 아무 것도 할 수 없다.

문항 18 다음 중 해당되는 내용을 선택하십시오.

( ) 내 입맛은 전에 비해 조금도 나쁘지 않다.
( ) 입맛이 이전만큼은 좋지 않다.
( ) 입맛이 요즘 무척 없다.
( ) 나는 입맛이라고는 조금도 없다.

문항 19 다음 중 해당되는 내용을 선택하십시오.

( ) 체중이 줄지 않았지만 필요하다면 나중에 빼겠다.
( ) 체중이 약 2kg 이상 줄었다.
( ) 체중이 약 5kg 이상 줄었다.
( ) 체중이 약 6kg 이상 줄었다.

문항 20 다음 중 해당되는 내용을 선택하십시오.

( ) 이전에 비해 내 건강에 대해 그렇게 걱정하지 않는다.
( ) 갑작스러운 통증이나 배탈, 변비 같은 신체상의 문제들을 걱정한다.
( ) 신체상의 문제들에 대해 매우 걱정이 되어서 다른 여러 일을 생각하기 힘들다.
( ) 신체상의 문제들에 대해 걱정이 되는 나머지 다른 일은 도대체 생각할 수 없다.

문항 21 다음 중 해당되는 내용을 선택하십시오.

( ) 섹스에 관한 나의 관심은 최근 바뀐 느낌은 없다.
( ) 전에 비해 섹스에 대한 나의 관심이 조금 줄었다.
( ) 요즈음 섹스에 대한 나의 관심은 아주 조금밖에 없다.
( ) 섹스에 대한 관심이라고는 하나도 없다.

결과 확인의 방법: 위의 항목들에 대한 결과를 알려면 신경정신과 의사인 배종훈 원장의 홈페이지(www.sayusayme.co.kr)를 검색한 후, 우측 하단의 '우울증 자가 측정' 자료를 선택한다. 그리고 모든 문항에 대하여 응답한 후, 확인 버튼을 누르면 점수와 해석이 나타난다.

7) 우울증 퇴치법

우울증에 대한 연구를 통하여 데이비드 씨맨즈는 자신의 체험을 통한 우울증을 물리치는 데 큰 도움을 줄 수 있는 방법을 6가지 소개한다.[55)]

첫째, 혼자 있는 시간을 피하라.

둘째, 다른 사람의 도움을 구하라.

셋째, 노래하고 음악을 즐기라.

넷째, 찬양하고 감사하라.

다섯째, 하나님의 말씀 속에 나타나는 능력에 의지하라.

여섯째, 하나님의 성령의 임재 가운데 편히 쉬어라.

3

의지계발(意志啓發)

제6장

행동양식: 뿌린 대로 거둔다

1 책임적 삶: 시간 관리, 돈 관리, 인맥관리에 최선을 다하라

명언: 오로지 책임을 다한 데에만 삶이 있고, 오로지 노력을 다한 끝에만 휴식이 있다. −J. G. 휘티어

1) 시간 관리의 책임

(1) 시간 관리가 왜 중요한가?

명언: 시간은 돈이다. ... 그리고 그것으로써 이익을 계산하는 사람들에게 있어서는 거액의 돈이다. −C. J. H. 디킨스

'시간은 돈이다.'라는 표현이 있다. 대부분의 사람들은 돈을 관리하는 '금전출납부'를 기록하면서 돈의 사용처에 대한 기록을 남긴다. 그렇지만 시간의 사용에 대한 '시간사용내역서'는 등한히 하는 경우가 허다하다.

역사적으로 존재했던 인물들 가운데 시간 관리를 대단히 잘 했던 인물이 감리교 창시자인 요한 웨슬리(John Wesley)이다.[56)]

그는 매일 아침 4시에 기상하여 저녁 10시까지 근면하게 일을 하였다. 그 당시에는 교통수단이 말을 타고 다니는 것이어서 오늘날과 상당히 달랐다. 그는 지붕도 없는 마차에 책상과 서가를 만들어 놓고 순회전도를 다니는 도중에 틈틈이 약 200권의 저서와 소책자를 저술하였다. 그는 83세의 고령에도 불구하고 하루에 꼬박 15시간씩 글을 썼으며, 86세의 나이에도 하루에 2회씩 설교를 계속한 의지의 사람이었다. 1791년 그는 90세가 조금 못되어 이 세상을 떠났을 때, 그의 임종을 지켜보았던 의사가 "그는 질병으로 죽어간 것이 아니라 몸이 닳아서 없어졌다."고 말하였다. 그는 참으로 시간을 금쪽 같이 쪼개 쓰면서 시간 관리를 철저히 했던 대표적인 인물이며, 시간 관리에 대한 통찰을 줄 수 있는 위인이었다.

(2) 시간과 인간의 관계: 호모 크로니쿠스(Homo Chronicus)

명언: 시간과 조류는 사람을 기다리지 않는다. –W. 스콧

'인간은 어떤 존재인가?'라는 질문에 대한 대답은 많다. 많이 알려진 것이 '인간은 예지인(Homo sapiens)이다.' 그 외에도 인간은 정치인(Homo Politicus), 언어인(Homo Loquens), 그리고 종교인(Homo Religiosus) 등 다양하다. 시간과 인간의 관계라는 주제와 관련하여 필자는 하나의 학문적 신조어를 만들었다. 그 용어는 '호모 크로니쿠스(Homo Chronicus)'로써 우리말로 표현하면 '시간인(時間人)'이

다.[57] 이 용어를 설명하자면, 인간은 선천적으로 능력을 타고나거나 후천적으로 능력을 개발할 수 있다. 그 능력들 가운데 시간을 계획하고 관리할 수 있는 능력을 인간은 소유할 수 있다. 일반적으로 자연계에 생존하는 동물들은 시간을 관리하는 능력은 없는 것 같다. 반면에, 인간은 자신의 목표를 달성하기 위하여 계획을 세우고, 시간표를 작성할 수 있으며 의지를 가지고 시간을 철저하게 사용하고 관리할 수 있다. 또한 인간은 과거에 무가치하게 보냈던 시간을 가치 있게 활용하여 새로운 부가가치를 창출하는데, 시간을 활용할 수 있는 존재이기도 하다. 이런 시간활용의 능력이 인간과 하등동물을 구분하는 중요한 기준이라고 필자는 생각한다.

(3) 시간에 대한 삶의 태도

명언: 잃어버린 시간은 돌아오지 않음을 기억하라. －토마스 아 켐피스

시간을 철저하게 관리하여 훈련에 임함으로써, 2008년 베이징 올림픽을 통하여 온 국민들에게 기쁨과 희망을 제시해 준 인물은 수영선수 '마린보이' 박태환이다. 필자는 올림픽 시간 동안 그의 훈련하는 모습을 TV를 통하여 시청하게 되었다. 수영감독의 철저한 계획에 맞추어 하루에 약 16km를 훈련한다는 보도가 있었다. 그는 체력의 한계를 느끼면서도 19세의 어린 나이에 어울리지 않게 성실하게 훈련에 임하고 있었다. 그런 성실함과 인내심의 결과 아시아 선수로는 최초로 수영 400m 경기에서 당당히 금메달을 목에 걸게 되었다. 시간을 철저하게 관리하고 시간을 선용했을 때, 자신에게

영광일 뿐만 아니라 수많은 사람들에게 감동을 주는 주인공으로 우뚝 설 수 있게 되었다.

(4) 시간의 성격 1: 시간은 선물이다

시간의 선물

이해인

내가 살아 있기에
새롭게 만나는 시간의 얼굴
오늘도 나와 함께 일어나
초록빛 새옷을 입고
활짝 웃고 있네요
하루를 시작하며
세수하는 나의 얼굴 위에도
아침 인사를 나누는
식구들의 목소리에도
길을 나서는
나의 신발 위에도
시간은 가만히 앉아
어서 사랑하라고 나를 재촉하네요
살아서 나를 따라오는 시간들이
이렇게 가슴 뛰는 선물임을 몰랐네요

(5) 시간의 성격 2: 시간은 생명이다

시간은 왜 생명인가? 필자는 시간의 중요성을 생각하면서 많은 시간을 보내던 중에 커다란 깨달음을 얻게 되었는데, 그 통찰이란 어떤 사람이 생존하는 시간의 길이는 정확히 그 사람의 생명의 길이와 일치한다는 점이다.

시간과 관련된 성경의 본문을 찾아보면, "세월을 아끼라. 때가 악하니라."(에베소서 5:16)이다. 세월의 그리스어는 '카이로스'라는 단어이다. 이 단어는 상황적으로 중요한 시간을 의미하는 단어이다. 보통 시간의 개념을 소개할 때 3개의 단어로 구분한다. 첫째, 아이온(aion)은 양적(量的)인 개념의 시간이다. 이 개념은 인간이면 누구에게나 적용되는 물리적 시간의 길이를 말한다. 예를 들자면, 하루는 24시간, 1주일은 168시간으로 대통령이나 거지나 똑같이 적용되는 시간이다. 둘째, 크로니쿠스(chronicus)는 수직적 개념의 시간이다. 이 시간은 과거, 현재 그리고 미래로 연결되는 역사적 개념의 시간이다. 셋째, 카이로스(kairos)는 상황적으로 보통 시간과는 구분되는 질적(質的)으로 중요한 시간이다. 이 개념은 시대적 상황과 철학적 개념을 함축하는 구별된 시간이다. 성경에서 사용하는 단어는 바로 세 번째 개념인 '카이로스'이다. 그리고 "세월을 아끼라."에서 동사 부분인 "아끼라."의 그리스어(엑사고라조메노이) 의미는 시간을 '속량하라, 구속(救贖)하라, 구원하라.'는 의미를 내포하고 있다. 다시 말하자면, 시간을 가치 있고 의미 있게 사용함으로써, 무가치하게 흘려보내고 낭비하는 시간을 구원해내라는 심오한 의미를 내포하고 있다.

우리가 살아 생존하는 시간의 길이는 분명 유한하다. 이 땅에서 영원히 죽지 않고 생명을 유지할 능력을 가진 인간은 아무도 없다. 우리가 사용하는 시간의 길이는 생명의 길이와 정확히 일치한다. 이런 의미에서 볼 때, 시간은 곧 생명인 것이다.

(6) 시간의 효율적 사용을 위한 방법

명언: 인간은 시간을 효과적으로 계획하고 관리할 줄 아는 존재이다. 이런 의미에서 인간은 호모 크로니쿠스(Homo Chronicus) 즉, 시간인(時間人)이라고 할 수 있다. –김태수

① 시간 관리의 원칙[58]

첫째, 만일 당신이 어떤 일을 하기를 간절히 원한다면 시간을 낼 수 있다. 열망이 동기를 부여해 준다.

둘째, 시간 관리는 당신이 하는 일에 달려있는 것이 아니라, 당신이 어떤 종류의 사람인가에 달려있다. 당신이 시간을 잘 다루기를 원한다면, 사고(생각)를 변화시켜야 한다. 시간 관리의 나쁜 습관을 깨뜨리고 시간을 적절하게 사용하도록 자신을 훈련시켜야 한다.

셋째, 어떤 일이 완료되기 위해서는 사용 가능한 시간만큼 (시간이) 걸린다. 이것은 파킨슨(Parkinson) 교수의 말이다. 예: 만일 어떤 일을 끝마치는 데 4시간이 걸린다고 결정하면, 4시간 안에 끝마칠 것.

넷째, 아주 중요한 요소들은 보통 상대적으로 전체 요소의 작은 부분을 구성한다. 이탈리아의 경제 사회학자인 파레토(Velfredo Pareto)는 '80대 20의 규칙'이라고 불리는 하나의 규칙을 주장하였

다. 당신이 가치와 생산성에 의하여 성취할 수 있는 것의 80%는 당신이 20% 정도만 하면 온다는 주장이다. 따라서 모든 항목을 하려고 욕심 부리지 말고 2~3개의 항목을 선택하고 시간을 할당하여 그 일에 집중하는 것이 시간 관리의 원칙이다.

② 시간을 절약하는 방법 11가지[59)]

- 시간에 대해 보다 잘 알도록 하라. 효율적으로 시간을 관리하려면 당신이 그것을 고치기 위한 단계를 시작하기 전(前), 당신이 시간을 어떻게 이용하고 오용(誤用)하는지 분석하는 것으로 시작해야 한다.
- 무엇이 시간을 누출시키는지 확인하고 막으라. 시간 누출은 부주의하게 흘려보내는 시간(분, 초 단위)을 말한다.
  예: TV 시청이 대표적
- 큰 일을 관리할 수 있는 시간 단위로 나누라. 성공적 시간 관리의 열쇠는 작게 생각하는 것이다. 신시내티(Cincinnati) 대학의 라일리(Robert C. Riley)박사는 "당신이 한 번에 한 입씩 먹는다면 코끼리라도 먹을 수 있다."고 말했다. 처리하기 쉬운 부분부터 시간을 나누어 사용하면 큰 일도 할 수 있다.
- 시간을 다른 사람에게 위임하는 법을 배우라. 대다수의 사람들은 다른 사람들이 할 수 있거나 다른 사람이 해야만 하는 것을 함으로써 시간을 낭비한다.
- 당신이 지킬 수 있는 시간을 함부로 흘려버리지 말라. 불필요한 많은 사건들과 사람들이 당신의 시간을 뺏지 못하도록 하라.
- 전화 통화의 시간을 통제하라. 전화에 우선순위를 두지 말

라. 전화가 일을 방해하지 않도록 규칙을 만들고 시간이 없는 경우에는 전화를 사용하지 말라.

- 홀로 있는 시간을 가지라. 당신이 홀로 있을 때, 휴식을 취하고 계획을 세우며 평가하고 집중하기가 보다 더 용이하다.
- 적은 시간에 너무 많은 일을 하려고 하지 말라. 속담에 "서두르면 일을 망친다."는 말이 있는데 그것은 사실이다.
- 당신의 기분을 최대한으로 이용하라. 신체리듬을 잘 활용하여 시간을 효율적으로 사용하는 것은 지혜로운 행동이다. 정력적일 때 어려운 일을 처리하고, 정신적으로 민감할 때 사고를 요구하는 일을 처리하고, 기력이 떨어질 때 가장 쉬운 일을 처리하라.
- 다른 일을 하기 전에 먼저 시작한 일을 끝마치라. 만일 큰일을 하고 있다면 그것의 한 부분이라도 끝마치라.
- '아니오(No)'라고 말하는 법을 배우라.

먼저 우리는 자신에게 '아니오'라고 말하는 법을 배워야 한다. 예를 들어, "아니야, 나는 이 일을 마칠 때까지 멈추지 않을 거야, 아니야, 나는 전화로 시간을 낭비하지는 않을 거야."와 같은 것이다.

크라빌(Willard S. Krabill) 박사는 "정신적, 정서적으로 건강한 사람은 언제 '예'와 '아니오' 그리고 '기쁨의 표현'을 해야 하는지 알고 있는 사람이다."라고 말했다.

③ 시간관에 따른 인간유형

시간창조의 기술을 강조하면서 윤은기는 시간에 대한 사람들

의 인식이나 관점에 따라 인간의 유형을 다음과 같이 분류하였다.[60)]

첫 번째 유형은 저속(低速)형 인간과 고속(高速)형 인간이다. 저속형 인간이란 일을 느리게 하는 유형이고, 고속형 인간은 일을 처리할 때 일단 목표가 정해지면 빠르게 실행하는 유형이다.

두 번째 유형은 시간소비형 인간과 '시간창조형' 인간이다. 시간소비형 인간은 하루의 일을 계획하지 않고 시간에 끌려서 살아가는 유형이다. 반면에, '시간창조형' 인간은 '시테크(time technique)'를 통하여 시간의 가치를 평균치 이상으로 끌어올리는 유형이다. 후자의 유형에 속하려면 시간이라는 자원에 대한 사전계획 능력과 '시테크'의 다양한 기법들에 정통해야 한다.

세 번째 유형은 시간 관리형 인간과 '시간전략형' 인간이다. 시간 관리형은 현재의 활동과 목표를 분명히 하여 하루 24시간을 계획대로 사용하여 업무의 효율을 높이는 유형이다. '시간전략형'은 시간 관리뿐만 아니라, 시간의 부가가치를 창출하기 위하여 노력하는 유형이다. 이런 유형의 사람은 시간을 전략적 자원으로 활용하려고 노력하는 사람이며, 자신의 시간뿐만 아니라 상대방의 시간에 대해서도 통찰력을 갖고 있다.

네 번째 유형은 과거지향형 인간과 미래지향형 인간이다. 과거지향형 인간은 과거의 지식과 경험에 바탕을 두고 일을 처리하는 유형이다. 반면에 미래지향형 인간은 미래의 자기를 살리는 데 중점을 두고, 자신이야말로 새로운 아이디어(idea)를 지닌 진보파라고 믿는다. 미래지향형 인간이 얼마나 성과를 낼 수 있는지에 대한 것은 사전의 기획력과 치밀한 실행의 여부에 달려 있다.

④ **학습자들을 위한 시간 관리 십계명(十誡命)**

다음의 내용은 학생들이 시간 관리를 효율적으로 잘 하려면 어떤 원리를 적용하는 것이 효과적인지 10가지 항목[61]으로 정리해 놓은 것이다.

▸ 제1조: 공부에 대해 강박증을 갖지 말라.

당신의 학습태도에 심리적인 것이 큰 영향을 미친다. 머리가 나쁘다거나 성적이 안 올라가서 큰일이라는 부정적 감정을 일소하지 못하면 학습에 발전이 없다.

▸ 제2조: 자기에 관한 정보를 정확히 파악하라.

자기 자신의 습관 중에서 자신이 모르는 것들이 의외로 많다. 학습자는 다음의 사항들을 검토해 보라. 생체리듬, 수면시간과 유형: 올빼미 유형인가? 종달새 유형인가? 성격: '열심형'인가? 지속형인가? 학습방법: '암기형'인가? '사고형'인가?

▸ 제3조: 자기에게 알맞은 학습 스타일(style)을 개발하라.

다른 사람의 학습 스타일을 참고할 수 있지만, 자신에게 적합한 학습스타일이 존재한다는 것을 기억할 필요가 있다. 예를 들자면, 어느 시간에 어떤 과목을 공부하는 것이 가장 효율적인가를 발견한다. 성적이 좋지 않은 과목에 대한 학습전략을 세운다. 암기를 효율적으로 하기 위한 방법을 개발한다. 독해능력을 발전시킬 계획을 세운다.

▶ 제4조: 구체적인 목표를 세워라.

목표가 구체적이고 명확할수록 달성할 가능성은 높아진다. 예를 들자면, 막연히 책을 많이 읽자 하지 말고, "나는 한 달에 최소한 2권의 교양서적을 읽는다."라고 계획을 세운다. 성적이 낮은 학생일수록 이 원리를 잘 적용하면 크게 진전을 이룰 수 있다.

▶ 제5조: 당신이 우선순위로 두는 과목을 위해서 매일 특정한 시간을 할당하라.

규칙적으로 끈기 있게 하는 것이 장기적으로 얼마나 커다란 효과를 내는가는 경험해 본 사람이라면 잘 안다. 끈기는 열정과 함께 모든 일의 성공의 원인이 된다. 예를 들어, 어학(語學) 과목은 단시일에 연마되지 않는다.

▶ 제6조: 공부시간과 휴식시간의 리듬을 잘 맞추어라.

휴식시간을 존중하라. 공부와 휴식의 균형이 깨어지면 비능률적이다. 휴식시간에는 육체적 운동, 음악듣기와 눈(eyes)운동을 하라. 가끔은 아무 생각 없이 멍한 상태를 유지하는 것도 좋다.

▶ 제7조: 공부에 재미를 붙여라.

공부가 재미있다면 학습에 관한 대부분의 문제는 해결될 것이다. 그러나 재미없는 과목에는 재미를 붙여가라. 몇 가지 아이디어를 소개한다면, 자발적으로 공부하라. 강요에 의한 공부는 재미가 없다. 공부가 재미없는 것은 과목 자체보다는 과거에 잘못된 습관인지도 모른다. 예를 들자면, 그 과목선생님을 좋아하지 않았다든지,

결석을 많이 하여 이해를 못해서 싫어할 수도 있다. 한 번에 한 가지씩 공부하여 작은 성공을 성취하라. 적당한 보상을 자신에게 주어라.

▶ 제8조: 변화 있게 공부하라.

같은 과목의 공부를 2시간 이상 계속하지 말라. 또한, 비슷한 개념의 공부를 연속적으로 하지 말라. 예를 들자면, 국어와 영어를 연속해서 하지 말고, 수학과 물리도 연속적으로 하지 말라. 만약 그렇게 하면 두뇌가 쉽게 피로를 느낀다.

▶ 제9조: 수업시간을 효과적으로 이용하라.

특히 수업시작 5분 전(前)과 수업종료 5분 전(前)을 중요하게 생각하라. 수업시간 5분전에는 배울 내용을 전체적으로 파악하고, 종료 5분전에는 그 시간에 학습한 요점과 강조점을 다시 확인하라.

▶ 제10조: 취침시간을 줄이는 길을 찾아라.

다음 날 수업시간에 졸리지 않은 한도에서 잠을 줄이는 길을 찾아라. 보통 하루에 6시간 정도만 자면 된다. 잠이 부족한 경우에는 쉬는 시간이나 점심시간에 10분 정도 낮잠을 자는 것도 하나의 대안이 될 수 있다.

2) 돈(물질) 관리의 책임

명언: 악의 근원이 되는 것은, 돈 그 자체가 아니라, 돈에 대한 애착 그것이다. -S. 스마일스

(1) 돈은 선한가? 악한가?

돈이 악하다고 생각하는 것은 일종의 잘못된 선입견이다. 돈 자체는 선한 것도 악한 것도 아니다. 다만 돈이 무슨 목적(for what)으로 어떻게(how) 사용되느냐에 따라 선한 도구가 될 수 있고, 악한 도구도 될 수 있다. 예를 들자면, 날카로운 칼이 의사의 손에 들려지면 그 칼은 환자의 몸을 수술하는 데 긴요한 물건으로 사용되어 죽을 환자를 살려낼 수 있다. 그러나 반대로 예리한 칼이 강도의 손에 들려지면, 물질적 욕망을 채우는 흉기로 돌변하여 다른 사람의 생명을 죽일 수 있다.

돈의 중요성을 강조하면서 유대인 아버지의 경제교육과 관련된 서적을 저술한 현용수는 인간의 기본적 욕심으로 물질욕을 설명하며 돈에 대한 문제점에 대하여 설명한다. 그는 돈이 물질적 욕구들 가운데 하나로써, 무엇을 위하여 어떻게 사용되느냐에 따라 선인지 악인지 판단할 수 있다고 주장한다.[62]

(2) 2억 돈을 기부한 얼굴 없는 천사

각박한 세상에 훈훈한 감동을 주는 이야기를 소개하고자 한다.

전남 담양군에는 2009년 7월 30일 묵직한 상자가 전달되었다. 이 내용을 취재한 송창헌 기자의 기사를 인용해 보도록 하겠다.

익명의 기부자가 전남 담양군에 돈 상자를 보내온 건 30일 오전 10시20분께. 행정과에 근무하는 이모씨(28)는 '발신: 광주 동구 충장로4가 ○○서점'이라고 적힌 묵직한 과일상자를 보고 "책이려

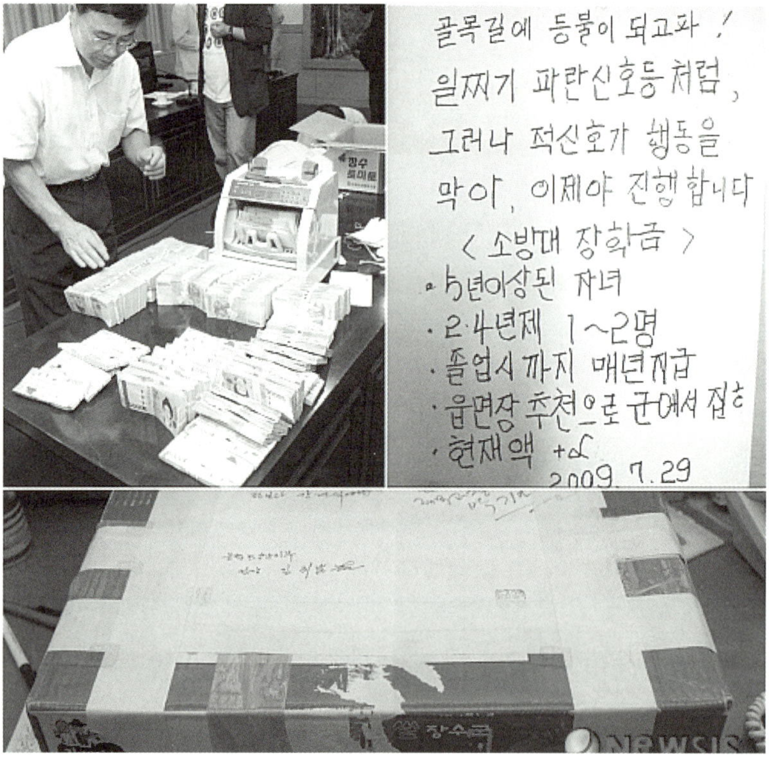

니…" 하고 무심코 상자를 열어봤다.

이윽고 이씨는 눈을 의심할 수밖에 없었다. 책은 어디에도 없고, 5만 원, 1만 원짜리 돈 뭉치가 은행봉투 등에 담긴 채 빼곡히 들어 있었던 것.

놀란 나머지 발신지와 수신자를 재차 확인하던 이씨는 상자 안에 담긴 한 장의 편지를 읽고서는 '통 큰 기부'라는 사실을 직감하고, 주위에 이 같은 사실을 알렸다.

A4 용지 크기의 이 편지에는 "골목길에 등불이 되고파! 일찍이

푸른 신호등처럼, 그러나 적신호가 행동을 막아 이제야 진행합니다. '소방대 장학금', 5년 이상 된 자녀, 2~4년제 1~2명, 졸업 시까지 매년 지급, 읍·면장 추천으로 군에서 집행"이라고 적혀 있었다.

필체를 숨기기 위해 왼손으로 또박또박 눌러 쓴 것으로 보이는 이 편지에서 보내는 이는 수혜 대상을 제한함으로써 기부의 뜻을 명확히 했다. 또 편지 말미에 '현재액 +α'라고 적어 추가기부 의사도 내비쳤다. 주영찬 군수권한대행은 "삭막한 세상에 단비와도 같은 소식"이라며 "소방대 장학금으로 써 달라는 기부자의 뜻을 전적으로 존중해 보내온 돈은 담양장학회 기금으로 편입시켜 인재육성을 위한 장학사업 등에 사용키로 했다"고 말했다.

또 기부자가 '골목길에 등불이 되고파'라고 밝힌 점을 고려해 장학금의 명칭도 가칭 '등불장학금'으로 정했다. 예고도, 전례도 없이 찾아든 돈 상자에 공무원은 물론 지역민들 역시 감동의 물결에 휩싸였다. 기부자가 누구인지를 놓고 이야기꽃을 피우는 등 온종일 얼굴 없는 천사가 가져다준 '행복 바이러스'에 중독되었다.

(3) 돈과 인간의 관계

> 명언: 어떤 인간이든 돈으로 매수되지 않는 사람은 없다. 문제는 그 금액이다. —M. 고리키

물질적 만족 특히, 돈에 만족하는 사람은 거의 없다. 돈은 마치 바닷물과 같아서 갈증이 날 때, 바닷물을 마시면 계속 마시게 되어 결국 생명을 파괴시키는 데 도달할 수 있다. 마찬가지로 사람들은 수입이 늘어나도 만족하지 못하고 계속 더 많은 돈을 벌려고 애쓰

다가 나중에 질병에 걸리거나 돈 때문에 죽임을 당할 수도 있다.

권장 사항: 이 책을 읽는 독자들은 돈을 잘 사용하여 성공적 결과를 도출한 사례와, 반대로 돈을 잘못 사용하여 불행해진 사람의 사례를 찾아서 대조해 보고 통찰을 얻으시오.

(4) 가난에서 벗어나는 10가지 법칙

거의 모든 사람들은 가난하게 살기보다는 부유하고 풍요롭게 살고 싶어 한다.

가난에서 벗어나는 10가지 법칙을 현용수 박사는 다음과 같이 주장한다.

첫째 법칙: 돈에 대한 올바른 철학관을 가져라.

둘째 법칙 : 확고한 노동관과 직업관 및 경제관을 가르쳐라.

셋째 법칙: 게으르지 말고 부지런하라.

넷째 법칙 : 1원도 귀하게 여기고 일확천금의 헛된 꿈을 버려라.

다섯째 법칙: 저축하며 규모 있게 살아라.

여섯째 법칙: 밑바닥부터 시작하려는 투지를 가져라.

일곱째 법칙: 빚을 지지 마라.

여덟째 법칙: 남에게 보증을 서지 마라.

아홉째 법칙: 남을 속이지 마라 - 정직하게 살아라.

열째 법칙: 남을 구제하는 데 힘써라.

3) 인맥관리

명언: 남에게 대접을 받고자 하는 대로 먼저 남을 대접하라.
–마태복음 7:12

(1) 대인관계에 능했던 인물

대인관계에 대하여 많은 강연과 프로그램을 진행하면서 인간관계에 대한 명저를 남긴 대표적인 현대의 인물이라면 카네기이다. 그런데 여기에서는 한 나라의 대통령 신분임에도 불구하고 대인관계에 능했던 미국의 루즈벨트 대통령의 경우를 짧게 소개하고자 한다. 그는 대통령으로서 바쁜 일정을 소화시켜야 함에도 불구하고, 방문자가 정해지면 그 사람의 관심사를 미리 파악했다고 한다. 방문자에 대한 정보를 파악하고 때로는 서적을 미리 읽으면서까지 대화의 소재를 미리 준비했다고 하니 그는 대인관계에서 상대방을 세심하게 배려한 인물이었음에 틀림없다.

(2) 대인관계는 왜 중요한가?

대인관계의 중요성은 아무리 강조해도 지나치지 않다. 성공한 사람들을 조사해 본 결과에 따르면, 개인의 실력과 재능으로 성공한 사람들보다는 인간관계가 원만함으로써 기회의 문이 열려서 성공한 사람들이 훨씬 더 많기 때문이다.

인간의 능력과 관련된 대표적 표현은 지적능력을 나타내는 IQ가 있고, 감성과 관련된 EQ 그리고 사회성과 관련된 SQ(사회지능)

가 있다. 그렇다면 인간관계와 관련된 표현은 없는가? 있다. 인간관계와 관련하여 그로쓰(Stefen F. Gross)는 관계의 지능(Beziehungs Intelligenz)이라는 독일어를 사용하였으며 줄여서 BI라고 표현할 수 있다. 그는 인간관계지능의 능력으로 4가지를 강조한다. 첫째, 상대방의 관심사에 호응할 줄 아는 능력, 둘째, 상대방에게 자신감을 심어주는 능력, 셋째, 상대방에게 만족감을 제공하는 능력, 넷째, 상대방으로 하여금 성공을 체험케 하는 능력뿐만 아니라, 결단력과 용기를 낼 수 있도록 돕는 능력이다.

(3) 동양과 서양의 인간관계 기술

① 중국의 사상가인 노자의 인간관계 5계명

노자의 '도덕경(道德經)'에서 통찰을 얻을 수 있는 인간관계의 원리를 정리해 보면 다음과 같다.

첫째, 진실하지 않은 미사여구(美辭麗句)를 늘어놓지 말라.

둘째, 말이 많은 다변(多辯)을 삼가라.

셋째, 아는 체하지 말라.

넷째, 돈에 너무 집착하지 말라.

다섯째, 다른 사람과 다투지 말라.

② 미국의 인간관계 전문가였던 카네기(Dale Carnegie)의 인간관계 기술

인간관계 이론을 정립하기 위해서 약 15년 정도 심혈을 기울여 저술한 카네기는 인간관계를 잘 맺는 방법으로써 6가지 항목들을

강조하고 있다.[63)]

첫째, 어느 곳에서나 환영을 받는 방법은 다른 사람들에게 순수한 관심을 기울이는 것이다.

둘째, 첫인상을 좋게 만드는 간단한 방법은 상대방에게 미소를 짓는 것이다.

셋째, 상대방의 이름을 잘 기억하라. 왜냐하면 당사자들에게는 자신의 이름이 가장 중요한 말이기 때문이고, 이름을 정확히 불러주는 것은 인간관계 형성에 필수적 요소이다.

넷째, 즐거운 대화를 나누는 쉬운 방법은 다른 사람의 말을 잘 들어주는 사람이 되는 것이다. 그리고 사람들로 하여금 자신에 대하여 말하도록 격려하고 고무시켜라.

다섯째, 사람들의 흥미를 끄는 방법은 다른 사람들의 관심사에 대하여 이야기하는 것이다.

여섯째, 사람들이 나를 즉시 좋아하게 만드는 방법은 상대방으로 하여금 자신을 중요한 사람이라고 느끼게 만드는 것이다. 여기서 기억할 점은 성실한 태도로 진지하게 해야 한다는 것이다.

(4) 원만한 대인관계를 위한 원리

▶ 원칙 1: 남에게 대접을 받고자 하는 대로 먼저 남을 대접하라(마태복음 7:12).

인간관계는 마치 메아리 현상과 같다. 내가 생각하고 말하고 행동하는 대로 나에게 되돌아오기 때문이다.

앞에서 언급한 원칙 1의 내용은 '황금률'이라는 별명을 가진 본문으로 원만한 대인관계를 위한 최고의 표현이다.

▸ 원칙 2: 맥스웰(John Maxwell)은 가장 중요한 인간관계로 가족 구성원들과의 관계를 강조한다. 그는 가정에서 성공하라, 그러면 다른 모든 대인관계가 쉬워질 것이라고 주장한다.[64] 또한, 그는 인간관계의 정복을 위한 단기코스로 사용하는 말(또는 단어)의 중요성을 다음과 같이 단적으로 표현하고 있다.[65]

가장 중요하게 여기지 않아야 할 단어: 나(I)

가장 중요한 단어: 우리(We)

가장 중요한 두 단어: 감사합니다(Thank you).

가장 중요한 세 단어: 모든 것을 용서합니다(All is forgiven).

가장 중요한 네 단어: 당신의 의견은 어떻습니까? (What is your opinion?)

가장 중요한 다섯 단어: 아주 잘 했습니다(You did a good job).

가장 중요한 여섯 단어: 당신에 대해 보다 더 많이 알기를 원합니다(I want to understand you better).

위의 내용(예: 주요 단어)을 필자가 핵심단어로 정리해 본다면, 대인관계에서 가장 중요한 단어는 '우리'라는 공동체 의식이다. 그리고 감사, 용서, 상대방 의견의 경청, 칭찬과 상대방에 대한 관심(또는 기대)과 같은 주제들이다.

▶ 원칙 3: 상대방의 말을 경청하라.

유대인들의 지혜를 모아 놓은 문서들 가운데 '탈무드'라는 책이 있다. 그 책에는 하나의 재미있는 질문이 제시되어 있다. '사람에게 입은 하나인데, 왜 귀는 두 개인가?' 이 질문에 대하여 독자들은 무엇이라고 대답하겠는가? 아마도 다양한 대답들이 가능할 것이다. 그런데 그 책에서 제시하는 대답의 핵심은 사람이 말하는 것보다, 듣기를 두 배로 하라는 것이다. 이 대답에 대하여 필자는 상대방의 말에 경청하는 자세를 늘 유지하라는 것으로 받아들인다.

경청은 인간관계에서 가장 기본적인 듣는 기술이다. 경청은 단순한 청취가 아니라, 상대방을 향한 적극적 관심과 지지의 표현으로써 듣는 기술인 것이다. 따라서, 청취(hearing)와 경청(listening)은 구분되어야 한다. 경청의 정의와 관련하여 볼튼(Robert Bolton)은 경청이란 어떤 사람이 말하는 내용을 듣고, 그 사람에게 관심(involvement)을 갖는 일련의 행위라고 언급한다.[66] 그는 이어서 경청의 중요성도 언급하고 있는데, 경청의 중요성은 사람들이 깨어있는 시간 중에서 그 무엇보다도 듣기에 많은 시간을 사용하고 있다는 사실과, 우리의 경청 능력은 우정, 가족관계, 그리고 직장에서 직접적으로 영향을 미치기 때문에 중요하다고 설명한다.

경청의 종류와 관련하여 여기에서는 반영적 경청에 대하여 언급해 본다. 반영적 경청에서 반영은 감정의 영역, 태도의 영역, 그리고 내용의 영역이라는 3가지 요소로 이루어진다.[67]

첫째, 감정의 반영은 내담자의 감정에 초점을 맞추어 그때 그때 반영해 주는 것을 말한다. 예를 들자면, "그때 마음이 얼마나 아프셨겠어요?" 또는 "너무 슬픈 말씀이군요."와 같은 표현으로 내담자의 감정을 반영하고 확인시켜 주는 것이다. 둘째, 태도의 반영은 내담자의 언어표현뿐만 아니라, 비(非)언어적 표현에 담긴 의미를 읽고 반영해 주는 것을 말한다. 예를 들자면, "그래서 얼굴에 미소를 짓는군요." 또는 "주먹을 꽉 쥔 그 이유를 알 만하네요."와 같이 내담자의 무언의 표현들을 반영해 줌으로써 상담자의 이해와 관심을 내담자에게 표명해 주는 것이다. 셋째, 내용의 반영은 내담자가 표현하는 메시지의 내용을 요약해서 상담자의 언어로 간략하게 표현하는 것을 의미한다.

비언어적 메시지의 경청: 메리비안(Mehrabian)은 실험을 통하여 한 사람이 다른 사람을 좋아할 때, 어떻게 표현하는지 관찰을 한 후에 그 결과를 다음과 같이 정리하였다.[68] 전체 표현 중에서 말로 좋아하는 표현을 한 사람은 7%, 목소리로 좋아하는 표현을 한 사람은 38%, 그리고 얼굴표정으로 좋아하는 것을 표현한 사람은 55%였다.

▸ 원칙 4: 솔직하고 진지하게 상대방을 칭찬하고 격려하라.

필자는 대인관계에서 칭찬과 격려가 중요한 요소임을 강조하고 싶다. 어떤 사람이 무엇인가를 만족스럽게 잘 했을 때는 칭찬을 해 주고, 무엇인가를 잘 못했을 때는 격려가 필요하다는 말이다.

칭찬이라는 주제와 관련하여 행동주의 심리학의 대가였던 스키너(Skinner)는 '칭찬은 어떤 사람의 행동을 변화시키는 가장 강력한 도구이다. 칭찬은 사람들이 더 잘 행동하게 하고 삶의 폭을 넓히는 모험을 받아들이도록 용기를 준다.'고 강조하였다.

대인관계에서 칭찬은 윤활유와 같은 역할을 한다. 칭찬에 대한 연구를 심도 있게 하고 칭찬 프로그램을 만들어 보급하고 있는 이

재명 목사는 칭찬의 효과를 다음과 같이 강조한다.[69]

"인간관계에서 가장 중요한 것은 서로 마음의 문을 여는 것이다. 상대방의 단점을 찾고 비난하는 것은 북풍한설처럼 마음의 문을 닫게 만든다. 하지만 칭찬은 따스한 햇볕과 같아서 마음의 문을 활짝 열게 한다. 중략. 인간관계에서도 칭찬은 촉매제와 같은 역할을 한다. 칭찬은 신기할 정도로 좋은 인간관계를 만들어 낸다."

대인관계에서 칭찬과 더불어 중요한 다른 하나의 주제는 바로 격려(激勵)이다. 왜냐하면 어떤 사람이든 항상 칭찬받을 만한 언행을 하는 것이 아니기 때문이다. 많은 경우에 사람들은 대인관계에서 의도적이든 아니든 실수를 저지른다. 이런 경우 잘못된 언행에 대하여 비난하고 비판할 수 있지만, 그 결과는 부정적인 경우가 많다. 그렇다면 상대방이 무엇인가를 잘 못했을 때, 어떻게 반응하는 것이 효과적이겠는가? 비난과 비판 그리고 정죄하기보다는 격려하는 것이 훨씬 효과적이다.

예: 베드로가 스승을 부인하고 어부로 되돌아갔을 때, 예수님의 반응 - 베드로를 찾아가시고 격려해 주심 (요한복음 21장)

2 감사: 감사를 생활화하라

명언: 감사는 타인에게는 훌륭한 태도이고, 자신에게는 영혼을 훈련하기에 좋은 습관이다. –다프네 로즈 킹마, Daphne Rose Kingma

1) 감사의 태도는 왜 필요한가?

감사는 행복의 문을 여는 열쇠이기 때문에 사람들에게 필요하고 중요하다.[70] 필자는 78세 된 모친을 모시고 산다. 차남이지만 큰아들이나 막내아들 집에 머무르는 것보다 편안해 하시기 때문에 같이 산다. 그런데 모친께서는 연로하시고 젊어서 중이염을 앓았던 관계로 귀에 '이명현상'이 있어서 살아가는 데 불편한 점이 있으시다. 필자는 아파트에 살기 때문에 모친께서 외출하면서 교회의 예배에 참석하실 때, 열쇠를 꼭 잠그고 다니시라고 강조한다. 왜냐하면 도회지에서는 서로 잘 모르기 때문에 아파트 문단속을 하지 않으면 도둑을 맞을 수 있기 때문이다. 그런데 어느 날 모친께서는 열쇠를 집에 두고 외출을 하셨고, 다른 식구들은 당연히 열쇠를 가져가신 줄 알고 문을 잠그고 외출했다. 볼일을 보고 귀가한 모친께서는 아파트에 들어가기 위하여 열쇠를 찾았으나 호주머니에는 열쇠가 없었기 때문에, 오랫동안 대문 밖에서 기다리는 고통을 당해야 하셨다. 필자의 모친께서는 아파트를 출입할 수 있는 자격이 있었고 집안에 들어가고 싶은 마음이 간절했지만, 들어갈 수가 없었다. 그 이유는 아파트 문을 열 수 있는 열쇠를 가지고 있지 않았기 때문이다.

모친의 이런 경험을 토대로 필자는 감사와 행복의 관계를 생각해 보았다. 사람들은 누구나 불행하기보다는 행복하게 살고 싶어 한다. 그런데 어떻게 해야 행복할 수 있는지에 대해서는 깊이 연구하거나 깨달음을 얻지 못하고 살아가는 경우가 허다하다. 사람은 누구나 타인과의 상대적 비교를 통해서는 행복하게 살아갈 수 없다. 행복하려면 전제조건이 있는데 그 조건들 가운데 가장 중요한 항목이 바로 감사이다. 자신이 처한 환경 속에서 감사의 조건을 발견할 수 없다면, 그 사람은 사막에서 오아시스를 찾기 어려운 것처럼 진정으로 행복을 체험하기는 대단히 어렵다.

2) 감사할 줄 아는 마음

명언: 감사는 긍정적인 엔도르핀을 분비해 사람을 건강하게 해준다.
–샤론 허프맨, Sharon Huffman

김현승 시인은 다음과 같이 감사의 마음을 표현하였다.[71]

감사하는 마음

김현승

마지막 가을 해변에 잠든 산비탈의 생명들보다도
눈 속에 깊이 파묻힌 대지의 씨앗들보다도
난로에서 꺼내오는 매일의 빵들보다도
언제나 변치 않는 온도를 지닌 어머니의 품안보다도
더욱 다수운 것은 감사하는 마음이다!
감사하는 마음은 언제나 은혜의 불빛 앞에 있다

중략

감사하는 마음 - 그것은 곧 아는 마음이다
내가 누구인가를 그리고
주인이 누구인가를 깊이 아는 마음이다.

3) 감사에도 수준이 있다

명언: 감사는 표현할수록 더 깊이 느낄 수 있다. 또 감사는 깊이 느낄수록 표현하고 싶어진다. 이 둘은 동그라미를 그리며 휘몰아치는 회오리바람처럼 무한정 퍼져나가면서 함께 커진다.
–데이비드 스테인들–라스트, David Steindl–Rast

우리가 교육을 받는 기관에는 초등학교에서부터 대학교까지 단계가 있듯이, 감사에도 수준에 따른 단계별 차원이 있다.[72)]

첫 번째 감사는 1차원적 감사이다. 이 감사는 '조건부(If) 감사'라고 할 수 있다. 만일 내가 다른 사람들보다 일이 더 잘 되거나 더 많은 소유를 갖게 되면 감사하겠다는 일종의 조건부 감사이다. 이런 감사는 타인들과의 비교 속에서 자신이 갖지 못한 것을 불평하기 쉬운 어린아이 수준의 감사이며 가장 차원이 낮은 단계의 감사이다.

두 번째 감사는 2차원적 감사이다. 이 감사는 '때문에(Because)의 감사'이다. 표현 그대로 이런 감사는 무엇인가를 받았기 때문에 그것에 대한 반응으로써 받은 것들 중에서 일부를 드리는 행위이다. 2차원적 감사는 자신을 상대방과 비교하는데 자기보다 못한 사람과 비교하면서 상대적으로 많은 것을 받은 것에 대하여 감사하는 단계로서, 대부분 감사는 이 단계에 속한다.

반면에, 세 번째 감사는 3차원의 감사이다. 이 감사는 '그럼에도 불구하고(In spite of)의 감사'이다. 3차원의 감사는 역경과 위기의 상황을 만날지라도 불평하지 않고 그럼에도 불구하고 드리는 감사이다. 이런 감사는 인간적으로나 환경적으로 악조건에 놓인다 할지라도 모든 것을 하나님의 섭리로 생각하고 매사에 감사를 드리는 가장 고차원적 감사이다.

다음의 이야기는 가장 고차원적 감사를 드렸던 실제 사례이다. 전남 여수에는 '애양원'이 있는데, 한센병 환자들을 수용하는 소록도가 생기기 전에 손양원 목사님이 나환자들을 돌보시던 곳이다. 이 곳에는 손목사님의 유품들이 전시되어 있다. 1948년 10월 '여수순천반란사건'이 있었고, 그 당시 순천사범학교에 다니던 손목사님의 두 아들(동인과 동신)이 공산주의자들에 의하여 순교를 당하게 되었다. 상상하지 못했던 갑작스러운 슬픔을 만났지만, 손목사님은 장례식장의 조문객들 앞에서 이렇게 감사를 고백했다고 한다.[73)]

제가 이 시간에 무슨 답사를 하고 무슨 인사를 하겠습니까마는 하나님 앞에 감사하는 마음이 있어서 몇 말씀을 드립니다.

첫째, 나 같은 죄인의 혈통에서 순교의 자식들이 나오게 하셨으니 하나님께 감사합니다. 둘째, 허다한 많은 성도들 중에 이런 보배들을 주께서 하필 내게 맡겨 주셨는지 그 점 또한 주님께 감사합니다. 셋째, 3남 3녀 중에서도 가장 아름다운 두 아들 장남과 차남을 바치게 된 나의 축복을 하나님께 감사합니다. 넷째, 한 아들의 순교도 귀하다 하거늘 하물며 두 아들의 순교이리요. 하나님 감사합니다. 다섯째, 예수 믿다가 누워 죽는 것도 큰 복이라 하거늘 하물며 전도하다 총살 순교당함이리요. 하나님 감사합니다. 여섯째, 미국 유학 가려고 준비하던 내 아들, 미국보다 더 좋은 천국에 갔으니 내 마음이 안심되어 하나님 감사합니다. 일곱째, 나의 사랑하는 두 아들을 총살한 원수를 회개시켜 내 아들 삼고자 하는 사랑의 마음을 주신 하나님께 감사합니다. 여덟째, 두 아들의 순교로 말미암아 무수한 천국의 아들들이 생길 것이 믿어지니 우리 하나님께 감사합니다. 아홉째, 이 같은 역경 중에서 이상 8가지 진리와 하나님의 사랑을 찾는 기쁜 마음, 여유 있는 믿음을 주신 우리 주 예수 그리스도께 감사합니다. 열째, 이렇듯 과분한 축복 누리게 되는 것을 감사합니다.

4) 감사의 장애물은 무엇인가?

> 명언: 감사는 마음의 기억이다. 따라서 '예전에 기쁨을 주었던 것들이 아직도 나에게 존재한다.'는 말을 자주 해야 한다.
> –리디아 차일드, Lydia Child

사람들은 누구나 행복하게 살기를 원한다. 행복하게 살려면 작은 일에도 감사할 수 있는 지혜를 터득하는 것이 비결이다. 그런데 우리가 감사하며 살아가는 데 걸림돌이 있다. 과연 그 장애물은 무엇일까?[74)]

첫째, 우리가 감사 생활을 못하는 가장 큰 이유는 바로 욕심 때문이다. 감사와 욕심은 공존할 수 없다. 감사는 하나님께 속해 있지만, 지나친 욕심은 사탄의 속성이다. 어느 정도의 욕심은 삶의 의욕을 불러일으키지만, 지나친 탐욕은 불행의 불러오는 원인이 된다.

둘째, 비교의식은 감사를 방해하는 커다란 적이다. 비교의식은 욕심의 또 다른 얼굴이기도 하다. 자신을 상대방과 끊임없이 비교하게 되면, 우월감으로 교만해지거나 반대로 열등감에 사로잡혀 자기비하의 수렁에 빠지기도 한다.

셋째, 감사하지 못하는 이유는 염려 때문이다. 일반적으로 사람들이 염려하는 문제는 약 10%만 현재 고민해야 할 문제이지, 나머지 약 90%는 과거의 일이나 아직 일어나지도 않은 미래의 일 때문이라고 한다. 이런 상황과 관련하여 성경은 구체적인 해결책을 제시하고 있다. "그러므로 내일 일을 위하여 염려하지 말라. 내일 일은 내일 염려할 것이요. 한 날의 괴로움은 그날에 족하니라."(마태복음 6:34)

우리는 불확실성의 시대를 살아가고 있다. 그만큼 우리의 미래는 불안하고 예측하기 힘들다. 그렇기 때문에 염려와 불안이 생기겠지만, 감사하는 마음은 염려의 먹구름을 말끔히 걷어낼 수 있는 강력한 도구가 된다.

5) 사소한 것에 대한 감사: 사흘만 볼 수 있다면

명언: 감사하라. 그러면 젊어진다. 감사하라. 그러면 발전이 있다. 감사하라. 그러면 기쁨이 있다. –칼 힐티

헬렌 켈러 여사는 육체적 장애인으로서 불편한 삶을 살았지만, 심리적 장애인으로 살아가는 수많은 사람들의 정신을 일깨운 작은 거인이었다. 그녀는 시간의 소중함과 평범한 것에 대한 감사의 태도가 필요함을 '사흘만 볼 수 있다면(three days to see)'이라는 수필에서 잘 표현해 주고 있다.

헬렌 켈러의 글은 1930년대 경제 대공황의 후유증에 허덕이던 미국인들을 잔잔히 위로해 주었다. 그래서 '리더스 다이제스트'는 이 글을 '20세기 최고의 수필'로 꼽았다

첫째 날, 나는 친절과 겸손과 우정으로 내 삶을 가치 있게 해준 설리번 선생님을 찾아가 이제껏 손끝으로 만져서만 알던 그녀의 얼굴을 몇 시간이고 물끄러미 바라보면서 그 모습을 내 마음속에 깊이 간직해 두겠다. 그리고 밖으로 나가 바람에 나풀거리는 아름다운 나뭇잎과 들꽃들 그리고 석양에 빛나는 노을을 보고 싶다.

둘째 날, 먼동이 트며 밤이 낮으로 바뀌는 웅장한 기적을 보고 나서, 서둘러 메트로폴리탄에 있는 박물관을 찾아가 하루 종일 인간이 진화해온 궤적을 눈으로 확인해 볼 것이다. 그리고 저녁에는 보석 같은 밤하늘의 별들을 바라보면서 하루를 마무리하겠다.

마지막 셋째 날에는 사람들이 일하며 살아가는 모습을 보기 위해 아침 일찍 큰길에 나가 출근하는 사람들의 얼굴 표정을 볼 것이다. 그러고 나서 오페라하우스와 영화관에 가 공연들을 보고 싶다.

그리고 어느덧 저녁이 되면 네온사인이 반짝거리는 쇼윈도에 진열돼 있는 아름다운 물건들을 보면서 집으로 돌아와 나를 이 사흘 동안만이라도 볼 수 있게 해주신 하나님께 감사의 기도를 드리고 다시 영원히 암흑의 세계로 돌아가겠다.

6) 어떻게 감사를 실천할 수 있는가?

명언: 우리 가족은 친척들에게 30년이 넘도록 크리스마스 날에 카드가 아닌 감사편지를 보내고 있다. 우리가 받은 축복에 감사하는 마음을 널리 퍼뜨리고 싶었기 때문이다.
–존 마륵스 템플턴, John Marks Templeton

감사에 대하여 오랫동안 연구해 온 전문가의 감사를 실천하는 10가지 방법은 독자들에게 유익을 줄 수 있기 때문에 소개해 본다.[75)]

첫째, 감사의 일기를 쓴다. 둘째, 나쁜 일을 기억한다. 이 부분은 설명이 약간 필요하다. 최악의 순간을 떠올리는 일이 어떻게 감사하는 마음을 함양하는 효과적인 방법이 될 수 있는가? 그것은 좋은 일뿐만 아니라, 나쁜 일을 기억해 보는 것이 생각의 폭과 깊이를 더해 주기 때문이다. 셋째, 자신의 마음을 들여다보는 3가지 질문을 한다. a) 나는 _______ 로부터 무엇을 받았는가? b) 나는 _______ 에게 무엇을 주었는가? c) 내가 일으킨 문제와 어려움은 _______ 인가? 넷째, 날마다 감사 기도를 한다. 다섯째, 감각에 충실해진다. 프레드릭 러스킨 박사는 '감사의 호흡'이 얼마나 유익한가를 소개하면서 다음과 같은 3가지를 실천해 보라고 권면한다. 우선, 매일 2~3회씩 마음을 느긋하게 먹고 호흡에 집중한다. 다음으로, 잠시 동작을 멈추고 숨이 어떻게 들어가고 나오는가에 주의를 기울인다. 이런 상태로 계속 호흡한다. 마지막으로, 5~8회에 걸쳐 숨을 내쉴 때마다 속으로 '감사합니다'라고 하면서 호흡이라는 선물을 받은 것과 살아있다는 사실이 얼마나 행운인가를 다시 한 번 생각해본다. 여섯째, 시각적 자극으로 감사를 일깨운다. 일곱째, 감사의 실천을 맹세한다. 여덟째, 감사의 언어를 사용한다. 아홉째, 의식적으로 감사의 행동을 한다. 열째, 틀에서 벗어난다. 일상적 틀에서 벗어난다는 의미는 감사의 근육을 움직일 기회를 최대한 활용하려면, 창의적인 눈을 가지고 새로운 상황을 찾아보아야 한다는 것이다.

7) 나의 감사수준 테스트

긍정 심리학의 창시자이면서 미국 심리학회 회장을 역임하고 현재 펜실베이니아 대학교 심리학과 교수로서 30년 동안 심리학을

연구하고 있는 마틴 셀리그만은 감사의 수준을 측정할 수 있는 설문지를 만들어 소개하였다.[76)]

다음의 진술문항을 읽고 당신의 생각과 가장 비슷한 항목을 표시하시오.

문항 1 나는 감사해야 할 것이 아주 많다.

① 전혀 아니다. ② 아니다. ③ 그렇지 않은 편이다.
④ 보통이다. ⑤ 그런 편이다. ⑥ 그렇다.
⑦ 정말 그렇다.

문항 2 만일 내가 고맙게 여기는 것들을 모두 작성하면 아주 긴 목록이 될 것이다.

① 전혀 아니다. ② 아니다. ③ 그렇지 않은 편이다.
④ 보통이다. ⑤ 그런 편이다. ⑥ 그렇다.
⑦ 정말 그렇다.

문항 3 세상을 둘러볼 때, 내가 고마워할 것이 별로 없다.

① 전혀 아니다. ② 아니다. ③ 그렇지 않은 편이다.
④ 보통이다. ⑤ 그런 편이다. ⑥ 그렇다.
⑦ 정말 그렇다.

문항 4 나는 각계각층의 많은 사람들에게 고마움을 느낀다.

① 전혀 아니다. ② 아니다. ③ 그렇지 않은 편이다.
④ 보통이다. ⑤ 그런 편이다. ⑥ 그렇다.
⑦ 정말 그렇다.

문항 5 나이가 들수록 내 삶의 일부가 되어온 사람, 사건, 상황들에 감사하는 마음이 더 커지는 것을 느낀다.

① 전혀 아니다. ② 아니다. ③ 그렇지 않은 편이다.

④ 보통이다.　　⑤ 그런 편이다.　　⑥ 그렇다.
⑦ 정말 그렇다.

문항 6 오랜 시간이 흐른 뒤에야 비로소 나는 사람이나 일에 고마움을 느낀다.
① 전혀 아니다.　　② 아니다.　　③ 그렇지 않은 편이다.
④ 보통이다.　　⑤ 그런 편이다.　　⑥ 그렇다.
⑦ 정말 그렇다.

점수 계산법

1. 문항 1과 2, 4와 5의 점수를 모두 합산한다.
2. 문항 3과 6의 점수를 역산한다. 다시 말하자면, 만일 검사지에 7이라고 썼다면 당신의 점수는 1이 된다. 만일 6이라고 썼다면 당신의 점수는 2가 된다.
3. 문항 3과 6을 역산한 점수를 1번의 합계와 더한다. 이 점수가 당신의 감사지수이다. 그리고 최종 점수는 6점에서 42점 사이가 되어야 한다.

참고로 '영성과 건강(Spirituality and Health)'이라는 웹 사이트에서 마련한 위의 설문조사에 응한 미국인 표본집단의 규모는 1,224명이었다. 이 설문조사의 결과, 총점이 35점 이하인 사람은 표본집단의 하위 25%에 속하며 36~38점 사이라면 표본집단의 하위 50%에 속한다. 만일 39~41점 사이라면 상위 25%에 속하고, 42점을 받았을 경우에는 상위 13%에 속한다. 일반적으로 이 검사에서 여성은 남성보다 점수가 조금 높았고, 나이 든 사람이 젊은 사람보다 높은 점수를 받았다.

필자의 의견을 추가한다면, 위의 표본 집단에 대한 퍼센트는 미국이라는 나라와 서양이라는 문화권에서 나온 통계자료이다. 만일 위의 설문조사를 한국인들에게 똑같은 내용으로 실시해 본다면,

미국인들의 통계자료보다는 감사의 지수가 낮을 것이다. 왜냐하면 감사합니다(Thank you)라는 말을 사용하는 것이 거의 습관화되어 있는 미국의 문화와 그렇지 못한 한국의 문화는 분명한 차이가 발생할 것이기 때문이다.

3 용서: 용서의 씨를 지속적으로 뿌려라

명언: 마음에 깊은 상처를 입었을 때, 상대를 용서해 주지 않으면 우리는 줄곧 거기에 시달린다. –앨란 파톤

1) 용서는 왜 필요한가?

명언: 용서하는 것이 용서받는 것보다 낫다. 우리는 끊임없이 용서해야 한다. 그럼으로써 우리 자신도 누군가로부터 또는 신으로부터 용서받을 수가 있다. –러셀

용서에 대하여 C. S. 루이스는 용서란 인간적인 공평함을 넘어서서 절대로 그냥 봐줄 수 없는 문제들을 너그럽게 용납하는 것이라고 정의를 내렸다. 그런데 용서가 필요한 주요한 이유는 무엇인가?[77] 첫째, 가해자와 피해자가 모두 자신들을 덮고 있는 어둠의 세력에 갇힌 자들이라는 것이다. 둘째, 가해자와 피해자 중에서 누군가는 용서해야 어둠의 세력에서 벗어날 수 있다. 용서만이 유일한 탈출구이다. 그리고 혹시 가해자가 어둠 속에 남아 있으려고 고집을 부린다 할지라도 그것 때문에 뒤를 돌아봐서는 안 된다. 상대방을 위하여 용서의 문을 열어 둔다면 언젠가는 빛으로 나올 수 있다.

용서가 꼭 필요한 이유는 용서만이 미움의 감옥에서 탈출할 수 있고, 부정적 감정인 증오의 악순환을 끊을 수 있기 때문이다. 성경(마태복음 11:23)은 주변의 이웃들을 용서할 수 있어야 하나님으로부터도 용서를 받을 수 있다고 강조한다.

2) 자신을 맹인으로 만든 원수를 용서한 인물

명언: 용서로 편해지는 사람은 결국 자기 자신이다.
—Max Edelman, 막스 에델만, 홀로코스트 생존자

용서가 필요한 중요한 이유는 진정으로 누군가를 용서하면 미움과 증오의 감옥에서 자신이 해방되어 자유를 누릴 수 있기 때문이다. 하나의 훌륭한 사례가 있다. 막스 에델만(Max Edelman)은 약 600만 명의 유대인들을 죽음으로 몰아넣었던 독재자 히틀러 때문에 실명을 하게 된 사람이다. 그는 히틀러의 부하들에 의하여 동생을 제외한 모든 가족들이 살해당하는 아픔을 겪어야 했으며, 1944년 나치 포로수용소에서 맹인이 되었다. 그는 1944년 4월 8일 두 명의 나치 위병들에게 심하게 폭행을 당하여 시력을 잃고 말았다. 이런 악조건 속에서도 병영 감독관인 독일인 정치범의 도움을 얻어 '즉시처형'만은 면할 수 있었다.

그는 17살 때부터 22살 때까지 5년 동안 포로수용소에 갇혀 살아야 했다. 1945년 독일이 패전함으로써 그는 천만 다행으로 살아남은 소수의 유대인 가운데 한 사람이 되었고, 가톨릭 신자인 한 독일 여성과 결혼도 하게 되었다. 그는 이렇게 증언한다.[78] "나는 내가 직접 목격하고 몸소 겪었던 히틀러의 사악함에 치를 떨며 회한과

자기 증오에 가득한 삶을 살 수도 있었다. 그렇지만 나는 그런 길을 택하지 않았다. 대신에 유대인들이 스스로의 삶에서 얼마나 많은 것을 성취할 수 있으며, 사회에 공헌할 수 있는지를 세상에 보여줌으로써 히틀러에게 복수하는 길을 선택했다. 결코 치유되지 못할 상처가 내 영혼에 영원히 꺼지지 않을 불을 지핀 것이다."

그는 시각장애인들의 대변인이며 미국 오하이오 주의 최대 신문인 플레인 딜러(Plain Dealer)를 포함하여 여러 매체들에 장애인 인권에 관한 글을 기고(2006년 기준)하고 있다. 물리치료사 일을 은퇴한 뒤에는 홀로코스트 증언과 맹인을 돕기 위한 강연과 저술활동을 하며 지내고 있다. 그는 용서함으로써 증오에서 해방되는 사람은 결국 자기 자신이라는 것을 깨닫고, 용서를 선택한 참으로 용기 있는 사람이었다.

3) 누구를 용서해야 하는가?

명언: 용서란 상처를 치유하고자 하는 아름다운 변화이다. 용서는 감사를 낳고, 이런 감사의 마음은 나를 아프게 한 사람으로 인해 겪은 고통으로부터 자신을 구할 수 있다. –라이언, M. J. Ryan

용서의 대상은 다양하다. 기본적으로 자신이 원망하고 미워하며 증오하는 대상들은 모두 포함될 수 있다. 좀 더 구체적으로 표현한다면, 부모는 자녀를 사랑으로 양육한다고 하지만 적지 않은 자녀들이 부모에게 받은 다양한 상처들로 인하여 인격이 왜곡되고 부모를 미워한다. 이런 자녀가 성장하여 결혼을 하고 2세를 낳게 되면 부모에게 양육 받은 방식대로 다시 자신의 자녀에게 다양한 상처를 주고 원망과 미움의 대상이 되는 악순환에 빠지기 쉽다.

용서의 대상에는 자기 자신을 비롯하여 결혼한 경우에는 배우자, 그리고 자신의 부모와 자녀가 모두 포함된다.

용서의 대상과 관련하여 문제의 실마리를 풀어가기 어려운 점은 용서해야 할 대상이 세상을 떠났거나, 외국으로 이민을 가서 용서의 대상을 만나 화해를 하기 어려운 경우이다. 또한, 천재지변으로 인하여 불행해진 사람이 원망이나 분노의 감정을 표출할 대상이 없을 때, 투사의 대상으로 하나님을 원망하거나 미워할 수 있다. 이런 경우 인간이 하나님을 용서할 수 있는가?라는 조금은 난해한 문제에 봉착할 수 있다. 이 문제에 대하여 요한 아놀드는 다음과 같은 의견을 제시한다.[79] 경우에 따라서 아무도 비난받을 사람이 없다고 여기기보다는 차라리 하나님을 비난한 뒤에 용서하는 편이 훨씬 쉽다. 부연설명하자면, 우리가 다른 사람에게 상처받았다고 여겨야만 그 사람을 용서할 수 있듯이, 우리가 받은 상처를 하나님의 책임으로 돌려야만 우리는 하나님을 용서할 수 있다는 주장이다.

4) 용서에 대한 삶의 태도

> 명언: 복수할 때 인간은 그 원수와 같은 수준이 된다. 그러나 용서할 때 그는 그 원수보다 위에 서있다. –베이컨

용서를 위한 끈질긴 노력이 필요함을 이해인 시인은 다음과 같이 기도하고 있다.[80]

용서를 위한 기도

이해인

그 누구를 그 무엇을
용서하고 용서받기 어려울 때마다
십자가 위의 당신을 바라봅니다
가장 사랑하는 이들로부터
이유 없는 모욕과 멸시를 받고도
피 흘리는 십자가의 침묵으로
모든 이를 용서하신 주님

용서하지 않는 사랑은 사랑이 아니라고
용서는 구원이라고
오늘도 십자가 위에서
조용히 외치시는 주님

다른 이의 잘못을 용서하지 않기엔
죄가 많은 자신임을 모르지 않으면서
진정 용서하는 일은 왜 이리 힘든지요
제가 이미 용서했다고 생각했던 사람이
아직도 미운 모습으로 마음에 남아
저를 힘들게 할 때도 있고

깨끗이 용서받았다고 믿었던 일들이
어느새 어둠의 뿌리로 칭칭 감겨와
저를 괴롭힐 때도 있습니다
조금씩 이러지던 화해의 다리가
제 옹졸한 편견과 냉랭한 비겁함으로

끊어진 적도 많았습니다

서로 용서가 안 되고 화해가 안 되면
혈관이 막힌 것 같은 답답함을 느끼면서도
늘 망설이고 미루는 저의 어리석음을
오늘도 꾸짖어 주십시오
언제나 용서에 더디어
살아서도 죽음을 체험하는 어리석음을
온유하시고 겸손하신 주님
제가 다른 이를 용서할 땐 온유한 마음을
다른 이들로부터 용서를 받을 땐
겸손한 마음을 지니게 해주십시오

아무리 작은 잘못이라도
하루 해 지기 전에
진심으로 뉘우치고
먼저 용서를 청할 수 있는
겸손한 믿음과 용기를 주십시오

잔잔한 마음에 거센 풍랑이 일고
때로는 감당 못할 부끄러움에
눈물을 많이 흘리게 될지라도
끝까지 용서하고 용서받으며
사랑을 넓혀가는 삶의 길로
저를 이끌어주십시오, 주님

너무 엄청나서 차라리 피하고 싶던
당신의 그 사랑을 조금씩 닮고자

저도 이제 가파른 비탈길을 오르렵니다
피 흘리는 십자가의 사랑으로
모든 이를 끌어안은 당신과 함께
끝까지 용서함으로써만 가능한
희망의 길을 끝까지 가렵니다

오늘도 십자가 위에서 묵묵히
용서와 화해의 삶으로 저를 재촉하시며
가시에 찔리시는 주님
용서하고 용서받은 평화를
이웃과 나누라고 오늘도 저를 재촉하시는
자비로우신 주님

5) 용서에 이르는 5단계

용서와 관련하여 위딩턴 박사는 용서에 도달할 수 있는 길을 5단계로 나누어 설명했는데, 영어의 첫 글자를 활용하여 '리치(reach)'라고 불렀다.[81)]

제1단계: 자신이 받은 상처를 돌이켜 생각하는 기초 단계이다(Recall). 이 시기에는 최대한 객관적인 자세를 유지해야 한다. 가해자를 악한 사람으로 생각해서도 자기연민에 휩싸여서도 안 된다. 천천히 심호흡을 하면서 마음을 침착하게 가라앉히고 사건을 회상해 보아야 한다.

제2단계: 가해자의 입장이 되어 감정을 이입해 보는 단계이다(Empathize). 자신에게 피해를 준 이유가 무엇인지 가해자의 입장을 헤아려보려고 노력하는 것이다. 이런 활동이 결코 쉽지 않은 일이다. 그렇지만, 가해자에게 해명할 기회를 주었을 때, 그가 설명할 것 같은 이야기를 생각해 본다.

제3단계: 이타적 선물(Altruistic gift)의 단계이다. 용서는 다른 사람을 이롭게 하는 선물이다. 먼저 자신이 누군가에게 피해를 주고 죄의식에 시달리다가, 용서 받았던 때를 회상해 보라. 그 용서는 자신이 다른 사람에게서 받은 선물인 셈이다. 용서를 필요로 하는 사람은 자신이고, 그 용서라는 선물에 감사해야 하는 대상 역시 자신이다. 용서는 대부분 주는 사람의 기분도 한결 좋아지게 만드는 선물이다.

제4단계: 공개적으로 용서를 실천하는 단계이다(Commit). 이 단계에서 피해자는 가해자에게 보내는 용서의 편지를 작성한다. 일기나 시 또는 노래로 용서를 표현하거나 가까운 친구에게 자신이 행한 용서에 대하여 털어놓는다. 이런 행위들은 모두 '용서 계약서'가 되어 마지막 단계로 나아가게 하는 밑거름이 된다.

제5단계: 용서하는 마음을 굳게 지키는 단계이다(Hold). 용서가 어려운 것은 특정한 사건에 대한 기억이 어느 순간 불쑥불쑥 되살아나기 때문이다. 용서란 원한을 말끔히 지워 없애는 것이 아니라, 기억의 끝에 달려있는 꼬리말을 긍정적으로 바꾸는 것이기도 하다. 이 단계에서는 직접 작성한 '용서 계약서'를 읽으며 '나는 용서했다'는 말을 반복하는 것이 효과적이다.

4 정직: 정직을 선택하라

명언: 지식 없이 정직한 자는 박약하여 소용이 없고, 정직하지 않고 지식이 있는 자는 위험하여 조심하여야 한다. –S. 존슨

1) 정직은 왜 중요한가?

프랑스의 루이 14세 재임 기간에 재무장관을 지낸 콜베르가 젊었을 때의 일이다. 포목점 점원으로 있던 25세 때, 호텔에 숙박하고 있는 은행가에게 옷감을 팔고 돌아왔다. 돌아와 보니 옷감의 값을 잘못 알고 돈을 2배나 더 받아 온 것을 알고 주인의 만류도 뿌리치고 호텔로 돌아가 사과하고 여분의 돈을 반환하고 돌아왔다. 포목점 주인은 콜베르의 정직에 화를 내고는 마침내 그를 해고하고 말았다. 그랬더니 이튿날 그 은행가가 콜베르의 집으로 찾아와 자기 때문에 일자리를 잃은 것을 알고 자기 은행에서 일하도록 권유하였다. 콜베르는 은행가를 따라 파리로 가서 은행원이 되었으며 결국 그의 성실이 출세의 큰 발판이 되었다.

정직은 왜 중요한가? 간단하게 언급하자면, 정직한 것이 최선의 전략이요. 최선의 선택이기 때문이다.

2) 정직에 대한 명언과 속담

정직하면 정직할수록 남들은 그렇지 않을 것이라는 생각을 하기가 어려워진다. (M. T. 키케로)

정직은 가장 좋은 정책이다. (M. 세르반테스)

정직한 인간은 신이 창조한 가장 기품이 높은 작품이다. (A. 포프)

거짓말 잘하는 명인이 아닌 바에야 진심을 말하는 것이 항상 최선책이다. (J. 제롬)

오래 가는 행복은 정직한 것 속에서만 발견할 수 있다. (G. 리히텐베르크)

내 생각에 가장 선망스러운 평인 '정직한 사람'이란 말을 듣기 위하여 나는 항상 확고한 미덕을 갖추고 있으려고 한다. (G. 워싱턴)

자기 자신을 속이지 않는 것만큼 어려운 일은 없다. (L. 비트겐슈타인)

다른 사람을 속이지 말고 다른 사람으로부터 속임을 당하지도 말라. 정직한 것은 괜찮겠지만 세상물정을 모른다고 인정받아서는 안 된다. (E. 프롬)

신은 정직한 사람의 마음속에 있다. (영국 속담)

누더기를 입었어도 정직한 사람은 정직하다. (영국 속담)

입은 비뚤어져도 주라(朱螺)는 바로 불어라. (한국 속담)

하늘은 정직한 자를 지킨다. (영국 속담)

3) 정직한 선택을 방해하는 요인은 무엇인가?

첫째, 인간의 물질적 탐욕

다음의 사례는 아시아투데이 2009년 7월 13일에 보도된 물질적 탐욕과 관련된 자료이다.

서울 광진구 새마을금고 A지점장은 고객이 관리를 부탁한 돈 87억 원을 챙겨 달아나 경찰이 수사에 나섰다. 7월 14일 새마을금고 및 서울 성동경찰서에 따르면, 지점장 A(44)씨는 2007년 6월부터 박(66)씨를 비롯하여 9명의 돈 87억 원을 맡은 후, 2009년 5월19일 이 돈을 모두 챙겨 행적을 감췄다.

경찰 조사 결과 이 금고에서 22년간 근무해 온 A씨는 2006년부터 고객 9명한테 "일반은행이나 새마을금고의 정해진 이자보다 훨씬 높은 이자를 주겠다."면서 그동안 직접 받아 관리해 온 돈을 갖고 잠적한 것으로 확인됐다. 경찰은 김씨를 출국금지하고 사기 혐의로 지명 수배했다.

A지점장은 고객에게 고액의 이자를 약속한 후, 유치한 거액의 돈을 새마을금고에 입금하지 않고 자신의 개인 계좌로 입금한 후 약정한 이자를 주는 수법으로 고객을 속여 왔다. 87억의 돈에서 약 40억은 복권을 구매하고 약 12억 원은 유흥비로 탕진했다고 한다. 어느 날은 하루에 천만 원 가량의 복권을 구매하기도 했다고 한다.

둘째, 인간의 명예욕이나 권력욕

'남자는 명예를 먹고 살고 여자는 사랑을 먹고 산다'는 말은 남자에게 있어서 명예가 얼마나 중요한지를 강조하는 표현이다. 하등동물들은 본능적으로 살아가기 때문에 명예가 삶에 중요한 항목은 아니다. 그렇지만 인간은 명예를 손상당하면 죽음을 각오하고 결투를 신청하기도 한다. 특히 사회지도층에 있는 사람들이나 노년기의 어른들에게 있어서 명예는 중요하다. 또한 사람들은 대부분 자신의 힘을 과시하고자 하는 욕구를 가지고 있다. 이것이 바로 권력(power)에 대한 욕구이다. 마치 불에 타 죽을 수 있음에도 불구하고 불을 향하여 덤벼드는 불나방처럼, 야심이 있는 사람들이 권력자가 되어 보겠다고 수단과 방법을 가리지 않는 현실을 보면 인간은 권력에 대한 욕구가 있다는 것을 확인할 수 있다. 그런데 정치는 기본적으로 권모술수에 능한 사람이 살아남기 쉬운 분야이다.

사람들이 명예와 권력을 정당하게 유지한다면 얼마나 좋겠는가? 그런데 현실은 이상과 거리가 멀다. 정직하고 성실한 사람이 항상 인정받고 고위직에 오르는 것은 아니다. 특히, 수단과 방법을 가리지 않고 돈을 벌어서 거액을 움직일 수 있는 사람들은 그들의 명예와 권력을 지키기 위하여 때로는 비정상적인 방법을 동원한다. 진실이 그대로 드러나면 자신의 명예가 땅에 떨어지고 권력의 자리에서 물러나야 한다면, 정직하기가 힘들다. 우선은 돈이나 인맥 그리고 언론을 동원하여 진실을 은폐하면서 최대한 자신의 명예와 권력을 지키려 한다. 권력은 정치권력만이 아니라, 언론권력과 종교권력도 존재한다. 그런데 민주화된 국가에서 정치권력은 몇 년 지나면 국민들의 심판을 받고 교체될 수 있지만, 언론권력과 종교권력은 거의 평생 교체되지 않는 경우가 허다하다. 독자들은 어떻게 생각하는가?

셋째, 가족(또는 친인척)이나 이해관계가 복잡하게 얽혀있는 경우

동양의 문화와 서양의 문화는 상당히 다른 점이 많다. 서양 문화권에서는 아들이 아버지의 어깨를 툭툭 쳐도 괜찮지만, 동양 문화권에서는 버릇없는 아들로 낙인찍히기 십상이다. 일반적으로 미국에서 지도층에 속한 사람들은 높은 수준의 정직성이 요구된다. 특히 정치인이나 성직자들에게 그렇다. 동양이나 서양이나 가족이

나 친인척이 비리에 연루되는 경우, 진실을 이야기하기는 거의 힘들다. 왜냐하면 진실이 그대로 노출되면 당사자는 물론이거니와 가문의 명예가 치명적일 수 있기 때문이다. 친인척의 경우도 마찬가지다. 또한 서로 이해관계가 복잡하게 얽혀있다면 진실을 알아도 눈을 감아야 하는 경우가 많다. 적대적인 관계의 사람이더라도 진실을 파헤쳐서 서로가 치명적인 손해를 입을 수밖에 없는 상황이라면, 진실은 은폐되기 십상이다. 마치 악어와 악어새의 관계와 같다. 악어는 새를 잡아먹을 수 있지만 스스로 입 안의 찌꺼기를 청소할 능력이 없기 때문에, 악어새를 잡아먹지 않는 것이다. 사람들도 마찬가지다. 약점이 많이 잡혀있는 사람이라면 상대방에게 함부로 힘을 행사하지 못한다. 외형적으로는 상대방을 위해주는 것 같지만, 내면적으로는 자기 자신을 위해서 그렇게 하는 것이기 때문이다.

4) 정직은 고차원적 지혜

영국 속담 가운데 정직과 관련된 다음의 내용은 우리에게 시사해 주는 바가 크다. 하루만 행복하려면 이발을 해라. 일주일 동안 행복하고 싶거든 결혼을 해라. 한 달 동안 행복하려면 말을 사고, 한 해를 행복하게 지내려면 새 집을 지어라. 그러나 평생을 행복하게 지내려면 정직하여라.

인간의 역사가 시작된 이래로 가장 많이 팔린 베스트셀러가 무엇인지 아는가? 그것은 성경책이다. 성경은 정직이 하늘로부터 난 고차원적 지혜임을 강조하고 있다. "오직 위로부터 난 지혜는 첫째 성결하고 다음에 화평하고 관용하고 양순하며 긍휼과 선한 열매가

가득하고 편견과 거짓이 없는 것이다."(야고보서 3:17)

다음의 내용은 수도권 한 초등학교의 도덕불감증 사례이다. 2009년 7월 연합뉴스에 실린 내용을 기자의 보도대로 옮겨보자.[82]

"아이들에게 양심과 도덕을 가르쳐야 할 교사들이 이래도 되는 겁니까?" 학교에 운동기구를 납품하게 해주는 대가로 금품을 받은 혐의로 경기 지역 교사와 교직원 25명이 무더기로 경찰에 적발되면서 교육계의 '도덕 불감증'에 대한 우려의 목소리가 높다. 특히 이들 중 일부는 업체 측에 금품을 먼저 요구하거나 음식점 또는 술집 등에서 향응을 받은 것으로 드러나 더 충격을 주고 있다.

21일 경찰 관계자가 전한 이들의 행태는 교육계의 부패상을 그대로 보여준다. 00도 한 초등학교 교장 A씨는 대표적인 경우이다. A씨는 운동기구 납품 가능성을 타진하는 판매 직원에게 "납품하게 해주면 내게 무엇을 줄 것이냐."라며 노골적으로 금품을 요구했다. "이왕이면 현금으로 달라."라는 '주문'까지 잊지 않았던 A씨는 결국 현금 300만 원을 받아 챙겼지만, 지금까지도 혐의 사실을 완강히 부인하고 있다.

그런가 하면 다른 초등학교 교장 B씨는 185만 원짜리 고급 러닝머신을 자택으로 배달받아 사용했고, 00중학교 행정실장 C씨는 현금 300만 원에 더해 56만원 상당의 향응까지 받았지만, 이들 역시 혐의 축소나 부인에 급급하다는 후문이다. 더 큰 문제는 학교 측에 각종 기자재를 납품하는 업체들 사이에서 이런 '리베이트'가 이미 관행으로 여겨지고 있다는 점이다.

이번 수사를 담당한 00지방경찰청 수사5팀장은 "학교에 납품하는 업체 관계자들은 이구동성으로 '뇌물을 안 주면 학교는 진입

자체가 불가능하다'라고 말한다."면서 "교육계의 도덕성이 땅에 떨어졌다는 증거"라고 말했다. 수사5팀장은 이어 "명백한 증거가 있는데도 발뺌에 급급하고, 자백마저도 계산적으로 하는 교사들을 보면서 씁쓸함을 느꼈다."라면서 "교육자들이 별다른 죄의식 없이 이 같은 행태를 계속하고 있다는 것은 심각한 문제"라고 지적했다.

한편, 00도교육청은 경찰에 적발된 교사 등에 대해 내부 감사를 벌여 중징계할 예정이라고 밝혔다. 00도교육청의 '청렴의무 위반 처리기준'은 부정한 청탁과 함께 100만 원 이상의 금품을 받은 교직원을 해임이나 파면하도록 하고 있다.

5) 정직에 무감각한 불감사회

참여연대를 창립하여 부패척결 활동을 하고 있는 신광식 씨는 개인적으로 능력 있는 사회 활동가이다. 그는 서울대 약대와 같은 대학의 보건대학원을 졸업하고, '상록수'라는 약국을 운영하면서 소신껏 살아가는 지성인이다. 그는 우리가 살아가는 사회의 구성원들이 정직하지 못한 것에 대하여 문둥병을 들어 설명한다. 문둥병의 특징은 신경조직이 손상되어 감각이 없어지고 감각기능이 없어도 살아가게 되는 그런 병리적 상태에 빠지게 한다는 것이다. 그는 이런 상태를 사회와 연결시켜, 우리가 살아가는 이 사회는 부정부패가 많아져서 '문둥이 사회'가 되어 버렸다고 자신의 저서에서 주장한다.[83)]

이 책에서 그는 후진국으로 갈수록 선진국보다 양심이 마비된 부정직한 일들이 많이 발생한다고 언급하면서 많은 사례들을 소개하고 있는데, 하나의 사례를 소개해 보도록 하겠다. L씨는 대학 졸업 후, 한 사립학교에 근무하게 되었고 같은 학교의 선생님과 결혼하게 되어 불가피하게 학교를 옮겨야 했다. 교원 모집 공고에 응시한 결과, 미술계 고등학교에 채용되었다. 그런데 그가 학교에 취업 후 1년 정도 지나면서 학교의 시스템이 다소 이상하다고 느낀다. 재단에서는 선생님들이 해서는 안 되는 일들까지 요구하고 선생님들은 그런 요구에 무기력하게 길들여져 가고 있었다.

어느 덧 1년이 지나 담임을 맡게 되자 그는 학교의 실정을 깊이 알게 되었고, 크고 작은 부정들이 학교에서 저질러진다는 사실도 알게 된다. 그는 학교의 이런 이상한 구조가 재단이 선생님들을 장악할 목적으로 만들어진 구조임을 이해하기 시작한다. 이런 의구심은 학생들에게 부과되는 많은 교부금들에 부정이 개입되어 있다는 사실을 알게 되면서 보다 확실해진다. 징수를 독려했던 많은 교부금들은 재단의 편의대로 사용되었던 것이다. 부정은 자신이 교단에서 가르치는 학생들을 상대로 저질러지는 것이었고, 담임교사인 자신은 부정의 하수인이나 동조자가 되어야 했던 것이다.

홀로 고민하던 그는 우연한 기회에 평소 가까이 지내는 동료 선생님에게 고민을 털어놓는다. 그러자 그 선생님도 같은 문제로 고민하고 있다는 말을 듣게 된다. 뜻을 같이하는 선생님들이 있다는 사실에 그는 문제를 제기하게 된다. 그러자 선생님들이 둘로 갈리게 된다. 한 그룹은 재단에 동조하고 동료 교사들의 정보를 몰래 보고하면서 자신의 보직과 이익을 극대화시키는 그룹이었고, 다른 그룹은 교사로서 불이익을 당하더라도 참된 교사의 역할을 다하도록 노력해야 한다는 그룹이었다.

그런데 어느 날 정보를 입수한 이사장이 갑자기 그가 숙직할 때, 숙직실로 찾아온다. 그런데 이사장은 그를 책망하지 않고 오히려 그의 견해를 청취한다. 학교의 문제점과 개선방안을 말해달라는 것이었다. 그는 이사장의 갑작스런 방문에 놀라기도 했지만, 순수하게 생각하여 학부모들에게서 받는 촌지문제와 부당한 교부금 문제들을 모두 이야기한다. 그런데 상당한 시간이 흘러도 긍정적 변화가 없자, 그의 기대는 실망으로 바뀐다. 결과적으로 이사장이 자신의 의견을 경청한 것과 칭찬은 재단이 관계되지 않은 부분에 국한되었고, 재단의 문제는 전혀 바뀌지 않은 것이다.

L교사는 재단이 변화 의지가 전혀 없다는 사실을 확인하고 문제점들을 다른 교사들과 함께 외부에 알리게 된다. 학교의 문제가 방송에 알려지자, 학교는 특별감사를 받게 된다. 이때부터 L교사와 가까운 사람들이 박해를 받기 시작한다. 학교 측은 교사의 품위를 지키지 않는다느니, 성실하지 못하다느니 상당히 주관적인 내용으로 트집을 잡는 것이다. 학교 측의 공격은 더욱 노골화되어 L교사가 자아비판을 하도록 몰아갔고, 정신적 위압을 주면서 다시는 다른 교사들과 더불어 학교의 비리를 말하지 않겠다고 맹세하도록 강요한다. 오랫동안 시달리던 L교사는 드디어 정공법으로 법적 소송을 제기하게 된다.

학교 측이 이 교사에게 가혹한 공격을 한 것은 그가 자진 사직을 하도록 강요하는 것이 목적이었기 때문이다. 교사로서 그의 신분상 자진 사직이 아니고서는 정당한 사유 없이 그를 해고할 방식이 없었기 때문이다. 하지만 그는 40여 명의 교사들과 교직원들의 핍박 속에서도 정상적인 출근을 하였고, 집단적 따돌림에 대하여 법적 소송을 제기하게 된다. 결국 학교 측은 특별감사를 받은 후 관련자들이 사법처리 되었고, L교사는 떳떳하게 소속 학교장의 추천을 받아 다른 공립학교로 이직을 하게 된다. L교사는 혼자 감당하기 힘든 스트레스를 잘 극복한 사례이다.

5 생명: 생명을 살려내고 풍성케 하라

명언: 생명은 생명을 낳고 활기는 활기를 낳는다. 한 사람의 심신을 내어 놓아야만 다른 한 사람의 심신이 풍요로워진다.
—사라 베르나르, Sarah Bernhardt

1) 생명의 가치: 생명은 한줄기 희망

생명과 사랑 그리고 자유를 강조했던 한 시인(김지하)의 '생명'이라는 제목의 시를 감상해 보자.[84)]

생명의 가치와 관련하여 인간이 취해야 할 태도에 대하여 슈바이처(Schweitzer) 박사는 사고할 수 있는 능력이 있는 인간은 다른 생명체를 대할 때, 자신의 생명의지를 대할 때와 똑같이 생명에 대한 외경심(畏敬心)을 갖고 대하지 않을 수 없다고 주장한다.[85)] 다시 말하자면, 다른 사람의 생명을 자신의 생명 속에서 체험하는 것이라는 의미이다.

생명의 가치에 대하여 성서는 "사람이 만일 온 천하를 얻고도 제 목숨을 잃으면 무엇이 유익하리요. 사람이 무엇을 주고 제 목숨을 바꾸겠느냐?"고 강조하고 있다.[86)] 한 생명의 가치는 천하만큼 소

생명 김지하

한줄기 희망이다
캄캄 벼랑에 걸린 이 목숨
한줄기 희망이다

돌이킬 수도
얼어붙을 수도 없는 이 자리

노랗게 쓰러져 버릴 수도
뿌리쳐 솟구칠 수도 없는
이 마지막 자리
어미가
새끼를 껴안고 울고 있다
생명의 슬픔
한줄기 희망이다

중한 절대가치를 내포하고 있다는 의미이다. 이 본문에서 천하(天下)라는 단어의 헬라어는 코스모스(κοσμος)로써 엄청나게 넓은 공간인 우주를 의미한다.

2) 생명이란 무엇인가?

생명이 무엇이라고 명확한 정의를 내리는 것은 대단히 난해하다. 왜냐하면 생명 자체를 관찰하기는 어렵고 우리는 생명의 현상들만을 일부 파악할 수 있기 때문이다. 영어단어에서 생명은 life이다. 그런데 이 단어는 생명이라는 의미 외에도 생활, 삶, 목숨, 활력, 인생이라는 다양한 용어로 번역되는 것을 보면 간단하게 번역할 단어도 아니다.

여기에서는 생명과 관련된 다양한 표현들을 심사숙고해 봄으로써, 생명에 대한 이해를 심화시키고자 한다.

사람들이 자기 생명만큼 오래 보존하고 싶어 하는 것도 없지만, 이것만큼 소중하게 다루지 않는 것도 없다. (J. 라 브뤼예르)

죽음이라고 부르는 것이 생명인지, 생명이라고 부르는 것이 죽음인지 누가 아는가? (에우리피데스)

생명은 황금으로도 살 수 없다. (호메로스)

생명이 있는 한 희망도 있다. 죽고 난 뒤에는 아무 것도 바랄 수 없다. (데모크리토스)

우리들은 항상 생명이 짧음을 한탄하면서, 마치 생명이 다할 때가 없는 것처럼 날뛴다. (L. 세네카)

생명은 생명의 희생으로 이루어진다. (M. 몽테뉴)

인생은 사랑이요, 그 생명은 정신이다. (J. 괴테)

말은 철회할 수 있지만, 생명은 도로 찾아낼 수 없다. (L. 톨스토이)

생명만이 신성하다. 생명에의 사랑이 가장 첫째가는 미덕이다. (R. 롤랑)

자유에의 사랑은 생명과 함께 주어진 것, 그리고 생명 그 자체는 하늘의 소박한 선물이다. (J. 드라이든)

살려고 하고 그 존재를 유지하려고 하는 것은 모든 생명체의 고유한 성질이다. (E. 프롬)

생명이란 환경에 대해서 작용하는 행동을 통하여 자기를 갱신해 나아가는 과정이다. (J. 듀이)

---

3) 생명의 종류

신약성경에는 생명과 관련된 헬라어 단어가 3가지 나온다. 첫 번째 단어는 프쉬케(ψυχη Psyche)이다. 그 의미는 호흡, 생명(력), 영혼 등등의 의미를 가지고 있다. 육체적 생명(마 2:20), 인간이나 짐승들의 생명(고전 15:45), 또는 영혼(눅 12:19) 등의 용례(用例)가 있다. 신약성경의 '프쉬케'는 구약성경의 네페쉬(nephesh)와 같은 의미이다.

두 번째 단어는 비오스(βιος, Bios)이다. 그 의미는 이 세상에서의 생명의 외적 모습이다. 이 단어가 사용된 사례로는, 생명의 지속(벧전 4:2-3), 생명의 활동(행 26:4) 등에서 나타난다. 그리고 이 단어는 영생(永生)의 의미로는 사용되지 않았다.

세 번째 단어는 조에(ζωη, Zoe)이다. 이 단어는 신약성경에서 '프쉬케'나 '비오스'보다 많이 사용되고 있다. 이 단어의 의미는 윌킨슨(Wilkinson)에 따르면, 물리적 시간의 길이와 관련된 양적(量的) 생명이 아니라, 시간에 의해 제한되지 않고 부패에 의해 손상되지도 않는 영원과 관련된 질적(質的)인 생명 즉, 영생이다.[87] 이 단어가 사용된 사례로는 영원한 생명(요 3:16), 하나님의 생명(요 5:26), 그리고 크리스천들 속의 그리스도의 생명(고후 4:10-11)에서 찾아볼 수 있다. 특히, 예수께서 말씀하시고 강조하시는 생명은 '프쉬케'나 '비오스'의 생명이 아니라, 영원한 생명을 의미하는 '조에'이다.

4) 생명과 사랑은 어떤 관계인가?

생명과 사랑이 관계가 깊을 것이라는 생각은 영어 단어에서 쉽게 나타난다. 영어 단어에서 생명은 life이고 사랑은 love이며, 두 단어는 같은 어근의 뿌리를 가지고 있다. 필자가 생명과 사랑의 관계에 대하여 오랫동안 묵상하고 기도하면서 내린 2가지 결론은 다음과 같다.

> 첫째, 생명은 사랑의 기회를 제공한다.
> 둘째, 사랑은 생명을 살려내거나 생명을 더욱 풍성하게 한다.

위의 명제들을 부연하여 설명할 필요가 있다. 먼저 생명이 사랑의 기회를 제공한다는 명제는 생명이 유지되어야 누군가를 사랑할 수 있는 기회가 생겨난다는 의미이다. 사랑의 대상은 꼭 이웃의 사람으로만 국한되는 것은 아니라고 필자는 주장한다. 사랑의 대상은 자기 자신을 포함하여 애완용 동물이나 애지중지하는 식물이 될 수도 있다. 결국 한 인간이 살아있는 생명체로서 자신의 생명을 유지하고 있어야, 살아가는 동안 만나는 대상들에 대하여 사랑을 느끼고 사랑을 베풀 수 있는 기회를 갖게 된다는 의미이다.

다음으로 사랑이 생명을 살려내거나 생명을 더욱 풍성하게 한다는 명제는 사랑의 에너지가 작동하면 그 에너지가 강력한 활력이 되어, 죽어가던 대상의 생명을 살려낼 수 있다는 의미이다. 그리고 생명을 살려낼 뿐만 아니라, 사랑의 에너지가 상대방의 생명력을 더욱 풍성하게 하는 잠재력을 내포하고 있다는 의미이다.

필자는 생명과 사랑의 관계성을 실감나게 체험할 수 있는 기회가 있었다. 필자는 아들(이름: 하승)과 딸(이름: 하영)을 연년생으로

낳아 양육하게 되었는데, 아이 엄마가 젖이 부족하여 매시간 우유를 먹이면서 피곤하고 잠이 부족하여 자주 지치기도 하였다. 그러던 중 어느 날 어린 자녀들은 부모에게 일방적인 희생과 봉사만을 요구하는 존재라는 생각이 들었다. 이런 생각에 사로잡히게 되자 자녀양육에 대한 불만이 생기면서 마음속에 하나의 의문점이 생겼다. 도대체 두 자녀는 나에게 주는 것이 무엇인가? 처음에는 자녀가 나에게 주는 것이 아무 것도 없다는 생각이 들었다.

그러던 어느 날 생후 약 7개월 된 딸아이를 가슴에 안고 하나님 앞에 기도를 드리는 동안, 하나의 새로운 사실을 깨닫고 가슴이 떨리며 감격의 눈물을 흘렸던 체험이 있다. 그 깨달음이란 부모는 아이에게 희생과 봉사의 사랑을 제공하고, 아이는 부모에게 더욱 풍성한 생명을 제공한다는 자각이었다. 여기서 아이가 부모에게 생명을 제공한다는 것은 부모의 생명력을 충만하고 더욱 풍성하게 한다는 의미이다. 어린 딸은 제대로 된 말을 구사할 수 없었던 나이여서 서로 언어를 통한 대화를 할 수는 없었다. 그렇지만 어린 딸을 가슴에 꼭 껴안고 기도하면서 가슴과 가슴의 대화를 할 수 있었다. 그 가슴의 대화는 인간의 언어로는 도저히 표현할 수 없는 수준의 감동이었고, 그런 사랑과 생명의 충만함은 인간의 언어로 표현하면 도리어 유치할 것이라는 결론에 도달하게 되었다. 대화의 수준에서 '입술의 대화'는 '가슴의 대화'를 따라올 수 없다는 것을 실감나게 느낀 하나의 중요한 경험이었다.

5) 정의냐? 사랑이냐? 생명이냐?

정의와 사랑 그리고 생명의 관계를 이론적으로 논하자면 책을 한 권 기록해도 분량이 모자랄 것이다. 여기에서는 하나의 유명한 이야기를 통하여 3가지의 어려운 주제를 쉽게 접근해 보고자 한다.

역사적으로 많은 왕들이 있었지만 솔로몬 왕은 지혜로운 왕으로 널리 알려져 있다. 이집트의 시바 여왕이 솔로몬 왕의 지혜를 배우기 위하여 그를 방문했다고도 전해지는 것을 보면 당대에 국제적인 명성을 얻었던 것으로 보인다. 솔로몬 왕이 지혜의 왕이라는 명성을 얻게 된 대표적인 재판이 성경에 소개되어 있다.

내용을 모르는 독자를 위하여 성경의 내용(열왕기상 3:16-25)을 소개한다. "그 때에 창기 두 여자가 왕에게 와서 그 앞에 서며 한 여자는 말하되 내 주여 나와 이 여자가 한 집에서 사는데 내가 그와 함께 집에 있으며 해산하였더니 내가 해산한 지 사흘 만에 이 여자도 해산하고 우리가 함께 있었고 우리 둘 외에는 집에 다른 사람이 없었나이다. 그런데 밤에 저 여자가 그의 아들 위에 누우므로 그의 아들이 죽으니 그가 밤중에 일어나서 이 여종 내가 잠든 사이에 내 아들을 내 곁에서 가져다가 자기의 품에 누이고 자기의 죽은 아들을 내 품에 뉘었나이다. 아침에 내가 내 아들을 젖 먹이려고 일어나 본즉 죽었기로 내가 아침에 자세히 보니 내가 낳은 아들이 아니었나이다. 다른 여자는 이르되 아니라 산 것은 내 아들이요 죽은 것은 네 아들이라 하고 이 여자는 이르되 아니라 죽은 것이 네 아들이요 산 것이 내 아들이라 하며 왕 앞에 그와 같이 쟁론하는지라. 왕이 이르되 이 여자는 말하기를 산 것은 내 아들이요 죽은 것은 네 아들이라 하고 저 여자는 말하기를 아니라 죽은 것이 네 아들이요 산 것이 내 아들이라 하는구나 하고 또 이르되 칼을 내게로 가져오라 하니 칼을 왕 앞으로 가져온지라. 왕이 이르되 산 아이를 둘로 나누어 반은 이 여자에게 주고 반은 저 여자에게 주라."

솔로몬 왕의 판결을 정의와 사랑 그리고 생명이라는 관점에서 살펴본다면, 정의와 사랑이 어떤 방향을 추구해야 하는지 통찰을 얻을 수 있다. 정의의 기본적 특성은 사실에 입각한 진위 여부를 가리는 것이다. 그리하여 잘못에 대해서는 엄격한 심판을 가하는 것이 정의가 추구하는 방향이다.

그러나 사랑의 기본적 입장은 잘못을 범하였음에도 불구하고 관대하게 용서하자는 것이다. 이런 입장이라면 명백히 범죄 행위를 저지른 인간을 정의에 관점에서 심판하지 않고, 용서하자는 것이기 때문에 문제가 발생한다. 정의는 심판적이고 사랑은 용서적 성격을 띠기 때문에 정의와 사랑은 양립한다는 것이 불가능하다. 그렇다면 최선의 대안은 무엇인가? 필자의 대답은 정의와 사랑이 생명을 살리는 쪽으로 방향을 모색해야 한다는 것이다.

솔로몬의 재판에 이런 원리를 적용시켜 본다면 필자의 의견이 최선의 방향임을 알 수 있다. 만일 솔로몬 왕이 정의의 입장에만 충실했다면, 죄가 없는 천진난만한 아이는 몸을 둘로 갈라서 2명의 엄마에게 주어야 한다. 그러면 아이는 생명을 잃고 죽어야 한다. 반면에, 사랑의 입장에 충실하자면, 그 아이를 죽일 수 없기 때문에 재판은 마무리될 수 없다. 왜냐하면 사악한 한 엄마는 끝까지 아이를 나누어 달라고 요구하고 있기 때문이다.

이런 상황에서 독자가 재판장이라면 어떤 판결을 내리겠는가?

여기서 솔로몬 왕의 지혜가 빛을 발하게 된다. 솔로몬 왕은 아이의 진짜 엄마와 가짜 엄마를 구별해 내기 위하여 하나의 냉엄한 판결을 내린다. 그 판결이란 어린 아이의 몸을 둘로 나누어서 각각의 엄마에게 주라는 것이다. 이 판결은 진짜 엄마와 가짜 엄마를 가릴 수 있는 기준이 된다. 아이의 진짜 엄마는 아이의 생명을 살리기 위하여 자신이 진짜 엄마가 아니라고 거짓말을 하게 된다. 왜냐하면 다른 엄마의 손에 자라더라도 아이가 죽지 않는 것이 더 낫기 때문이다. 그런데 가짜 엄마는 끝까지 아이를 나누어서 달라고 고집을 부린다.

이 재판에서 솔로몬 왕은 엄마들에게 고도의 심리전을 벌였다고 필자는 생각한다. 각각의 엄마의 선택에서 누가 진짜 엄마인지 솔로몬 왕은 시험을 한 것이다. 솔로몬 왕은 자신의 아이를 잃어버리는 가슴의 아픔을 평생 안고 살아가야 할지라도 아이의 생명을 살리기 위하여 아이의 양육권을 포기하는 엄마가 진짜 엄마라고 확신한 것이다. 솔로몬 왕은 정의의 관점에서 가짜 엄마에게 징계를 내리고, 사랑의 관점에서 진짜 엄마에게 아이를 양육할 수 있는 기회를 만들어 주었다. 이렇게 할 수 있었던 것은 솔로몬 왕이 정의와 사랑을 추구하되 생명을 살리는 방향으로 판결을 내렸기 때문이라고 필자는 생각한다. 따라서 정의와 사랑이 충돌할 때, 최선의 방법은 양쪽이 모두 생명을 추구하는 방향으로 최선을 다하는 것이다.

제7장

W.Q. 계발 프로그램

사람을 가장 아름답게 인도하는 힘은 의지력에 달려 있다. 기둥이 약하면 집이 흔들리듯 의지가 약하면 생활도 흔들린다. -R. W. 에머슨-

1 의지(력) 강화 5단계

사람은 누구나 자신의 의지를 강화하여 자신의 원대한 꿈을 성취하기 원한다. 그런데 목표하는 꿈의 열매를 거두려면 선한 생각의 씨를 뿌리고, 인내의 물을 주어 열정의 꽃을 피울 수 있어야 한다. 의지가 강화되려면 분명한 목표가 있어야 한다. 그 목표는 긍정적 가치를 추구하며 아름다운 열매가 예상되어야 한다. 그런데 의지력 강화에 방해가 되는 걸림돌들이 있다. 그 걸림돌이란 자기와의 타협, 자기 합리화, 계획불이행 그리고 게으름과 같은 것들이다.[88] 이런 장애물들이 있음에도 불구하고 장애물을 극복하고 의지를 강화시켜 자신의 꿈을 성취하면, 그 만큼 성취의 열매를 맛보며 살 수 있다.

만약 당신이 성인으로서 자기 훈련이 되어 있지 않다면 그것은 당신이 성숙되는 방법을 배우지 못해서가 아니라, 당신이 성숙해지지 않기로 선택했기 때문이다. 문제는 자기 훈련에 관한 당신의 의지인 것이다. 우리의 의지는 우리의 사고, 행위와 감정 등 매사에 영향을 끼친다.[89] 이제 의지를 강화시킬 수 있는 5단계 전략에 대하여 살펴보면서, 독자들이 훈련을 받는다 생각하고 실천해 봄으로써 의지력이 강화되기를 간절히 바란다.

1) 초보 단계: 작심삼일(3일)–거의 모든 사람들이 의지력을 발휘할 수 있는 기간

의지 강화의 단계에서 작심삼일은 걸음마를 시작하는 아이와 같은 초보단계이다. '작심삼일'의 뜻은 어떤 일을 하기로 마음을 먹으면 3일은 간다는 의미이다. 이것이 어떻게 가능한지 의학 전문가의 설명을 들어보면 좀 더 설득적이다.[90] 우리 몸에서 분비되는 '부신 피질 호르몬은 아무리 싫은 일이나 스트레스도 3일은 참고 견딜 수 있게 해 준다는 것이다. 또한 며칠 하다 보면 새로운 것을 알게 되는 일이 재미있고 즐겁다는 생각이 든다. 참으로 신기한 일이다. 그리고 난 후 또 3일을 반복하면 이제는 처음처럼 힘들지 않다. 인간의 뇌는 좋은 것을 좋아하는 습성이 있기 때문이다. 아무리 싫은 일도 3일씩 열 번만 계속하면 버릇이 되고 습관이 된다. 이것은 인간 두뇌 과학의 실험적 결론이다.

그런데 필자의 경험에 의하면 처음 3일도 '식은 죽 먹기'처럼 쉬운 것은 아니다. 3일이 짧은 기간이지만 새로운 계획이나 목표를 세우고 그것을 실천하려면 과거의 습성을 고쳐야 하는 경우가 많다. 과거의 습성은 이미 습관화되어 몸에 편하고 익숙하기 때문에, 처음 3일은 정신력과 의지력으로 버텨 주어야 한다. 여기서 무너진다면 정말 큰일이다. 왜냐하면 정신력과 의지력을 가지고 3일도 지속할 수 없다면 다음 단계로 넘어갈 수 없기 때문이다. 만일 3일 동안도 어떤 계획이나 목표를 달성하지 못한다면, 처음부터 다시 시작해야 한다. 언제까지? 될 때까지.

활동 프로그램

(1) 기억하고 싶은 명언 암송하기

3일 동안 독자 자신에게 감명을 주었거나 기억하고 싶은 명언을 하루에 한 문장씩 쓰거나 암송해 보는 것은 쉬운 일에 속한다. 독자들이 태어나서 지금까지 살아오는 동안에 감동 받았던 책이 한 권은 넘을 것이다. 예를 들자면 성경을 비롯한 경전들, 감동을 받았던 문학작품들이 여기에 속한다. 또한, 독자들이 좋아하는 인물이나 세계적인 명성을 지니고 있는 유명인사들이 인생이나 인간의 의지와 관련하여 언급한 어록들을 암송할 수 있다. 한 걸음 더 나아가 그 명언들을 생활에 적용시켜 실천한다면 아름다운 삶의 열매로 결실을 맺을 수 있기 때문에 적극적으로 강조하고 싶다.

필자는 세상에 불공평한 것이 너무나 많지만, 그래도 모든 사람들에게 공평한 것 가운데 하나는 시간이라고 생각한다. 하루 24시간은 누구에게나 똑같이 적용된다. 시간만 잘 활용하여 시간의 가치를 극대화시킬 수 있다면, 독자가 목표하는 바를 성취할 수 있다. 필자는 그런 믿음을 가지고 있기 때문에, 시간에 관련된 내용을 몇 가지 소개해 보겠다.

"내가 헛되이 보낸 오늘 하루는 어제 죽어간 이들이 그토록 바라던 하루이다." (소포클레스)

"시간을 지배할 줄 아는 사람은 인생을 지배할 줄 하는 사람이다." (에센 바흐)

"그대의 하루하루를 그대의 마지막 날이라고 생각하라." (호라티우스)

(2) 나는 누구인가?

이 프로그램(나는 누구인가?)은 일명 '20고개'라고도 한다.[91] 이것을 통하여 참여자는 자신의 현재 모습을 분석할 수 있는 객관적 자료를 확인할 수 있고, 현재 나의 생각의 흐름을 파악해 볼 수 있다.

진행과정: 첫째, 진행자는 20개 항목의 번호가 표시된 참고자료를 나누어 준다. 둘째, 진행자는 동일한 질문(나는 누구인가?)에 대하여 마음속에 떠오르는 생각을 20회에 걸쳐 기록하게 한다. (단, 제한된 시간 안에 생각이 떠오르지 않으면 다음 번호로 넘어가게 한다.) 셋째, 각 변호별 시간은 약 10~15초로 제한하고, 기록할 내용에는 時制를 정확히 표현하게 한다. (예: 나는 장래에 세계적인 운동선수가 되고 싶다.) 넷째, 질문이 끝나면 진행자는 분석 요령에 근거하여 자신의 현재 모습을 분석하게 하고, 그 내용을 근거로 자기를 정리하는 글을 쓰게 한다.

참여자들에게 나누어 줄 참고자료

나는 누구인가? (Who Am I?)

1) 나는 ____________________
2) 나는 ____________________
3) 나는 ____________________
4) 나는 ____________________
5) 나는 ____________________
6) 나는 ____________________
7) 나는 ____________________
8) 나는 ____________________
9) 나는 ____________________
10) 나는 ____________________
11) 나는 ____________________
12) 나는 ____________________
13) 나는 ____________________
14) 나는 ____________________
15) 나는 ____________________
16) 나는 ____________________
17) 나는 ____________________
18) 나는 ____________________
19) 나는 ____________________
20) 나는 ____________________

(3) 나의 돈 쓰는 스타일(유형)

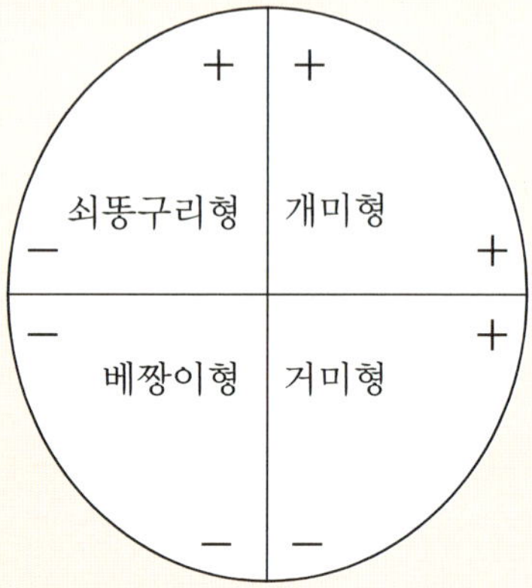

1) 개미형 : 부지런히 일하는 일개미처럼 근면하고 최선을 다하여 많이 벌어서 많이 쓰는 유형이다. 일명, 큰손으로 수입과 지출을 부호화한다면 플러스(+), 플러스(+).
2) 쇠똥구리형 : 자신의 몸보다 더 큰 덩어리를 만들어 집에 가져가 그 곳에 알을 낳는 쇠똥구리처럼 많이 벌어서 실속 있게 쓰는 유형이다. 일명, 빌려 주는 손으로 수입과 지출이 플러스(+), 마이너스(−).
3) 거미형 : 거미줄을 미리 쳐놓지만 걸리는 것이 없으면 배고픔을 감수해야 하는 거미처럼, 수입은 적은데 지출이 더 많은 유형이다. 일명, 꾸어쓰는 손으로 수입과 지출이 마이너스(−), 플러스(+)
4) 베짱이형 : 일하기 싫어하여 준비성이 부족하고 나중에 후회하는 베짱이처럼, 수입이 빈약하여 필요한 지출도 제대로 감당하지 못하는 유형이다. 일명, 작은 손으로 수입과 지출이 마이너스(−), 마이너스(−)

2) 초급 단계: 작심삼주(3주) – 대뇌에서 뇌간에 인식되는 기간

21일의 법칙은 무엇이든지 21일 동안 계속 실행하면 하나의 습관이 된다는 법칙이다. 여기서 말하는 21일은 사람의 생각이 대뇌피질에서 소뇌를 거쳐 뇌간까지 깊이 인식되는 데 걸리는 최소한의 물리적 시간을 의미하며, 그 이후에는 의식하지 않아도 습관적으로 행동하게 된다는 기간이다.

참고로 21일 법칙은 미국 캘리포니아 대학 언어학과의 존 그라인더 교수와 심리학자인 리차드 밴들러가 창시한 'NLP 이론'에 기초를 두고 있다. 'NLP' 이론이란 신경언어프로그래밍(Neuro-Linguistic Programming)의 약자이다. 이것은 개인에게 숨어 있는 잠재능력을 파악하고 조정하여 최적의 내면 상태를 구성함으로써, 인간 내면의 능력을 최고로 발휘하게 해주는 심리과학 프로그램이다. NLP 이론의 장점은 쉽게 따라 할 수 있으되 효과는 놀랍고 신속하다는 것이다. 이런 장점으로 인하여 미국의 예일대학, 콜롬비아 대학, 그리고 영국의 옥스퍼드 부룩스대학, 런던 칼리지, 뉴카슬 대학교에서 인성 및 학습 상담에 널리 활용하고 있는 이론이다.

21일의 법칙을 공부에 적용시킨 사람이 있다. 그가 소개하는 21일간의 학습전략이 체계적이고 효과적이라는 생각이 들어서 21일 프로젝트를 소개하면서 실천해 보기를 권한다.[92)]

(1) 공부습관

Day 01: 의욕에 불을 붙여라.

Day 02: 성공으로 이끄는 자존감을 키워라.

Day 03: 자신 안의 북극성을 찾아라.

Day 04: 태도가 삶의 고도를 결정한다.

Day 05: 공부는 게임이다.

Day 06: 시간을 지배하라.

Day 07: 2%의 계획이 98%의 실행을 좌우한다.

Day 08: 소중한 것부터 먼저 하라.

Day 09: 마인드 컨트롤로 잠재능력을 끌어내라.

Day 10: 모든 공부는 수업시간에 끝내라.

Day 11: 공부가 즐거워지는 스트레칭을 하라.

Day 12: 효율적으로 읽기를 습관화하라.

Day 13: 코넬 노트로 성적을 올려라.

Day 14: 예습 & 복습을 충실히 하라.

Day 15: 책 속에서 길을 찾아라.

Day 16: 생각의 지도를 그려라.

Day 17: 공부를 하고 나면 바로 자라.

Day 18: 스트레스를 줄이고 아침을 먹어라.

Day 19: 중독에서 빠져나와라.

Day 20: 최상의 건강 상태를 유지하라.

Day 21: 공부하고 싶은 환경을 만들어라.

(2) 기도습관

필자는 의지력이 강화되는지 확인해 보고 글을 쓰기 위하여 여름방학이 시작되는 2009년 6월 15일부터 새벽 4시에 일어나 교회에서 기도하는 새벽기도 프로그램을 실천해 보았다. 학기 중에는 실천하기 힘든 측면도 있어서, 방학에 시도해 보았다. 처음 3일은 정신력으로 버텼다는 것이 솔직한 표현이다. 작심3일이라고 했는데, 3일도 실천을 못한다면 너무나 수치스럽게 자신에게 실망스러울 것 같아서 참고 일어났다. 드디어 연속 3일 동안 새벽 4시에 일어나는 1단계 시도에 성공하였다.

그리하여 이제는 2단계로 21일 연속 새벽기도에 돌입하기로 작심하였다. 그런데 7일 정도가 지나가는 무렵, 새벽 4시에 일어나려면 머리의 생각과 몸의 반응이 달랐다. 머리의 생각은 의지력을 실험해 보기로 결심했으니까 그 시간에 일어나는 것은 당연하다는 것이었다. 그렇지만, 몸의 반응이란 새벽 4시에 무리하게 일어나서 몸을 피곤하고 힘들게 하지 말고 계속 자연스럽게 누워 쉬라는 것이었다.

필자는 정신적으로 갈등했다. 머리의 소리에 귀를 기울일지, 아니면 몸의 소리에 반응해야 할지 결정해야 했다. 새벽 기도를 시작한지 14일 정도가 되었을 무렵에도 몸은 쉼을 원했고 머리는 의지대로 계속 밀고 나가기를 원했다. 드디어 21일 연속 새벽 4시에 일어나 기도회에 참석하게 되었을 때, 몸은 정신적 선택에 적응을 하면서 그 시간에 일어나는 것이 거의 힘들지 않게 훈련되어 있었다. 그리하여 필자는 21일 동안 연속으로 새벽 4시에 일어나는 2단계 의지력 점검 테스트에 합격하게 되었다. 21일이라는 시간의 길이는 몸의 훈련에 의미가 있는 기간이라는 것이 필자의 체험을 통하여 확인된 것이다.

참고로 필자의 새벽 4시 기상 프로그램은 66일 동안 연속으로 진행되었다. 그 무렵에 몸은 이미 적응단계를 지나서 그 시간에 일어나는 것이 힘들지 않게 되고, 어떤 경우에는 괘종시계가 울리지 않아도 일어날 시간 약 5분 전에 몸은 깨어나는 것을 확인할 수 있었다. 이런 체험을 통하여 필자는 인체 안에도 훈련을 통하여 '생체시계'를 작동시킬 수 있다는 것을 확신하게 되었다.

(3) 나의 시간 계획서

다음의 도표를 보고 해당 항목에 지금까지 사용해 온 시간을 30분 단위까지 기록해 보고, 앞으로는 어떻게 시간을 할당해 생활해 나갈 것인지 기록해 본다.

시 간 / 항 목	현재	이후
	(　)시간 (　)분	(　)시간 (　)분
1. 수면		
2. 식사		
3. 경제 활동		
4. 학문 연구		
5. 가족 돌보기		
6. 여가 활동		
7. 종교 활동		
8. 봉사 활동		
9. 기타		

3) 중급 단계: 작심삼개월(3개월) – 습관이 체득되는 기간

2009년 7월 영국 런던대학의 제인 워들(Jane Wardle) 교수는 생활에 도움을 줄 수 있는 흥미 있는 실험의 결과를 발표하였다. 연구팀의 실험 주제는 '같은 행동을 얼마나 반복해야 사람이 생각이나 의지(意志) 없이 자동적으로 반사적 행동을 하게 되는가'에 대한 것이었다. 이 실험을 위하여 연구팀은 실험 참가자들에게 첫째, 점심 식사 때 과일 한 조각 먹기, 둘째 점심 식사 때 물 한 병 마시기, 셋째 저녁 식사 전에 15분 뛰기와 같은 건강에 도움이 되는 행동 중 하나를 선택하게 한 뒤 매일 선택한 항목을 반복해 실천하도록 했다. 그리고 연구진은 이들이 매일 목표를 수행할 때 의무감과 의지로 하는 것인지, 생각 없이 반사적으로 하는 행동인지를 조사했다.

이 실험의 연구 결과 평균 66일이 돼서야 결심을 생각이나 의지 없이 행동을 실천함으로 습관으로써 자리 잡게 된다는 것을 알아내게 되었다. 또한, 복잡한 행동일수록 습관이 되는데 더 오랜 시간이 걸린다는 사실도 알게 되었다. 하나의 예로, 운동하는 습관(운동습관)을 만드는 것이 식습관(식사습관)을 바꾸는 것보다 더 오래 걸렸다.

제인 워들 교수는 개인차이가 있기는 하지만 66일 동안 매일 같은 행동을 반복하면, 그 뒤에는 어떤 상황이 주어지면 자동적인 반응으로 행동하게 된다고 주장했다. 그리고 사람의 어떤 행동이 습관으로 자리 잡는 데 물리적 시간이 얼마나 걸리는지 시간을 측정한 연구는 이번이 처음이라고 말했다. 이번 연구결과는 '유럽 사회심리학 저널(European Journal of Social Psychology)'에 게재됐다.[93)]

제인 워들 교수의 실험을 생활에 적용시켜 보자. 만일 어떤 사람이 운동으로 체중을 감소하기를 원한다면, 최소한 3개월은 운동을 지속해야 습관적으로 운동할 가능성이 높아진다는 것을 알 수 있다.

(1) 운동습관

첫째, 팔 굽혀펴기 3개월: 하루 10회, 30회, 50회 100회씩 증가시키기

둘째, 줄넘기 3개월: 하루 약 10~20분, 몸은 한 번 뛰고 줄넘기 줄은 두 번 회전시키는 줄넘기, 연속 10~50회

셋째, 달리기 3개월: 1주일에 3~4회 약 20~30분씩

넷째, 산보 3개월: 땀이 날 정도의 속도로 걷는 유산소 운동

다섯째, 헬스 3개월: 전문가의 도움을 받으면서 자신에게 적합한 운동하기

(2) 학습습관

첫째, 학원 3개월 단위 과정 수강하기

둘째, 평생교육원 3개월 과정 이수하기

(3) 언어습관

사람은 태어나서 죽을 때까지 수많은 말을 하면서 살아간다. 심지어 유언은 그 사람이 죽은 후에도 법적 효력을 발생한다. 이처럼 사람의 말은 그 중요성을 생각하면 아무리 강조해도 지나치지

않은 측면이 있다. 그런데 말에는 긍정적 말이 있고 부정적 말이 있다. 감사를 표현하는 말은 긍정적 말이지만, 불평을 터트리는 말은 부정적 말이다. 긍정적인 말은 좋은 열매를 맺지만, 부정적인 말은 나쁜 열매를 맺기 마련이다.

부정적 말의 일종인 불평과 관련하여 작은 생각을 실천하여 세계적인 운동으로 확대시킴으로 유명해진 사람이 있어서 소개한다. 미국 미주리 주(州) 캔자스시티에서 사목활동을 하던 윌 보웬(Will Bowen)목사는 2006년 7월, '여름독서클럽'을 진행하던 중 사람들이 배운 것을 오래 기억할 수 있는 아이디어를 착안해 냈다. 그는 사람들이 원하지도 않는 것에 불평하면서 삶의 에너지를 집중하는 대신 원하는 것에 집중하면 훨씬 더 좋은 결과를 만들 수 있을 것이라고 생각했다. 그리하여 사람들의 행동을 자세히 관찰해 보았을 때, 사람들이 자신도 모르는 사이에 불평을 통해 원하지 않는 것에 초점을 맞추고 살아간다는 것을 발견했다. 그는 사람들로 하여금 그들의 불평을 자각하게 하기 위해 상징물인 손목밴드(wrist band)를 만들고, 변화를 뜻하는 보라색(Purple)을 선택했다. 그는 보라색 밴드를 200여 명의 교회 성도들에게 나누어주기 시작했다. 일부 운영자들의 부정적인 생각과는 달리 보라색 고무 밴드는 만드는 즉시 품절이 되었고, 사람들은 입에서 입으로 이 소식을 전하기 시작했다.

작은 시골 마을에서 시작된 '불평 제로 프로젝트'는 먼저 지역 언론의 조명을 받고 유명해지기 시작했다. 소문을 들은 사람들이 서로 밴드를 주문하면서 이 소식은 미국 전역으로 뻗어가게 되었고, 마침내 '오프라 윈프리 쇼' '투나잇 쇼' 그리고 '투데이 쇼' 등에서 이 캠페인을 소개하기 시작했다. 방송이 나간 직후 한 달 만에 주문량이 200만 건을 넘어서기 시작하여 2009년 8월 기준으로 약 700 ~800만개의 밴드가 세계적으로 보급되었다고 한다.

밴드 사용법은 간단하다.[94] 첫째, 한쪽 손목에 보라색 고무밴드를 착용한 뒤 21일간 불평을 참아보기로 결심한다. 둘째, 자신이 불평을 하고 있거나 누군가를 험담 또는 비난하고 있다는 것을 깨달을 때마다 밴드를 한쪽 손목에서 다른 쪽 손목으로 옮겨 끼우고 처음부터 다시 시작한다. 셋째, 같은 밴드를 끼우고 있는 사람이 불평하고 있는 것을 보면 그에게 밴드를 옮겨 끼우라고 깨우쳐줄 수 있다. 하지만 그럴 때는 자신도 밴드를 옮겨 끼워야 한다. 왜냐하면 당신도 다른 이들의 불평에 대해 불평하는 셈이기 때문이다. 넷째, 밴드를 계속해서 착용한다. 단 하루도 불평 없이 21일을 보내려면 수개월이 걸릴 수도 있다. 경험자들에 따르면 평균 4개월에서 8개월이 걸린다고 한다.

이 '불평 없이 세상 살아보기' 운동은 입술의 언어를 순화시키는 긍정적 역할을 하는 데 중요한 역할을 했다고 경험자들은 고백한다. 필자도 이 운동에 참여해 보기 위하여 책을 구입하고 그 안에 동봉된 손목밴드를 착용하며 실천해 보고 있는 중이다. 몇 개월이 지나야 입술의 불평이 사라질지는 기다려 보아야 하겠지만, 긍정적 효과가 나타나고 있는 것은 분명한 사실이다.

4) 고급 단계: 작심삼년(3년) – 사람의 생각과 감정 그리고 행동의 성숙에 필요한 시간

필자는 이 책을 읽는 독자들이 자신의 분야에서 전문가가 되고,

탁월한 사람들이 되기를 간절히 바란다. 그런데 어느 한 분야에서 탁월한 전문가가 되려면 단순히 마음으로 소원한다고 되는 것은 아니다. 꿈을 성취하기 위한 의지력과 사전 준비가 필요하다. 이런 준비의 과정에 걸리는 시간에 대하여 스톡홀름 대학교의 앤더스 에릭슨(Anders Ericsson)박사는 '10년 법칙(the 10-year rule)'을 주장하였다. 그의 주장에 따르면 어떤 분야에서 최고 수준의 성과와 성취에 도달하려면 최소 10년 정도는 집중적인 사전 준비를 해야 한다는 것이다.[95] 위에서 언급한 학자의 주장을 삶의 현장에 적용해 본다면, 어떤 분야에서 세계적인 수준을 유지하려면 10년 정도는 지속적인 노력과 훈련이 필요하다. 10년의 기간 동안 어떤 일에 집중하려면 대단한 의지력이 필요할 것이라는 점은 명약관화하다.

필자는 어떤 사람이 성숙한 생각을 하고 자신의 감정을 잘 통제하며 잘못된 행동을 수정하여 성숙에 도달하려면 훈련의 기간이 약 3년은 걸린다고 생각한다. 물론 개인적 성품과 잠재능력에 따라 시간의 차이는 분명히 존재한다는 점을 전제하며 하는 말이다.

예를 들자면, 한국 국가대표 선수들 가운데 많은 축구선수들이 있다. 그 중에 박지성 선수는 고등학교에 다닐 때까지는 축구에서 두각을 나타내지 못했다. 그는 능력 있는 선수들을 뽑는 연세대나 고려대 축구팀에 들어가지 못했다. 운동선수로서는 키가 크지도 않고 달리기가 빠른 것도 아니었다. 그렇지만 축구장에서 다른 선수들보다 많이 뛰고 움직이는 그의 의지적 노력이 감독들의 눈에 들어오기 시작했다. 그는 히딩크 감독의 혹독한 훈련에도 잘 적응하는 의지력을 발휘하여 2002년 월드컵에서 한국이 4강에 오를 수 있도록 결정적 역할을 하였다. 그가 포르투갈과의 예선 최종 경기에서 골을 넣고, 펄쩍 뛰어 오르며 히딩크 감독의 품에 안기는 장면은 축구를 사랑하는 사람들의 가슴 속에 지금도 생생히 살아있다. 한마디로 박지성 선수는 축구선수로서 천부적 재능을 타고 태어난 것이 아니라, 후천적으로 자신이 땀 흘리고 부단히 노력하여 만들어진 '노력형' 선수라고 필자는 생각한다. 그의 성실함과 의지적 노력은 열매를 맺게 되어, 축구의 종주국이라는 영국의 최고팀에서 활약하는 선수로 성장하였다. 필자는 그를 '의지의 한국인'이라고 부르고 싶다.

활동 프로그램

(1) 독서 습관

최근(2007～2008년 기준) 한국 국민들의 1년 독서량에 대한 조사에 의하면 1달에 책을 한 권도 읽지 않는 것으로 조사되었다. 이 통계자료가 사실이라면 정말 안타까운 일이다. 왜냐하면 책을 읽는 것은 단순히 책을 빌리거나 구매해서 읽는 행위에서 끝나는 것이 아니라, 두뇌에 꾸준한 자극을 주어서 치매(일명: 알츠하이머 질환)를 예방할 수 있다. 그뿐만 아니라 독서를 한다는 것은 마치 농부가 땅을 개간하여 새로운 옥토를 만드는 것처럼, 정신적 세계를 개간함으로써 정신적으로 행복해질 수 있다. 미래를 예견하는 학자들 가운데 이시형 박사는 21세기에 필요한 인물로 '창재'를 강조한다. 여기서 말하는 '창재'는 창의적 인재를 말한다. 창의성에 자극을 받으려면 다양한 종류의 유익한 책들을 많이 읽어야 한다.

요즈음은 각 도시마다 도서관 시설들이 비교적 잘 갖추어져 있다. 대부분 현대식 건물과 많은 책들을 비치해 놓고 있기 때문에, 책을 구입할 돈이 없어서 책을 읽지 못한다는 것은 변명에 불과한 시대가 되었다. 꾸준히 책을 읽는 것이 하루아침에 습관으로 굳어지는 것은 아니다. 독서가 습관으로 정착하려면 필자의 생각에는 3개월에서 3년 정도는 노력해야 한다고 본다. 책을 읽는 것이 어려운 것만도 아니다. 왜냐하면 자신이 좋아하고 필요한 분야의 책을 먼저 읽으면 되기 때문이다. 예를 들어서, 만화를 좋아하는 사람은 만화책을, 시를 좋아하는 사람은 시집을, 소설을 좋아하는 사람은 소설책을 읽으면 된다.

사람다운 사람으로 살아가려면 독서는 필수과목이다. 1년은 52주이므로 3년 동안 반복한다면, 최소한 156권의 책을 읽을 수 있다. 그리고 3년 정도 반복한다면 어느 정도 습관으로 굳어지리라고 생각한다. 필자에게 유익한 책을 추천하라면, 우선 성경과 같은 경전을 추천하고 싶고, 고대 이래로 발표된 명작으로 꼽히는 문학작품들과 위인들의 생애를 다룬 작품들을 읽어보라고 강력히 권하고 싶다. 그런 책들을 통하여 상상하지 못했던 정신적 풍요로움과 행복을 경험할 수 있다. 이런 주장은 필자의 체험을 통하여 내린 결론이다. 정신적으로 행복하고 풍요로운 인생을 살고 싶은가? 유익한 책을 최대한 많이 읽어라.

(2) 글쓰기 습관(또는 훈련)

최근 대학에 진학하려면 논술시험을 치러야 하고, 논술이 대학

합격의 당락을 좌우하기도 한다. 이런 추세에 따라 고등학생은 물론 중학생과 초등학생까지 논술학원에 다니거나 개인지도를 받는 상황이 도래하였다. 논술도 일종의 글쓰기인데, 논리적으로 서술해야 하기 때문에 단순한 글쓰기 수준을 넘어선다. 누구나 글쓰기를 능숙하게 잘 하기를 바라지만, 그것이 원한다고 만족스런 수준에 도달할 수 있는 것이 아니라는 데 어려움이 있다. 이 땅에 수많은 작가들이 있었지만, 아직도 노벨문학상 수상자를 배출해 내지 못하는 것을 보면 세계적인 작가 1명을 길러낸다는 것이 얼마나 힘든 일인지 상상해 볼 수 있다.

그런데 보통 사람들인 우리는 세계적인 작가가 될 필요는 없지만, 자신의 생각을 글을 통하여 효과적으로 전달할 필요성은 있다. 우리가 기억할 점은 글쓰기도 잘 하려면 운동선수가 꾸준히 근력을 키우고 요령을 터득하는 것처럼, 글쓰기도 매일 생각하고 반복적으로 글쓰기 연습을 해야 한다는 것이다. 다행히 글쓰기를 돕는 교재들이 초등학생 대상으로부터 대학생에 이르기까지 참으로 다양하게 출판되어 있다. 예를 들자면, 대학에서 교재로 활용하는 것들로는『글쓰기의 원리와 실제』또는『사회과학 글쓰기』와 같이 각 대학마다 교재가 있으므로 독자들에게 도움을 줄 수 있는 적절한 교재를 선택하는 것은 어려운 일이 아니다.

글쓰기를 효과적으로 훈련할 수 있는 방법은 '독서클럽'에 가입하여 정기적으로 책을 읽고 구성원들을 만나서 토론하며 글을 써서 발표해 보는 것이다. 또는 독서 감상문 대회에 도전해 보는 것도 하나의 방법이 될 수 있다. 만일 전문적 작가를 지망한다면, 언론사에서 실시하는 신춘문예에 시나 소설 그리고 수필 등등 다양한 분야에 도전해 보는 것도 좋은 대안이 될 수 있다. 필자가 권하고 싶은 방법은 1주일에 최소한 한 권의 책을 읽고 '독서클럽'이나 '독서동호회'에 가입하여 감상문을 써보는 것이다. 이런 노력을 3년 정도 지속한다면, 글 쓰는 것도 일종의 습관이 되어 상당한 발전이 있을 것이라고 확신한다. 예를 들어, 요즈음 하나밖에 없는 귀한 생명을 쉽게 끊어버리는 불행한 일들이 종종 발행하는 상황을 고려할 때에, '나는 언제(어떤 경우에) 죽고 싶은 생각(마음)이 드는가?'라는 제목으로 정직하게 글을 써 본다면 어떻게 극복할 수 있는지 그 가능성도 글의 내용을 통하여 찾아낼 수 있다고 생각한다.

(3) 닮고 싶은 인물 3사람 이상을 사귀거나 그 삶을 모방하기

사람은 누구나 선호하는 인물이 있고, 그 중에는 닮고 싶거나 존경하는 인물이 있게 마련이다. 그 대상은 부모님이나 선생님 또는 위인전에 나오는 인물일 수도 있다. 직업군으로 본다면, 성직자나 시인, 학자나 정치인, 의사나 간호사들이 여기에 속한다.

필자가 권하고 싶은 방법은 독자가 존경하는 인물을 3사람 이상 정하여 그 분을 닮도록 최선의 노력을 다하라는 것이다. 생존해 계신 분이면 찾아가서 예의를 갖추고 교제가 이루어질 수 있도록 노력하라. 만일 돌아가신 분이면, 그 분의 자서전이나 위인전 또는 자료를 수집하여 어떤 삶을 살아갔는지 깊이 묵상하고 실천방법을 모색해 보라. 필자의 경우, 닮고 싶거나 존경하는 인물 세 분을 소개하라고 한다면, 세계적 위인으로는 예수님을 닮고 싶고, 종교적 인물로는 평생 시간을 금같이 귀하게 사용했던 감리교의 창시자 요한 웨슬리, 그리고 생존해 계신 인물로는 인품이 훌륭하신 박원근 목사님이다.

첫째, 예수님의 삶을 닮아가기 위해서 필자는 매일 성경말씀을 암송하며 가슴 속에 생명의 말씀을 새기고 살아간다. 그 말씀의 키워드(key word)는 '생명과 사랑, 예수 그리스도, 감사와 영생'이다. 둘째, 요한 웨슬리의 삶과 시간 관리를 배우기 위하여 필자는 책상 앞에 그의 사진을 부착하여 놓고 매일 보면서 귀감으로 삼고 있다. 셋째, 생존해 계신 인물로는 박원근 목사님과 지속적으로 교제를 나누고 있다. 그 분은 대학의 이사장을 지내셨고, 교단의 총회장으로서 봉직하기도 하셨다. 종종 전화로 연락을 하며, 찾아뵐 때는 도움이 될 만한 책을 사서 드리거나 필자의 신간서적들을 드리면서 그 분의 훌륭하신 인품을 배우고자 노력하고 있다.

5) 최고급 단계: 작심삼십년(30년)

최근 한국인의 평균 수명이 약 80세로 증가 추세에 있다. 기대수명이 점점 증가하여 조만간 한국도 세계에서 장수하는 국가군에 속할 것으로 예상한다. 이런 점을 감안한다면, 30년 정도의 장기적 계획도 세우고 인생을 설계해 나가는 것이 지혜로울 것이다. 필자에게 세계적으로 불굴의 의지력을 발휘한 대표적인 사람을 소개하라면, 넬슨 만델라(Nelson Mandela)를 추천하고 싶다. 그는 1918년 7월 18일 남아프리카 공화국에서 태어났다. 흑인 추장의 아들로 태어났지만, 백인이 아니어서 인종차별에 시달려야 했다. 대학에 다닐 때, 인종차별 정책에 반대하면서 그의 삶은 고통으로 얼룩지기 시작했다. 대학을 중퇴하고 백인 정부의 흑인인종차별 정책에 조직적으로 반대하다가, 1962년 5년 징역형을 선고 받았다. 1964년 6월에는 종신형으로 형량이 늘어났다. 오랫동안 감옥에서 칠흑과 같은 암울한 세월을 보내다가 그는 1990년 2월 11일 석방되어 꿈에 그리던 자유를 향유하게 되었다. 결국 그는 약 28년 동안 감옥에 투옥되어 젊은 세월을 모두 낭비할 수밖에 없었다.

그렇지만, 백인 정부와 정치적으로 화해를 시도하였고 그의 삶과 정치적 역량의 결과로 1993년 백인 지도자(데클레르크)와 공동으로 노벨 평화상을 수상하게 되었다. 1994년 드디어 민주적 선거에 의하여 남아프리카 공화국의 초대 흑인 대통령에 당선되었다. 그는 인종차별 정책에 반기를 들기 시작하여 약 30년 가까운 세월 암흑의 감옥생활을 불굴의 의지로 버티어냈다. 강산이 3번 변한다는 긴긴 세월의 감옥생활을 버티어내고 명예로운 노벨 평화상을 수상하고 대통령에 당선된 그는 분명 불굴의 의지를 소유했던 인물임에 틀림없다.

활동 프로그램

(1) 평생 1회 마라톤 완주하기

마라톤의 전체 길이가 42.195km라는 것은 상식에 속한다. 마라톤의 길이가 얼마인지 대답하는 것은 상식에 속하지만, 그것을 실천하는 것은 대단히 어려운 일이다. 이 어려운 목표를 달성하려면, 몸의 훈련이 필수적이다. 처음부터 마라톤의 전체 길이를 완주

한다는 불가능하다. 그러므로 훈련으로 몸을 만들어야 함은 필수적이다.

처음에는 1km 달리기부터 시작하는 것이 현명하겠다. 그런 다음에 3km, 5km, 10km 단위로 거리를 늘리면서 단축 마라톤 대회에 참여한다면 동기부여가 될 것이다. 이런 훈련을 계속한다면 하프(half) 마라톤 대회에 도전해 볼 수 있고, 드디어 42.195km를 완주할 수 있는 날에 접근할 수 있을 것이라고 생각한다.

(2) 봉사활동 1,560시간에서 7,000시간 할애하기

타인들을 위하여 봉사활동을 한다는 것은 자신을 위해서도 소중한 일이다. 왜냐하면 자신 이외의 다른 사람들에게 도움을 주게 되면, 보람을 느낄 수 있고 자존감이 높아질 수 있기 때문이다. 그렇기 때문에 직접 봉사활동을 해 보지 않으면, 봉사활동이 가져다주는 가치와 보람에 대해서 알 수 없기 때문에, 실험적으로라도 실천해 보는 것은 대단히 중요하다.

봉사활동 시간을 최소한 1,560시간으로 설정한 것은 1년은 52주이며 30년 동안 지속하는 것을 기준으로 했기 때문이다. 필자의 생각에 보통 일주일에 한 시간 정도 봉사활동은 마음만 먹으면 할 수 있는 시간이기 때문에 무리한 시간은 아니다. 그리고 봉사활동 시간을 7,000시간으로 설정한 것은 7이라는 숫자가 행운을 상징하기 때문에, 봉사활동을 실천하는 사람에게 평생 행운이 따르기를 바라는 마음에서 정한 것이다. 1년의 기간을 시간으로 계산하면 8,760시간이다. 평생 살아가는 동안 이웃들을 위하여 1년 가까운 시간을 할애하여 봉사활동을 한다면, 그 인생은 보람 있고 가치 있는 인생이라고 필자는 확신한다.

(3) 생명 살리기 운동 참여하기

최근 일간지[96]를 통하여 경찰청이 국회의원(임두성)에게 제출한 지난 5년간의 자살에 관한 통계자료는 우리에게 커다란 충격을 던져준다. 경찰청 자료에 따르면, 2007년에 자살한 한국인은 13,407명으로 하루 평균 36.7명이 한 많은 세상을 떠나갔다. 2006년에는 12,968명이 자살했고, 최근 2년 사이에 다시 자살률이 증가하고 있다는 것이다. 특히 여성과 60세 이상 노년층, 그리고 20~30대 청년층의 자살이 급증하는 추세라고 한다.

청소년들의 경우, 질병관리본부가 2006년 9월 전국의 만 13~18세 중·고생들 71,000명을 대상으로 온라인 설문조사를 실시하였다. 그 결과에 따르면 중·고생의 23.4%가 '심각하게' 자살을 생각해 본 적이 있다고 응답하였다. 그리고 46.5%나 되는 많은 중·고생들이 '대단히 많이' 또는 '많이' 스트레스를 받는다고 대답했다는 것이다. 스트레스의 주요 원인은 학업성적, 진로, 부모와의 갈등, 그리고 외모 등이었다.

위에서 살펴본 것처럼 청소년들로부터 60세 이상의 노년층에 이르기까지 수많은 사람들이 심각한 스트레스를 받고 삶을 포기해 버리는 불행한 일이 벌어지고 있다. 필자가 참으로 안타깝고 가슴 아픈 것은 오늘 하루도 평균 약 37명의 사람들이 자살로만 죽어가고 있다는 점이다. 이것은 대단히 시급한 문제이다. 왜냐하면 생명과 관련된 문제이기 때문이다. 국가와 정부는 국민들의 생명을 지켜내야 할 책임과 의무가 있는데, 현실적으로 얼마나 최선의 노력을 다하고 있는지 참으로 궁금하고 답답하다.

21세기는 세계화, 국제화 그리고 지식정보화 시대이다. 이런 시대적 조류 속에서 개인들은 무한경쟁에 내몰리게 된다. 돈이나 지식 또는 사회적 배경이 없는 사람들은 생존경쟁에서 점점 벼랑으로 몰려 도태되어 가고 있다. 이런 각박한 삶의 현실 속에서 각 개인은 경쟁력을 갖추어 유능한 사람이 되어야 하는데, 이것도 마음과 생각으로 원한다고 쉽게 되는 것은 아니어서 안타까운 일들이 벌어지고 있다.

사회적으로 자살하는 사람들의 숫자가 증가하는 안타까운 현실 속에서, 필자가 강력히 주장하는 것은 국가적으로 '국민 의식개혁 운동'이 실시되어야 한다는 것이다. 그리고 개인적으로 주변의 곤경에 빠져있는 이웃들을 격려하고 삶의 용기를 북돋아주는 '생명 살리기 운동'이 불일 듯 일어나야 한다. 그 하나의 예가 바로 '생명을 살리는 언어 사용하기'이다. 과거 경제적으로 어려웠던 시절, '아나바다' 운동이 있었다. 그것은 '아껴 쓰고, 나눠 쓰고, 바꿔 쓰고, 다시 쓰기' 운동이었다. 그 운동이 효과를 본 것처럼, 큰 돈 들이지 않고 마음과 정성만 기울인다면 누구나 입으로부터 시작할 수 있는 '생명 살리기 운동'에 대한 지혜를 모아야 할 때다.

① '생명 살리기' 운동의 4가지 영역

- 생각 영역: 모든 일에 긍정적으로 생각한다.

나를 비롯하여 상대방의 생명을 살리고 풍성케 하는 생각을 한다.

복음서(마태, 마가, 누가와 요한복음)의 가르침을 생각하라.

• 언어 영역: 부정적인 말을 최대한 하지 않는다.

대신에, 긍정적인 말은 최대한 표현한다. 예를 들자면, 하루에 3회 이상 자신을 포함하여 누군가를 칭찬한다.

우선, 21일 동안 생명을 살리고 생명을 풍성케 하는 언어를 사용한다. 이것을 습관화하기 위하여 손목에 착용할 수 있는 고무밴드(band)를 준비한다. 밴드의 색깔은 초록색으로 한다. 초록색은 생명을 상징하는 색이다. 손목에 밴드를 착용한 다음, 생명을 살리지 못하는 부정적 말을 입 밖으로 내뱉으면 다른 손목으로 옮겨 착용한다. 그리고 다시 자신을 포함하여 생명을 살리지 못하는 부정적 말을 하면, 다른 손목으로 밴드를 옮겨 착용한다. 이렇게 반복하는 이유는 시각적 행동을 통하여 효과를 극대화하기 위함이다. 이런 행동을 반복한다면, 조만간 생명을 살리는 말이나 생명을 풍성케 하는 말로 입술이 이전보다 성화될 수 있다.

• 정서(감정) 영역:

긍정적 감정은 적극적으로 표현한다.

부정적 감정은 지혜롭게 통제(또는 조절)한다.

• 의지 영역: 대접을 받고자 하는 대로 남을 대접하라.
(마태복음 7:12)

의지가 약하거든 3일 단위로 결심하고 실행하라.

실천사항:

1회 잘 했을 때: 자신의 머리 쓰다듬어 주면서 말하기

"잘 했어. 난 (또는 넌) 역시 가능성이 있는 사람이야."

10회 잘 했을 때: 작은 선물하기

예: 책 1권 선물, 꽃 한 송이, 음악 테이프, 외식 등.

50~70회 잘 했을 때: 표창장 수여하기

표창장 이름, 내용, 날짜, '생명 살리기 운동' 본부 본부장(예수 그리스도)

100회 이상 잘 했을 때: 표창장 및 상품 주기

예: 성경책이나 꼭 갖고 싶었던 물건, 상품권, 여행권 등.

2 의지(력) 강화 10계명

▸ 계명 1. 육체적 건강은 의지력 발휘의 기본이다

건강한 육체에 건강한 정신이 깃든다는 말이 있다. 그만큼 육체적 건강은 정신활동의 기본이 된다는 의미이다. 의지력 발휘에도 육체적 건강은 기본이 된다. 왜냐하면 의지를 가지고 어떤 일을 꾸준히 진행시키려면 체력이 필요조건이기 때문이다.

백승헌 박사는 『부자체질 만들기』라는 저서에서 인체 가운데 간의 기능과 의지력의 관계를 밝히고 있다. 어떤 사람의 장기 가운데 간이 약하면 두뇌 신경 회로의 상당 부분이 기능을 제대로 발휘하지 못하여 컨디션 조절이 어렵게 된다. 또한, 간 기능이 좋지 않으면 피로가 쉽게 누적되어 어떤 일을 진행시킬 의욕이 생기지 않게 된다. 그리하여 간이 약한 사람은 자신의 목표를 달성시키려는 의

지력이 부족하여 성공에 이르지 못하게 된다. 간 기능이 왕성하면 의지가 강하고 집념이 강한 특성이 나타난다. 반면에, 간 기능이 약하면 의지가 약해서 쉽게 포기하고 분노의 감정이 잘 일어나 신경질적인 성향이 나타나게 된다.

▸ 계명 2. 실천 가능한 명확한 목표를 설정하고 중간에 포기하지 말라

목표 설정에 대하여 하가이(John E. Haggai)는 5가지 원리를 강조하고 있다.[97] 첫째, 구체적이어야 한다. 둘째, 측정 가능한 것이어야 한다. 셋째, 성취 가능한 것이어야 한다. 넷째, 현실적이어야 한다. 다섯째, 눈에 보이는 가시적인 것이어야 한다.

"포기하지 말라"는 주제와 관련하여 유명한 연설을 한 사람이 있다. 그는 바로 영국의 위대한 정치가였으며, 노벨문학상까지 받았던 윈스턴 처칠 수상이다. 처칠은 팔삭둥이 조산아로 태어나 초등학교 때는 교사로부터 제일 멍청한 소년이라는 말을 듣고, 중학교 때는 영어에서 낙제 점수를 받아 3년이나 유급했다. 결국 캠브리지 대학이나 옥스퍼드 대학에는 입학할 수 없어 육군사관학교에 입학했다. 그러나 그는 나중에 대영제국의 수상이 되었다. 처칠이 훗날 명문 옥스퍼드 대학에서 졸업식 축사를 하게 되었다. 그는 위엄 있는 차림으로 담배를 물고 식장에 나타났다. 그가 축사를 하기 위해 연단에 오르자 관중들은 일제히 자리에서 일어나 그에게 기립박수를 보냈다. 처칠은 열광적인 환영을 받으며 천천히 모자와 담배를 연단에 내려놓았다. 그리고 나서 청중들을 바라보았다. 청중들은 모두 숨을 죽이고 그의 입에서 나올 근사한 축사를 기대했다. 드디어 그가 입을 열었다. “포기하지 말라!(Never Give-Up!)” 그는 힘 있는 목소리로 첫 마디를 했다. 그리고는 다시 청중들을 천천히 둘러보았다. 청중들은 그의 다음 말을 기다렸다. 그때였다. “절대로, 절대로, 절대로 포기하지 말라!(Never, Never, Never Give-Up!)” 처칠은 다시 한 번 큰 소리로 이렇게 외쳤다. 그것이 축사의 전부였다.

축사 시간이 30분간 잡혀 있었는데 “Never give up”을 여섯 번 외치고는 축사를 마친 것이 유명한 옥스퍼드 대학 졸업축사였다. 단 6분 만에 세계적인 대학의 졸업축사를 마친 것이다. 2차 대전의 후유증이 너무나 컸던 영국 지식인들을 향하여 그는 “결코 포기하지 말라”고 촉구함으로써 젊은이들이 강한 의지력을 가지고 실천하는 지성인들이 되기를 소망했던 것이다.

▸ 계명 3. 어떤 일을 하든지 긍정적으로 생각하고 말하고 행동하라

조엘 오스틴 목사는 『긍정의 힘』이라는 책에서 생각의 중요성을 다음과 같이 강조한다.[98] “우리의 가장 무서운 적, 사탄이 노리는 표적은 우리의 생각이다. 중략. 실제로 생각에 따라 행동과 태도와 자아상이 결정된다.” 그는 우리의 생각이 감정에도 영향을 미치기 때문에, 먼저 행복한 생각을 품지 않으면 절대로 행복할 수 없다고 말한다. 어떤 생각을 품을지 결정하는 주체는 바로 우리 자신임을 또한 그는 강조하고 있다. 그러면서 그는 어떤 생각을 품을지 그 내용으로 성경을 소개한다. “무엇에든지 참되며 무엇에든지 경건하며 무엇에든지 옳으며 무엇에든지 정결하며 무엇에든지 사랑할 만하며 무엇에든지 칭찬할 만하여 무슨 덕이 있든지 무슨 기림이 있든지 이것들을 생각하라”(빌립보서 4:8).

필자가 위 성경의 내용을 핵심단어로 뽑아낸다면, 우리가 생각할 내용은 진리, 경건, 정의, 정결, 사랑, 칭찬, 미덕을 세우는 것과 같은 긍정적 가치들이다. 이런 가치들을 생각하고 실천하면 아름다운 삶의 열매를 주렁주렁 맺을 수 있다. 또한, 긍정적 생각은 긍정적 말을 낳고, 긍정적 말은 긍정적 행동을 낳는다. 의지력을 강화시키려는 사람은 누구나 선한 생각을 품고 입술에 선한 말을 하며, 선한 행동을 할 수 있도록 생각과 말과 행동이 긍정적이어야 함은 두말할 필요가 없다.

그런데 여기서 필자가 주목하고 싶은 것은 생각의 내용이 인간에게 있어서 무엇보다도 중요한데, 그렇다면 '생각에 영향을 주는 중요한 요인은 무엇이냐?'는 질문이다. '생각을 바꾸면 인생이 달라진다.'는 내용을 다룬 서적들이 많다. '말을 바꾸면 인생이 달라진다.' 또는 '행동을 바꾸면 인생이 달라진다.'는 표현도 많이 언급된다. 그리고 '습관을 바꾸면 인생이 달라진다.'는 말도 종종 언급된다. 이런 표현들을 핵심단어로 연결해 보면, 생각 → 말(언어) → 행동 → 습관 → 인격 → 인생으로 연결된다. 이런 연결고리를 생각해본다면 생각은 인생이 달라지는 최초의 출발점 같이 생각된다. 그런데 필자가 갖는 의문점은 '정말 생각이 인생 변화의 시작점이냐?'는 것이다. 오랫동안 기도하고 묵상하면서 필자는 다른 학문에서 힌트를 얻었다. 철학에는 인식론이라는 분야가 있다. 지식이 무엇인지에 대하여 연구하는 분야가 바로 인식론이다. 천재 수준의 철학자라고 말할 수 있는 플라톤은 인간이 생득적(또는 선천적)으로 지식 습득의 능력을 갖고 태어난다고 주장한다. 그의 주장을 적용시킨다면, 생각에 중요한 영향을 미치는 것은 바로 지식(정보)이라는 것이다. 이런 흐름에서 본다면 지식(정보) → 생각 → 말(언어) → 행동 → 습관 → 인격 → 인생으로 연결된다. 여기서 필자가 주장하는 하나의 명제는 "지식을 제대로 습득하면 인생이 달라진다."는 것이다. 선한 지식을 많이 알면 알수록 알찬 인생이 펼쳐진다는 점을 명심해야 한다. 21세기는 바야흐로 지식과 정보의 시대임을 알고 독자들이 자신의 삶을 개척하는 데 꼭 필요한 지식을 터득하는 데 몰입하면 좋겠다.

▸ 계명 4. 의지가 약해서 실행력이 부족하다면, 3일 단위로 결심하고 계속 실천하라

필자는 이 책을 마무리하는 시기에 한 교수와 점심식사를 하는 도중, '인간 의지의 십계명'에 대하여 대화를 나누게 되었다. 그런데 그 교수는 인간에게 의지가 대단히 중요한 요소이고 필요성도 인정하는데, 정작 '의지력이 부족한 사람은 어떻게 하면 되는가?'라고 필자에게 물었다. 그 순간에 필자는 현명한 대답이 떠오르지 않았지만, 귀가하면서 곰곰 생각한 결과 하나의 방법이 떠올랐다.

그 방법이란, 의지력이 부족한 사람은 3일 단위로 결심을 새롭게 하면서 의지력을 발휘하여 지속적으로 실천해 보는 것이다. 대부분의 사람들이 마음으로 굳게 결심하면, 작심3일 정도는 실천해 볼 수 있고, 성공할 확률도 높다. 그리하여 작심3일에 성공하면 다시 3일을 작정하는 것이다. 이런 식으로 7회를 반복하면 21일의 시간이 지나게 되고, 21일 정도 실천할 수 있다면 습관으로 체득될 가능성은 확보되었다고 볼 수 있다.

그러면 언제까지 반복할 것인가? 그것은 독자들이 세운 목표에 따라서 물리적 시간의 길이가 달라질 수 있다. 만일 단기간에 달성할 수 있는 목표라면 단시간에 끝날 것이다. 그렇지만, 최소한 몇 년 이상의 노력이 필요한 목표라면 장기적 계획을 세우고 그것을 실천하기 위한 의지력도 강화시켜나가야 한다. 만일 노년기의 경제적 여유를 위하여 매달 20만 원씩 저축을 하기로 결심했다면, 1년 동안 240만 원을 저축할 수 있고, 10년간 꾸준히 실천해야 2,400만 원을 모을 수 있다. 30년을 계획한다면 7,200만 원이라는 적지 않은 돈을 저축할 수 있다는 결론이 나온다.

▸ 계명 5. 닮고 싶은 존경하는 인물을 정한 후, 그의 삶을 벤치마크(benchmark)하라

필자의 경우 존 웨슬리(John Wesley)를 존경한다. 이유는 그의 철저한 시간 관리와 헌신적 삶 때문이다.[99] 그는 매일 아침 4시에 기상하여 저녁 10시까지 근면하게 일을 하였다. 그 당시에는 교통수단이 말을 타고 다니는 것이어서 오늘날과 상당히 달랐다. 그는 지붕도 없는 마차에 책상과 서가를 만들어 놓고 순회전도를 다니는 도중에 틈틈이 약 200권의 저서와 소책자를 저술하였다. 그는 83세의 고령에도 불구하고 하루에 꼬박 15시간씩 글을 썼으며, 86세의 나이에도 하루에 2회씩 설교를 계속한 의지의 사람이었다. 1791년 그는 90세가 조금 못되어 이 세상을 떠났을 때, 그의 임종을 지켜보았던 의사가 "그는 질병으로 죽어간 것이 아니라 몸이 닳아서 없어졌다."고 말하였다. 그는 참으로 시간을 금같이 쪼개 쓰면서 시간 관리를 철저히 했던 대표적인 인물이며, 시간 관리에 대한 통찰을 줄 수 있는 위인이었다.

▸ 계명 6. 꾸준한 독서로 자극을 받아 의지력을 강화하라

육체의 건강을 유지하기 위해서는 몸에 유익한 음식물을 섭취해야 하듯이, 정신의 건강을 유지하려면 지식을 공급해 주어야 한다. 지식이나 정보를 터득하기 위해서 독서는 필수적이다. 정신적 깨달음이나 통찰은 사람을 크게 변화시킬 수 있다. 의지력의 문제도 독서를 통하여 커다란 도전과 자극을 받을 수 있다. 특히, 인간의 의지를 다루는 책을 꾸준히 찾아내고 독서에 열정을 보인다면, 의지력도 크게 강화될 수 있다.

독서에 있어서 자신에게 적절한 독서방법을 터득하는 것이 중요하다는 측면에서 독서의 다양한 유형에 대하여 알아보자.[100] 첫째, 정독은 자세히 읽는 독서 방법으로 교과서나 전문 분야의 책들을 읽을 때 유익한 방법이다. 이런 독서방법은 이해의 깊이를 높일 수 있는 장점이 있지만, 일반적으로 속도가 느린 단점이 있다. 둘째, 남독은 독서의 계획을 체계적으로 세우지 않고 닥치는 대로 아무 책이나 마구잡이식으로 읽는 독서 방법이다. 셋째, 다독은 가능한 한 책을 많이 읽는 방법이다. 넷째, 묵독은 책을 읽을 때, 소리를 전혀 내지 않고 눈으로 읽는 방법이다. 다섯째, 속독은 최대한 빠른 속도로 읽는 독서방법이다. 시간을 최대한 절약할 수 있다는 장점이 있지만, 핵심을 빠트리고 넘어갈 수 있는 단점도 있다. 여섯째, 낭독은 음독이라고도 하며 소리를 내어 읽는 독서방법으로 보통 시를 읽을 때 많이 사용되는 방법이다. 일곱째, 통독은 처음부터 끝까지 책을 관통하여 내리읽는 독서방법으로 전체적 내용을 파악하는 데 유리하다는 장점이 있다. 여덟째, 선독(選讀)은 책의 내용 가운데 중요한 부분을 선택하여 읽는 독서방법으로 필요한 부분을 취사선택하여 읽으므로 시간을 절약할 수 있다는 장점이 있다.

▶ 계명 7. 목표를 성취했을 때를 실감나게 상상하고 그렇게 행동하라

인간이 상상할 수 있는 능력이 있다는 것은 하나님의 축복이다. 현대 두뇌과학을 연구하는 사람들이 발견한 재미있는 현상 한 가지는 인간의 뇌는 상상과 현실을 착각한다는 점이다. 만일 어떤 사람이 현실적으로 어떤 목표를 성취하지 못했더라도, 상상력을 활용하여 마치 그 일이 성취된 것처럼 상상하면 인간의 두뇌는 그렇게 작동한다는 것이다. 한 성직자는 이것을 '바라봄의 법칙'이라고 표현하며 강조한다. 어떤 목표를 설정하면 상상력을 활용하여 마치 그것이 현실적으로 이루어진 것처럼, 상상하고 바라보고 그렇게 행동하라는 것이다. 그러면 믿기 어려운 놀라운 성취를 이루어낼 수 있다는 논리이다.

위의 내용을 몸소 실천하여 입증한 인물 가운데 한 사람이 바로 현대그룹의 정주영 회장이다. 그 분은 인천 부둣가에서 막노동꾼으로 일하면서 많은 고생을 했다. 어느 시기에는 쌀가게에서 점원으로 일을 하였다. 어느 날 그는 대리석으로 장식된 으리으리한 집에 쌀 배달을 가게 되었다. 알고 보니 그 집은 당시 전국에 약 350개의 지점을 가지고 있었던 화신 백화점 창업주(박흥식)의 집이었다. 말로만 듣던 재벌의 집에 쌀을 배달한 것이다. 그는 배달을 마치고 대저택을 나오면서 그 집의 주인이 된 자신의 모습을 생생하게 꿈꾸면서 이렇게 생각했다고 한다.[101] "나는 반드시 이 집의 주인이 되고 말겠다. 약 60년이 지난 2000년 3월 박흥식의 집은 진짜로 정주영 회장의 소유가 된다." 필자는 정주영 회장이 생각만 생생하게 한 것이 아니라, 그 상상을 행동으로 실천했기 때문에 목표를 성취했다고 본다. 독자들은 무슨 꿈이 있는가? 그 꿈을 이루려면 목표를 성취했을 때를 상상하고 마치 그것이 이루어진 것처럼 행동해 보기 바란다. 그런 후에 결과를 확인해 보기 바란다.

▸ 계명 8. 작은 성공(또는 성취)을 축적함으로써 자신감을 길러 더 큰 성공으로 나아가라

미국 MIT 공대의 학습기억연구소의 밀러(Earl Miller)박사는 실패한 행동은 뇌세포에 전혀 또는 거의 변화를 가져오지 못하고, 성공한 행동만이 뇌세포에 변화를 일으킨다는 사실을 시사하는 실험결과를 발표하였다.[102)]

필자는 누구든지 작은 목표를 세우고 그것을 큰 어려움 없이 성취한다면, 자신감이 생길 것이 분명하다고 생각한다. 그렇기 때문에 자신의 역량을 초월하는 커다란 목표를 설정했다가 실패하는 것보다는 성취 가능한 목표를 세우고 그 목표를 성취하는 것이 훨씬 효과적이다. 이런 이유 때문에 필자는 의지 강화 프로그램을 소개할 때, 작심3일의 초보단계에서 시작하여 작심3주인 초급단계, 작심3개월인 중급단계와 작심3년인 고급단계로 분류하였다. 그리고 최종적으로 작심30년인 최고급단계로 나누어 난이도가 점점 더 높아지도록 프로그램을 소개하였다. 어떤 작은 성공이 누적됨으로써 확률이 높아지는 것은 바로 자신감이고, 그 자신감은 보다 큰 성공으로 나아가는 지름길이 된다.

▶ 계명 9. 반복적 (근력)운동으로 근육을 키우듯이 반복적 연습으로 의지력을 강화하라

2008년 4월 2일 '뉴욕 타임스' 잡지에는 인간의 의지력과 관련된 재미있는 칼럼이 실렸다. 그 내용을 요약해 보면 다음과 같다.[103] 인간의 두뇌가 보유하는 의지력의 전체 총량에는 한계가 있다는 것이다. 따라서 자제심을 요구하는 일, 여러 가지를 한꺼번에 하는 것은 바람직하지 않다고 한다. 어느 한쪽에 자신이 가진 의지력을 모두 다 써버리고 나면, 다른 일에는 자제력을 발휘할 수 없기 때문이다. 예를 들자면, 놀고 싶은 욕구를 억누르면서 공부를 해야 하는 사람이 동시에 평소 좋아하던 간식을 전혀 먹지 않는 다이어트를 병행하면 그 효과가 반감될 수밖에 없다는 것이다. 그런데 반복적인 근력 운동을 통하여 근육을 키우듯이 꾸준히 연습하면 의지력을 강화시킬 수가 있다. 마치 신병 훈련소에서 어려운 훈련을 받고 나면, 웬만큼 힘든 일도 쉽게 해치울 수 있도록 군기가 드는 것과 비슷한 현상이다. 결국, 절제를 요구하는 어떤 활동을 지속적으로 반복하는 것은 의지력을 증가시킬 수 있다. 그리고 충동을 억제하고 욕구 충족을 미룰 수 있는 능력은 인생의 성공과 깊이 연관되어 있다.

▶ 계명 10. 의지력 강화를 위해 하나님께 기도하고 과업을 완수하기 위해 의지력을 극대화하라

인간이 아무리 강력한 의지를 가지고 살아가려고 노력한다고 할지라도, 완벽한 의지력을 발휘한다는 것은 대단히 힘든 일이다. 따라서, 불굴의 의지를 가지고 실행력을 극대화시키려면, 자신의 능력을 초월해 계시는 전능하신 하나님의 도움이 필요하다. 하나님의 도우심을 기도한다는 것은 어떤 세계적인 업적을 성취한다 할지라도 겸손할 수 있음을 내포한다. 사람들은 교만하고 안하무인격인 사람보다는 실력과 의지력이 있으면서도 겸손한 사람을 선호한다.

세상에 모든 면에서 완벽한 사람은 아무도 없다. 그러므로 의지력에 있어서 완벽한 사람도 없다고 보아야 한다.

최근 이지성 작가는 『꿈꾸는 다락방』이라는 책에서 하나의 공식을 제시했다.[104] 그 공식이란 R = VD이다. 정확한 표현은 Realization = Vivid Dream이다. 즉, '생생하게 꿈꾸면 이루어진다.'는 의미이다.

이 공식을 참고로 필자는 의지라는 영어 단어를 활용하여 하나의 공식을 만들었다. 그것은 A = BMW라는 공식이다. 정확히 표현하자면, Achievement = Belief Mission Will로써 '어떤 일을 성취하려면 목표하는 과업에 대하여 신념과 의지가 있어야 한다.'는 의미이다. A는 성취를 뜻하고 B는 신념, M은 달성해야 할 과업이나 사명 그리고 W는 인간의 의지를 말한다. 참고로 BMW는 독일산 자동차로 세계적인 브랜드를 가진 명차이다. BMW가 최고의 가치를 가진 명품차인 것처럼, 이 책의 독자도 자신의 꿈을 성취하기 위하여 BMW라는 최고의 가치(신념, 사명 그리고 의지)를 구매하기 바란다. 여기서 신념은 정신적 영역으로 정신적 신념을 의미하고, 의지는 실천적 영역으로 실천적 의지를 내포한다. 끝으로 필자는 이 책의 독자들이 꿈을 성취하기 위하여 전능하신 하나님께 기도하고, 불굴의 의지력을 발휘하여 목표를 꼭 성취하기 바란다.

참고자료 **자유에의 욕구 테스트 - 10문항**

다음의 내용은 인간의 자유에 대한 욕구(필자 주: 자유의지)를 측정하는 자료이다. 모든 문항을 읽고 가장 가깝다고 생각되는 번호(최저: 1점, 최고: 5점)에 표시한 다음 총점을 계산하면 된다. 출처: www.sayusayme.co.kr

문항 1 사람들이 내게 어떻게 하라고 지시하는 것이 싫은가?
① 그렇지 않다. ② 별로 그렇지 않다.
③ 때때로 그렇다. ④ 자주 혹은 상당히 그렇다.
⑤ 언제나 혹은 많이 그렇다.

문항 2 내가 원하지 않는 일을 하라고 하면 참기 어려운가?
① 그렇지 않다. ② 별로 그렇지 않다.
③ 때때로 그렇다. ④ 자주 혹은 상당히 그렇다.
⑤ 언제나 혹은 많이 그렇다.

문항 3 다른 사람에게 어떻게 살아야 한다고 강요하면 안 된다고 믿는가?
① 그렇지 않다. ② 별로 그렇지 않다.
③ 때때로 그렇다. ④ 자주 혹은 상당히 그렇다.
⑤ 언제나 혹은 많이 그렇다.

문항 4 누구나 다 인생을 살고 싶은 대로 살 권리가 있다고 믿는가?
① 그렇지 않다. ② 별로 그렇지 않다.
③ 때때로 그렇다. ④ 자주 혹은 상당히 그렇다.
⑤ 언제나 혹은 많이 그렇다.

문항 5 인간의 자유로운 선택능력을 믿는가?
① 그렇지 않다. ② 별로 그렇지 않다.
③ 때때로 그렇다. ④ 자주 혹은 상당히 그렇다.
⑤ 언제나 혹은 많이 그렇다.

▌문항 6▌ 내가 하고 싶은 일을 하고 싶은 때에 하고 싶은가?

① 그렇지 않다. ② 별로 그렇지 않다.
③ 때때로 그렇다. ④ 자주 혹은 상당히 그렇다.
⑤ 언제나 혹은 많이 그렇다.

▌문항 7▌ 누가 무어라고 해도 내 방식대로 살고 싶은가?

① 그렇지 않다. ② 별로 그렇지 않다.
③ 때때로 그렇다. ④ 자주 혹은 상당히 그렇다.
⑤ 언제나 혹은 많이 그렇다.

▌문항 8▌ 인간은 모두 자유롭다고 믿는가?

① 그렇지 않다. ② 별로 그렇지 않다.
③ 때때로 그렇다. ④ 자주 혹은 상당히 그렇다.
⑤ 언제나 혹은 많이 그렇다.

▌문항 9▌ 배우자나 연인의 자유를 구속하고 싶은 생각이 없는가?

① 그렇지 않다. ② 별로 그렇지 않다.
③ 때때로 그렇다. ④ 자주 혹은 상당히 그렇다.
⑤ 언제나 혹은 많이 그렇다.

▌문항 10▌ 나는 열린 마음을 지니고 있다고 믿는가?

① 그렇지 않다. ② 별로 그렇지 않다.
③ 때때로 그렇다. ④ 자주 혹은 상당히 그렇다.
⑤ 언제나 혹은 많이 그렇다.

해석

위의 설문에 모두 응답한 후, 확인을 누르면 총점이 나타난다. 총점에 대하여 신경정신과 전문의인 배종훈 원장은 다음과 같이 분류한다.

첫째, 30점 미만: 낮은 수준 둘째, 30~36점: 중간 수준
셋째, 37~45점: 높은 수준

참고문헌

1) 영어권에서 W.Q.는 보통 Water Quotient의 약자로 많이 사용한다. 우리말로 표현하자면 물이 얼마나 좋은지 나타내는 '수질지수'의 약자이다. 그렇지만, 필자는 신학에서 중요한 주제 가운데 하나인 인간의 '자유의지'를 언급할 때, 영어표현이 free will인 것을 감안하여 Will Quotient를 사용하는 것도 무리가 없다고 판단되어 표현은 중복된다고 하더라도 쉽게 사용할 수 있도록 W.Q.를 사용할 것이다.

2) Jean Dominique Bauby, *Le Scaphandre Et Le Papillon*, 양영란 역, 『잠수복과 나비』(서울: 동문선, 1997), 22-3.

3) Matthew H. Olson & B.R. Hergenhahn, *An Introduction to Theories of Learning,* 6th ed. (New Jersey: Prentice-Hall Inc., 2001), 41-2.

4) R. C. Sproul, *Willing to believe,* 김태곤 역, 『자유의지와 믿음』(서울: 생명의말씀사, 2000), 70-1.

5) R. C. Sproul, *Willing to believe,* 김태곤 역, 『자유의지와 믿음』, 35-44.

6) 서울신문 2008년 7월 25일 사회면에는 자살의 문제를 중요한 사회병리 현상의 문제로 진단하고 있다.

7) Jo Berry, *Managing your life and time,* 최혜숙 역, 『그리스도인의 삶과 시간 관리』(서울: 생명의말씀사, 1993), 56-61.

8) 박영만, 『크리스천 유머』(고양: 프리월출판사, 2006), 94-5.
9) 이시형 역, 『죽음의 수용소에서』, Viktor E. Frankl, *Man's Search for Meaning* (파주: 청아출판사, 2005), 88-90.
10) 정태기, 『내면세계의 치유』(서울: 규장문화사, 2000), 92.
11) Roger Campbell, *Staying Positive in a Negative World*, 조계광 역, 부정적인 세상을 긍정적으로 사는 그리스도인 (서울: 생명의말씀사, 2007), 45-9.
12) 김경섭 역, 『성공하는 사람들의 7가지 습관』, Stephen R. Covey, *The Seven Habits of Highly Effective People* (파주: 김영사, 2004), 291-306.
13) Thomas A. *Harris, I'm OK - You're OK (New York: Harper & Row Publishers,* 1969), 43.
14) 이정빈 역, 『적극적 사고방식』, 노만 V. 필, *The Power of Positive Thinking* (서울: 지성문화사, 1994), 246-8.
15) Jo Berry, *Managing your Life and Time,* 최혜숙 역, 『그리스도인의 삶과 시간 관리』 (서울: 생명의말씀사, 1993), 94-5.
16) Jo Berry, *Managing your Life and Time*, 최혜숙 역, 『그리스도인의 삶과 시간관 리』, 97-100.
17) 송길원, 『유머, 세상을 내편으로 만드는 힘』, (서울: 청림출판, 2005), 42-3.
18) 박영만, 『크리스천 유머』, (고양: 프리월출판사, 2006), 96, 111, 130.

시편 23편 충청도 버전(version)

여호와는 염생이 같은 지를 키우시고 멕이시는 분이시니 지가 부족한 것이 없네유.

그분이 지를 무지무지 파란 풀밭에 어푸러지게 하시고, 니나노하기 딱 좋은 둠벙 가생이로 인도하여 주셔유.

지 영혼을 살려주시구유, 그분의 함짜를 위하여 의의 질루 인도하시는 것이지유.

지가 죽어 자빠질지도 모를 깡깜하고 칙칙한 골짜구니로 대겨두, 해꼬지를 무서않는 것은 주님께서 지와 같이 하시기 때문이지유, 하마 주님의 지팽이와 짝대기가 지를 지켜주시네유.

주께서 지 웬수의 면전에서 상다리가 부러질 정도로 잔치를 여시구, 지름을 지 머리에 발라주시니 지가 몸둘 바를 모르겠시유. 시방두 지 잔이 넘쳐유.

지 평생 동안 선하심과 인자하심이 참말루 지를 따라댕길 모냥이니, 지가 여호와의 집에 아예 푹 눌러 살것시유.

시편 23편 경상도 버전

여호와가 내 목자아이가? 그라이 내사 마 답답할끼 머 있겠노?

그 양반이 낼 시퍼런 풀구디에 디비지게 하시고, 분위기 직이는 또랑까로 낼 이끄신데이.

내 정신 챙기가 올케 살라카심은 다 그 양반 체면 때문이라 안카나?

내 죽을 뻔한 골짜구디 껌껌한데서도 간띠가 부어가 댕길 수 있으이, 그 빽이 참말로 여간 아인기라. 다 주의 몽디와 짝대기가 내를 맨날 지키시기 때문이데이.

그 양반이 내 웬수 죽일노무 문디자슥들 앞에서 내를 방방 띠우시고, 대가리에 지름 발라주시고, 내를 팍팍 키와 주시니 내사 뭔 걱정이 있겠노 말이다.

내 인생이 억수로 복잡타 케싸도 저 양반이 맨날 지켜줄 긴게로, 내사 마 우짰든지 그 옆에 딱 붙어가 때리 직이도 안 떠날란다.

시편 23편 전라도 버전

아따, 여호와가 시방 나의 목자신디 나가 부족한 거이 머이 있겄냐 잉?
그분이 나를 저 푸러브른 초장에 뉘어불고, 내 삐친 다리 쪼매 쉬어불게 할라고 물가시로 인도해뿌니, 어째스까 징한 거!
나의 영혼을 겁나게 끌어 땡겨불고, 그 분의 이름을 위할라고 올바러븐 길가스로 인도해뿌니, 아따 좋은 거.
나가 산꼬랑가 끔찍한 곳에 댕겨도 겁나불지 않은 것은 주의 몽디랑 짝대기가 쨰간은 일에도 나를 지켜주신다 이거지라.
아따, 주께서 저 싸가지 없는 놈들 앞에서 내게 밥상도 챙겨주시고, 내 대그빡에 지름 칠해 주싱께로 참말로 나가 기뻐불그마 잉.
나가 사는 동안 그분의 착하심과 넓어브른 맴씨가 나를 징하게 따라당깅께로, 나가 어찌 그분의 댁에서 묵고 자고 안하건냐 잉? 아따 좋은 거!

19) 이지명, 『칭찬 한 마디의 기적』(서울: UCN, 2002), 151-9.

20) 다음의 내용은 19세기 방랑시인으로 유명했던 김삿갓(본명: 김병연)의 음담패설이다.

嚥乳三章(연유삼장)

김삿갓

父嚥其上(부연기상)
婦嚥其下(부연기하)
上下不同(상하부동)
其味則同(기미즉동)

父嚥其二(부연기이)
婦嚥其一(부연기일)
一二不同(일이부동)
其味則同(기미즉동)

父嚥其甘(부연기감)
婦嚥其酸(부연기산)
甘酸不同(감산부동)
其味則同(기미즉동)

참고로 한자의 의미를 첨가한다면, 해석에 도움이 될 것이다. 부(父): 남자, 연(嚥): 빨다, 마시다, 기(其): 그(지시대명사), 부(婦): 여자, 미(味): 맛, 즉(則): 곧, 감(甘): 달다, 산(酸): 시큼하다, 시다.

21) 김태수, 『아가페 상담학』(서울: CLC, 2007), 111.
22) 조현삼, 『바라는 것들을 실상이 되게 하는 말의 힘』(서울: 생명의말씀사, 2007), 179-84.
23) 김진배, 『유머화술』(서울: 도서출판 무한, 2005), 82.
24) I am happy to join with you today in what will go down in history as the greatest demonstration for freedom in the history of our nation.

Five score years ago, a great American, in whose symbolic shadow we stand today, signed the Emancipation Proclamation. This momentous decree came as a great beacon light of hope to millions of Negro slaves, who had been seared in the flames of withering injustice. It came as a joyous daybreak to end the long night of their captivity.

But one hundred years later, the Negro still is not free. One hundred years later, the life of the Negro is still sadly crippled by the manacles of segregation and the chains of discrimination. One hundred years later, the Negro lives on a lonely island of poverty in the midst of a vast ocean of material prosperity. One hundred years later, the Negro is still languished in the corners of American society and finds himself an exile in his own land. And so we've come here today to dramatize a shameful condition.

In a sense we have come to our nation's capital to cash a check. When the architects of our republic wrote the magnificent words of the Constitution and the Declaration of Independence, they were signing a promissory note to which every American was to fall heir. This note was a promise that all men, yes, black men as well as white men, would be guaranteed the unalienable rights of life, liberty, and the pursuit of happiness. It is obvious today that America has defaulted on this promissory note, insofar as her citizens of color are concerned. Instead of honoring this sacred obligation, America has given the Negro people a bad check, a check which has come back marked "insufficient funds."

But we refuse to believe that the bank of justice is bankrupt. We refuse to believe that there are insufficient funds in the great vaults of opportunity of this nation. And so we have come to cash this check, a check that will give us upon demand the riches of freedom and the security of justice.

We have also come to this hallowed spot to remind America of the fierce urgency of Now. This is no time to engage in the luxury of cooling off or to take the tranquilizing drug of gradualism. Now is the time to make real the promises of democracy. Now is the time to rise from the dark and desolate valley of segregation to the sunlit path of racial justice. Now is the time to lift our nation from the quicksands of racial injustice to the solid rock of brotherhood. Now is the time to make justice a reality for all of God's children.

It would be fatal for the nation to overlook the urgency of the moment. This sweltering summer of the Negro's legitimate discontent will not pass until there is an invigorating autumn of freedom and equality. Nineteen sixty-three is not an end but a beginning. Those who hope that the Negro needed to blow off steam and will now be content will have a rude awakening if??the nation returns to business as usual. There will be neither rest nor tranquility in America until the Negro is granted his citizenship rights. The whirlwinds of revolt will continue to shake the foundations of our nation until the bright day of justice emerges.

But there is something that I must say to my people who stand on the warm threshold which leads into the palace of justice. In the process of gaining our rightful place we must not be guilty of wrongful deeds. Let us not seek to satisfy our thirst for freedom by drinking from the cup of bitterness and hatred. We must ever conduct our struggle on the high plane of dignity and discipline. We must not allow our creative protest to degenerate into physical violence. Again and again we must rise to the majestic heights of meeting physical force with soul force.

The marvelous new militancy which has engulfed the Negro community must not lead us to a distrust of all white people, for many of our white brothers, as evidenced by their presence here today, have come to realize that their destiny is tied up with our destiny. And they have come to realize that their freedom is inextricably bound to our freedom. We cannot walk alone.

And as we walk, we must make the pledge that we shall always march ahead. We cannot turn back. There are those who are asking the devotees of civil rights, "When will you be satisfied?" We can never be satisfied as long as the Negro is the victim of the unspeakable horrors of police brutality. We can never be satisfied as long as our bodies, heavy with the fatigue of travel, cannot gain lodging in the motels of the highways and the hotels of the cities. We cannot be satisfied as long as a Negro in Mississippi cannot vote and a Negro in New York believes he has nothing for which to vote. No, no, we are not satisfied and we will not be satisfied until justice rolls down like waters and righteousness like a mighty stream.

I am not unmindful that some of you have come here out of great trials and tribulations. Some of you have come fresh from narrow jail cells. Some of you have come from areas where your quest for freedom left you battered by the storms of persecutions and staggered by the winds of police brutality. You have been the veterans of creative suffering. Continue to work with the faith that unearned suffering is redemptive. Go back to Mississippi, go back to Alabama, go back to South Carolina, go back to Georgia, go back to Louisiana, go back to the slums and ghettos of our northern cities, knowing that somehow this situation can and will be changed. Let us not wallow in the valley of despair, I say to you today, my friends. And so even though we face the difficulties of today and tomorrow, I still have a dream. It is a dream deeply rooted in the American dream.

I have a dream that one day this nation will rise up and live out the true meaning of its creed: We hold these truths to be self-evident that all men are created equal.

I have a dream that one day on the red hills of Georgia the sons of former slaves and the sons of former slave owners will be able to sit down together at the table of brotherhood.

I have a dream that one day even the state of Mississippi, a state sweltering with the heat of injustice, sweltering with the heat of oppression, will be transformed into an oasis of freedom and justice.

I have a dream that my four little children will one day live in a nation where they will not be judged by the color of their skin but by the content of their character. I have a dream today!

I have a dream that one day, down in Alabama, with its vicious racists, with its governor having his lips dripping with the words of interposition and nullification; one day right down in Alabama little black boys and black girls will be able to join hands with little white boys and white girls as sisters and brothers. I have a dream today!

I have a dream that one day every valley shall be exalted, and every hill and mountain shall be made low, the rough places will be made plain, and the crooked places will be made straight, and the glory of the Lord shall be revealed and all flesh shall see it together.

This is our hope. This is the faith that I will go back to the South with. With this faith we will be able to hew out of the mountain of despair a stone of hope. With this faith we will be able to transform the jangling discords of our nation into a beautiful symphony of brotherhood. With this faith we will be able to work together, to pray together, to struggle together, to go to jail together, to stand up for freedom together, knowing that we will be free one day. And this will be the day, this will be the day when all of God's children will be able to sing with new meaning, "My country 'tis of thee, sweet land of liberty, of thee I sing. Land where my fathers died, land of the Pilgrim's pride, from every mountainside, let freedom ring!" And if America is to be a great nation, this must become true.

And so let freedom ring -- from the prodigious hilltops of New Hampshire.

Let freedom ring -- from the mighty mountains of New York.
Let freedom ring -- from the heightening Alleghenies of Pennsylvania.
Let freedom ring -- from the snow-capped Rockies of Colorado.
Let freedom ring -- from the curvaceous slopes of California.
But not only that.
Let freedom ring -- from Stone Mountain of Georgia.
Let freedom ring -- from Lookout Mountain of Tennessee.
Let freedom ring -- from every hill and molehill of Mississippi, from every mountainside, let freedom ring!

And when this happens, when we allow freedom to ring, when we let it ring from every village and every hamlet, from every state and every city, we will be able to speed up that day when all of God's children, black men and white men, Jews and Gentiles, Protestants and Catholics, will be able to join

hands and sing in the words of the old Negro spiritual,
"Free at last, free at last.
Thank God Almighty, we are free at last."

25) 여기에 소개하는 내용은 손혜선 학생이 제출한 내용이다. 2009년 8월 26일 오전 전화통화에서 혜선이는 실명으로 자신의 이름을 소개해도 좋다고 허락했다. 앞으로 혜선이는 특수학교 교사가 되고자 최선을 다해 준비하고 있다. 1학기에도 수강한 전체 과목들에서 모두 A플러스를 받아, 전액 장학생으로 2학기를 시작한다는 기쁜 소식을 전해 주었다. 혜선이가 특수학교 교사가 되어 다른 학생들에게 희망을 전하는 교사가 되는 것은 시간의 문제라는 확신이 들어서 기쁜 마음으로 소개한다. 혜선아! 전능하신 하나님께서 너의 배후에 계시고, 좋은 이웃들도 네 주변에 있으니 더욱 정진하여 너의 꿈을 꼭 이루리라 믿는다. 화이팅!

26) 이해인, 『작은 기쁨』(파주: 열림원, 2008), 39.

27) Tommy Newberry, *4:8 Principle,* 정성묵 역, 『기쁨 충만한 삶의 비결 4:8』(서울: 넥서스Cross, 2008), 161-7.

28) Jay E. Adams, *The Biblical View of Self-Esteem,* Self-Love, Self-Image, (Eugene Oregon: Harvest House Publishers, 1986), 33.

29) Joanna McGrath & Alister McGrath, *Self-Esteem,* 윤종석 역, 『자존감』(서울: IVP, 2003), 39-50.

30) David E. Carlson, *Counseling and Self-Esteem,* 이관직, 『자존감』(서울: 도서출판 두란노, 1996), 82-6.

31) 로젠버그는 1965년 Princeton University 출판사에서 발간된 Society and the Adolescent Self-image라는 제목의 책을 통하여 자존감 지수를 측정해 볼 수 있도록 자료를 제시하였다.

32) 이해인, 『작은 기쁨』(파주: 열림원, 2008), 20-1.

33) 권석만, 『긍정 심리학』(서울: 학지사, 2008), 101-18.

34) Stephen Volke, *Das Gluck ist wie ein schmetterling,* 심원진 역, 『행복지수를 높여 라』(서울: 도솔, 2006), 84-5.

35) 장영희, 『문학의 숲을 거닐다』(서울: 샘터, 2005), 68 재인용.

36) 이상준, 『웃음과 유머, 그 비밀의 문을 열다』(서울: 오피니언리더 커뮤니티, 2005), 98.

37) 빛과 소금 편집부, 『열등감』(서울: 도서출판 두란노, 1997), 117-9.

38) 송길원, 『유머, 세상을 내편으로 만드는 힘』(서울: 청림출판, 2005), 117-8.

39) David A. Seamands and Beth Funk, *Healing for Damaged Emotions Work Book,* 김재서 역, 『상한 감정의 치유 워크북』(서울: 예찬사, 1994), 119-45.

40) William Backus, *Learning to tell Myself the Truth,* 김재서·신현경 공역, 『부정적 감정을 치유하는 진리요법』(서울: 예찬사, 2004), 129-77.

41) William Backus, *Learning to tell Myself the Truth,* 김재서·신현경 공역, 『부정적 감정을 치유하는 진리요법』(서울: 예찬사, 2004), 138.

42) William Backus, *Learning to tell Myself the Truth,* 김재서·신현경 공역, 『부정적 감정을 치유하는 진리요법』(서울: 예찬사, 2004), 126-7.

43) Mary Hartley, *Managing Anger at Work*, 이영 역, 『화 다스리기』(서울: 한국능률협 회, 2004), 51-82.

44) Earl D. Wilson, *Counseling and Guilt*, 김창대 역, 『죄의식』(서울: 두란노, 2000), 71.

45) 정옥배 역, 19.

46) 정옥배 역 , 14-15.

47) 김창대 역, 43-44.

48) William Backus, *Learning to tell Myself the Truth*, 김재서 · 신현경 공역, 『부정적 감정을 치유하는 진리요법』(서울: 예찬사, 2004), 211-7.

49) William Backus, *Learning to tell Myself the Truth,* 김재서 · 신현경 공역, 『부정적 감정을 치유하는 진리요법』(서울: 예찬사, 2004), 188-90.

50) William Backus, *Learning to tell Myself the Truth*, 김재서 · 신현경 공역, 『부정적 감정을 치유하는 진리요법』(서울: 예찬사, 2004), 233-4.

51) David A. Seamands and Beth Funk, *Healing for Damaged Emotions Work Book,* 김재서 역, 『상한 감정의 치유 워크북』(서울: 예찬사, 1994), 246-54.

52) 권석만, 『긍정 심리학』(서울: 학지사, 2008), 520-2.

53) VIA-IS는 Values in Action Inventory of Strengths의 약자로 VIA 강점 척도를 말한다. 이 설문지는 각 강점당 10문항씩 할당되어 총 240문항으로 구성되어 있는 성인용 검사지이다. 이 자료는 영문판으로 공개되어 있으며 지필식 검사뿐만 아니라, 인터넷 (www.viastrengths.org)을 통하여 검사를 받을 수 있다. 웹 기반 검사는 위의 인터넷 사이트에 접속하여 검사문항에 모두 응답하면 즉시 5개의 대표 강점들을 알려주는 검사결과가 제시된다.

54) 이 테스트는 연세대 의과대학을 졸업하고, 연세대 세브란스 병원에서 근무했고 현재 오산 신경정신병원의 배종훈 원장이 홈페이지(www.sayusayme. co.kr)에 제시한 우울증 자가진단 자료이다. 한국인 의사가 만든 것이므로 한국인의 우울증 점검에 합당할 것이라고 생각하여 이 자료를 선택하였다.

55) David A. Seamands and Beth Funk, *Healing for Damaged Emotions Work Book,* 김재서 역, 『상한 감정의 치유 워크북』(서울: 예찬사, 1994),

255-6.

56) 김태수, 『인간관계 프로그램』(서울: UCN, 2004), 37.

57) 김태수, 『아가페 상담학』(서울: CLC, 2007), 73.

58) Jo Berry, *Managing Your Life and Time,* 최혜숙 역, 『그리스도인의 삶과 시간관 리』(서울: 생명의말씀사, 1993), 201-4.

59) Jo Berry, *Managing Your Life and Time,* 최혜숙 역, 『그리스도인의 삶과 시간 관리』(서울: 생명의말씀사, 1993), 208-24.

60) 윤은기, 『시테크』(서울: 유나이티드컨설팅그룹, 1992), 78-81.

61) 유성은, 『시간 관리와 자아실현』(서울: 도서출판 생활지혜사, 1996), 171-3.

62) 현용수, 『자녀들아, 돈은 이렇게 벌고 이렇게 써라』(서울: 동아일보사, 2007), 145-6.

63) Dale Carnegie, *How to win friends and influence people*, 최염순 역, 『카네기 인 간관계론』(서울: 씨앗을뿌리는사람, 2005), 101-82.

64) John C. Maxwell, 조용만 역, 『인간관계의 원칙』(고양: 도서출판 청우, 2004), 123.

65) John C. Maxwell, 조용만 역, 『인간관계의 원칙』(고양: 도서출판 청우, 2004), 31.

66) Robert Bolton, *People Skills (New York: Simon & Schuster, Inc., 1979)*, 48.

67) 이기춘 외, 『목회임상교육』(서울: 감리교목회상담센터 출판부, 1998), 74-77.

68) Gerard Egan, *The Skilled Helper (Belmont: Wadsworth Publishing Company, 1975),* 68.

69) 이재명, 『칭찬 한 마디의 기적』(서울: UCN, 2003), 44-5.

70) 전광, 『평생 감사』(서울: 생명의말씀사, 2007), 20.

71) 이해인 외, 『태교를 위한 시』(서울: 프리미엄북스, 2002), 108-9.
72) 전광, 『평생 감사』(서울: 생명의말씀사, 2007), 165-70.
73) 전광, 『평생 감사』(서울: 생명의말씀사, 2007), 137-8.
74) 전광, 『평생 감사』(서울: 생명의말씀사, 2007), 48-57.
75) Robert A. Emmons, *How the new science of gratitude can make you happier thanks!,* 이창희 역, 『마음을 여는 감사의 발견』(서울: 위즈덤하우스, 2008), 306-33.
76) Martin E. P. Seligman, *Authentic Happiness,* 김인자 역, 『긍정 심리학』(서울: 도서 출판 물푸레, 2006), 125-6.
77) 요한 크리스토프 아놀드, *The Lost Art of Forgiving,* 전병욱 역, 『잃어버린 기술: 용 서』, 전자책, 137.
78) Jack Canfield & Gay Hendricks, *You've got to read this Book,* 손정숙 역, 『내 인 생을 바꾼 한 권의 책』(서울: 리더스북, 2007), 387-8.
79) 요한 크리스토프 아놀드, *The Lost Art of Forgiving,* 전병욱 역, 『잃어버린 기술 용 서』, 178.
80) 이해인, 『다른 옷은 입을 수가 없네』(서울: 도서출판 열림원, 2000), 95-8.
81) Martin E.P. Seligman, *Authentic Happiness,* 김인자, 『긍정 심리학』(서울: 도서출판 물푸레, 2006), 138-41.
82) 이 기사는 인천 연합뉴스 소속의 정묘정 기자가 2009년 7월 21일 작성한 내용이다.
83) 신광식, 『불감사회』(서울: 도서출판 참여사회, 2006), 56-110.
84) 김재홍, 『생명 사랑 자유의 시학』(서울: 동학사, 1999), 214-5.
85) Albert Schweitzer, *Aus Meinem Leben und Denken,* 천병희, 『나의 생애와 사상』 (서울: 문예출판사, 1999), 179.

86) 마태복음 16장 26절

87) John Wilkinson, *The Bible and Healing* (Edinburgh: The Handsel Press, 1998), 23.

88) 인근배, 『내 인생을 바꾸는 힘! 의지력』(서울: 경향미디어, 2006), 186.

89) Jo Berry, *Managing your life and time,* 최혜숙 역, 『그리스도인의 삶과 시간 관리』(서울: 생명의말씀사, 1993), 59.

90) 이시형, 『공부하는 독종이 살아남는다』(서울: 중앙북스, 2009), 43-4.

91) 김태수, 『인간관계 프로그램』(서울: UCN, 2004), 18-22.

92) 정철희, 『21일 공부모드』(서울: 밀리언하우스, 2008), 93-209.

93) 제인 워들 교수가 발표한 내용을 영어로 소개하는 것도 가치가 있다고 판단되어, 보도 된 영어 전문을 소개한다.

Title: Resolutions become habits in 66 days

London, July 19 (ANI): If you make a New Year's resolution to exercise or eat healthily and do it daily until March 7, it is likely to stick - suggest researchers who claim that it takes 66 days for a "healthy" pledge to become an ingrained habit.

Reporting in the European Journal of Social Psychology, the researchers started to investigate how long it took for the repetition of behaviour to reach the 'automacity' stage - where it is performed whenever the situation is encountered without thinking, awareness or intention.

To reach the conclusion, the study's volunteers were asked to choose a healthy eating, drinking or exercise behaviour that they would like to make into a habit, reports The Telegraph.

The habit had to be selected in response to a particular cue, such as eating a piece of fruit with lunch, drinking a bottle of water with lunch, or running for 15 minutes before dinner. Then the participants were asked to try to carry out the behaviour every day.

The individuals also completed a test every day, which was designed to measure features of habits that are central to automaticity, including lack of awareness and lack of control.

Results showed that whilst the average time to form a habit was 66 days, more complex behaviours took longer, whilst an exercise habit took longer to form than a healthy eating or drinking habit.

"What we found was that it takes 66 days on average for people in our study to acquire a habit," says Professor Jane Wardle, of University College London, who carried out the study with Dr. Phillippa Lally.

Jane added: "It varied between individuals, but the finding is that if you do something everyday in the same situation, it will become an automatic reaction in response to those situational cues, a habit. It is the first time this has been established.

"Performing an action for the first time requires planning, even if plans are formed only moments before the action is performed, and attention.

"As behaviours are repeated in consistent settings they then begin to proceed more efficiently and with less thought as control of the behaviour transfers to cues in the environment that activate an automatic response - a habit." (ANI)

94) Will Bowen, *A Complaint Free World,* 김민아 역, 『불평 없이 살아보기』(서울: 세종 서적, 2009), 11.

95) 공병호, 『명품 인생을 만드는 10년 법칙』(파주: 21세기북스, 2006), 44.

96) 서울신문 2008년 7월 25일 사회면에 실린 내용이다.

97) 임하나 역, 『미래는 진정한 리더를 요구한다』(서울: 기독교출판유통, 1996), 65-73.

98) Joel Osteen, *Your Best Life Now,* 엔터스 코리아 역, 『긍정의 힘』(서울: 두란노서원, 2005), 122.

99) 김태수, 『인간관계 프로그램』(서울: UCN, 2004), 37.

100) 김태수, 『기독교 리더쉽의 이론과 실제』(서울: 기독교연합신문사, 2002), 50-1.

101) 이지성, 『꿈꾸는 다락방2』(서울: 국일미디어, 2008), 102-3.

102) 이 실험의 결과는 미국의 의학전문지인 '신경원(Neuron)'의 최신호(2009년 7월 30일)에 실렸고, 실험의 대상은 사람이 아니라 인간과 가깝다는 원숭이였다. 그런데 필자는 이 실험이 시사해주는 가능성은 인정을 하면서도, 인간은 원숭이와 달리 재기불능의 실패가 아니라면 작은 실패를 통하여 잊어버리지 않고 더 배울 수 있다고 생각한다. 하나의 사례로, 필자는 처음 대입시험에 목표로 했던 명문대학에 낙방하였다. 그렇지만, 그 때의 쓰라린 실패의 경험을 토대로 열심히 노력하여 낙방했던 대학의 대학원 시험에는 좋은 성적으로 합격한 경험이 있다. 아직도 중요한 시험이 임박하면 실패했던 체험을 잊지 않고, 더욱 노력하는 경향이 있다.

103) 이 칼럼은 프린스톤 대학의 분자 생물학과 신경학 분야의 부교수인 샘 왕(Sam Wang)과 '자연 신경과학' 잡지의 편집장인 샌드라 아모트(Sandra Aamodt)가 기고한 것이다.

104) 이지성, 『꿈꾸는 다락방2』(서울: 국일미디어, 2008), 23.

저자약력

▸ 학력

연세대학교 신학전문대학원 졸업(문학석사)

미국 피츠버그 신대원(신학석사)

미국 샌프란시스코 신대원(목회상담학 박사)

▸ 경력

연세대학교 조교

강남대학교 강사

성결대학원 강사

현) 경찰청(충북) 상담전문위원

현) 한기총 가정사역 분과 전문위원

현) 한국 복음주의 기독교상담학회 부회장

현) 백석대(구, 천안대) 기독교학부 교수

▸ 자격증

감독상담사

대체의학사

카이로프락틱사(Chiropractor)

▸ 논문/역서/저서

비트겐쉬타인(Wittgenstein)의 후기 철학언어와 상담언어의 연관성에 대한 연구

Korean Education: A Critical Study on the Relationship between the Theory of Paulo Freire and South Korean Education

Implications of a Biblical Pattern for Pastoral Leadership

정신분열증의 원인, 유형 및 치료에 관한 기독교 상담학적 접근 외 약 25편

성서와 치유(The Bible and Healing, 2001)

영혼돌봄의 상담학(Care for the Soul, 2006, 공역)

사람을 변화시키는 법(How People change, 2009, 공역)

기독교리더십의 이론과 실제(2002)

성서의 인물별 리더십 유형(2003)

인간관계 프로그램(2004)

성경인물과 리더십 유형(2005)

가정상담학(2006, 공저)

아가페 상담학(2007)

강의싸이트: www.freechal.com/lifekts

내 인생을 바꾸는 자기계발서

이제는 W.Q. 시대다

2009년 11월 5일 1판 1쇄 인쇄
2009년 11월 10일 1판 1쇄 발행

지은이 : 김 태 수
펴낸이 : 김 동 규
펴낸곳 : 교육과학사

저자와의 협의하에 인지생략

경기도 파주시 교하읍 문발리
파주출판문화정보산업단지 514-5
전화 (031) 955-6956~8 / FAX (031) 955-6037
Home-page : www.kyoyookbook.co.kr
E-mail : kyoyook@chol.com
등록 : 1970년 5월 18일 제2-73호

낙장·파본은 교환해 드립니다.
Printed in Korea.

정가 12,000 원
ISBN 978-89-254-0331-1